시간을 찾아드립니다

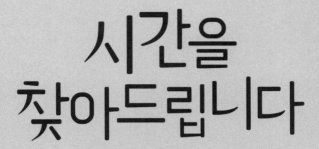

시간을 찾아드립니다

루틴을 벗어나, 나만의 속도로 사는 법

애슐리 윌런스 지음
안진이 옮김

Time Smart

Money

Happiness

Ashley
Whillans

세계사

나의 배우자, 가족과 친구,

나에게 시간의 진정한 가치를 깨우쳐준 모든 사람에게

시간을 지배할 줄 아는 사람은
인생을 지배할 줄 아는 사람이다.

- 볼프람 폰에셴바흐

우리는 왜 매번
시간 관리에 실패할까

시간과 돈, 이 둘은 공통점이 많다. 둘 다 측량 가능하고 둘 다 희소한 자원이다. 사람들은 우리가 가질 수 있는 것 중에 시간과 돈이 가장 귀중하다고 말한다. 우리에게는 시간이 더 필요하고, 돈도 더 필요하다. 우리는 시간과 돈을 얻기 위해 일을 한다.

그러나 시간과 돈은 서로 비슷한 점이 있긴 해도 사이가 좋지 않다. "돈이 있으면 시간이 없고, 시간이 있으면 돈이 없다"는 오래된 경구는 진실이다. 우리는 일찌감치 이런 사실을 깨달았다. 시간과 돈 모두를 원하는 만큼 얻기가 어렵기 때문에 언제나 시간과 돈 중 하나를 선택한다. 요리를 할까, 외식을 할까? 일을 할까, 여행을 떠날까? 부업을 할까, 아이들과 더 많은 시간을 보낼까?

박사과정 시절 나는 시간과 돈의 맞교환이라는 주제에 관심이 많았다. 그 이유 중 하나는 박사과정을 밟는 학생의 삶 자체가 돈을 시간과 바꾸는 의식적인 선택이기 때문이었다. 박사과정 학생들은 경제적 보상을 거의 못 받으면서도 새로운 지식을 가진 전문가가 되기 위해 몇 년이라는 시간을 투자한다. 나는 시간과 돈에 대한 궁금증을 일부나마 해소하기 위해 덴마크의 백만장자부터 미국, 동아프리카, 인도의 맞벌이 부모와 하루 벌어 하루 사는 싱글맘까지 세계 각국의 성인 근로자 수천 명을 대상으로 설문조사를 진행했다. 설문은 시간과 돈이라는 아주 단순하고 보편적 가치를 지니는 자원에 관한 내용이었다.

사람들의 답변에서 가장 놀라웠던 점은, 시간과 돈에 관한 결정들이 매우 중요한 것임에도 그 결정을 하는 순간에는 사소해 보인다는 것이었다. 시간과 돈 사이의 교환은 평범하고 뻔한 일이라서 우리는 교환을 하면서도 그것을 의식하지 못할 때가 많다. 나는 연구 대상자나 주변 사람들이 시간과 돈에 관한 결정을 하는 이야기를 자주 듣는다(이 주제에 한번 관심을 가지고 나면 사람들의 선택을 바라볼 때 항상 '시간과 돈에 관한 선택'이라는 렌즈를 들이대게 된다). 이야기를 들어보면 이런 순간은 늘 예기치 않게 찾아온다. 직업 선택과 같은 큰 결정을 해야 할 때도 있고, 이틀 남은 휴가를 쓸까 말까 하는 작은 결정을 내려야 할 때도 있다. 후자의 선택은 결정적인 것이 아니고 쉽게 되돌릴 수 있는 것처럼 보인다. 하지만 실제로는 그렇지 않다. 이 모든 선택은 우리가 그 순간, 그날 하루, 그리고 평생 누리게 될 행복을 좌우한다.

시간과 돈 사이의 선택은 부유한 사람에게만 중요한 것이 아니다. 이는 모든 사람에게 영향을 끼친다. 오히려 자원을 적게 가진 사람들이 시간과 돈에 관해 신중하게 결정할수록 더욱더 많은 것을 얻는다. 이 책에서 소개하는 사례 중에는 전문직 종사자와 부유한 사람들(백만장자도 포함된다)의 이야기도 있지만 혼자 아이를 키우며 하루하루 빠듯하게 살아가는 엄마들에 관한 이야기도 있다. 그리고 직원들이 시간과 돈의 상충관계를 효과적으로 해결할 수 있게 도와주는 기업들의 사례를 소개한다. 실리콘밸리의 기업들은 컴퓨터 엔지니어들에게 집청소 서비스를 제공하며, 일부 스타트업 기업들은 통근 형태를 바꿔서 빈곤층 노동자들의 시간을 아껴준다. CEO부터 학생, 맞벌이 부모에 이르기까지 거의 모든 사람이 시간과 돈 사이에서 고민하는 입장이지만 시간과 돈의 맞교환에 대해 이해하면 그들 모두가 매순간 시간에 대해 더 나은 의사결정을 할 수도 있다.

시간 대신 돈을 선택했을 때
치르는 대가

내가 연구 과정에서 들은 이야기 중 몇 가지는 시간과 돈에 관한 결정의 전형적인 모습들이었다.

니콜은 대형 신용카드 회사의 임원으로 새로 임명됐다. 한 회사의 부사장인 남편 토머스도 바빠서 니콜이 임원이 된 이후로 부부가 같은 도시에 있는 날이 별로 없을 정도였다. 몇 년 동안 함께 여행을 떠난 적도 없었다. 어느 날 토머스는 뜻밖의 선물을 받았다. 어느 인심 후한 고객의 호의로 출장을 일주일 연장해서 스위스 알프스산맥 일대를 무료로 여행할 기회를 얻은 것이었다. 평생에 한 번 있을까 말까 한 기회였다. 토머스는 아내에게 간청했다. "니콜, 같이 가요. 며칠만 시간을 내면 되는데." 니콜은 한숨을 쉬며 대답했다. "나는 못 가요. 내가 빠지면 안 되는 중요한 회의가 있어요." 결국 토머스는 아내 대신 누이 레아와 함께 알프스에 올랐고, 둘 다 '생애 최고의 여행'을 마음껏 즐겼다.

"벌써 5년이나 지났는데도 두 사람은 그놈의 알프스 여행 이야기를 지금까지도 한다니까요." 니콜이 나에게 한 말이다. "그리고 그 이야기가 나올 때마다 남편은 '니콜, 그 회의의 안건이 뭐였다고 했죠?'라고 물어요. 솔직히 말해서 전혀 기억이

안 나요. 그러면 남편은 항상 이렇게 놀리죠. '엄청나게 중요한 회의였다면서요?'"

나중에 니콜은 당시 그녀가 여행을 떠날 시간이 있었고 회의도 꼭 참석해야 하는 것이 아니었다고 인정했다. 그녀가 며칠 자리를 비웠더라도 조직은 무사히 돌아갔을 것이다. 그러나 당시에는 그 회의가 대단히 중요하게 여겨져 반드시 참석해야 할 것만 같았다. 토머스와 레아는 평생 잊지 못할 추억을 쌓았지만, 니콜의 '중요한' 업무는 과거의 기억 속으로 사라졌다.

최근에 인도의 시골 마을로 현장 답사를 갔다가 만난 15세 소녀 우샤는 자신이 날마다 선택의 기로에 선다고 말했다. 가족을 부양하기 위해 식수를 구해서 운반할 것인가(우샤는 머리 위에 크고 묵직한 물동이를 이고 있었다), 아니면 학교에 갈 것인가. "우물이나 연못에서 물을 길어 와야 하는데 날마다 몇 시간씩 그런 일에 매달리니 학교에 갈 시간이 없어요. 저는 선생님이 되고 싶지만 집안일을 하다 보면 공부할 시간을 내지 못해요. 꿈은 사라져가고 있어요. 누군가 도와주지 않으면 가난이 계속되고 암담하게도 문맹의 삶을 살게 되겠지요." 우리 대부분의 삶은 우샤의 삶과 다르겠지만, 내가 만나본 사람들은 가족을 부양하는 것(일을 더 많이 하느냐, 교육을 더 받느냐)에 대해 비슷한 갈등을 느끼고 있었다. 사회는 어디에나 있는 수많은 우샤들을 제대로 지원할 의무가 있다. 그들이 집안일이 아닌 학교를 선택할 수 있기를 바란다.

내가 공감해 마지않는 또 하나의 사례는 집안에서 처음으로 대학에 진학한 앨리스의 이야기다. 앨리스는 대학 4년 내내 스스로 학비를 벌었고 연구조교로 일하다가 박사과정까지 올라갔다. 졸업 후에 운이 좋았는지 '꿈의 직장'으로 불릴 법한 일자리를 두 개나 제안받았다. 첫 번째 직장은 지자체 근무로서 의미 있는 일이고 근무시간이 적당했으며 인간관계를 유지하기에 좋았다. 이곳을 선택하면 고향 마을에서 가족과 친구들과 함께 살 수 있었다. 돈은 많이 못 벌겠지만 그녀의 능력으로 지역사회에 기여할 수 있을 터였다. 두 번째 직장은 돈과 명예를 약속했다. 이 일자리를 선택하면 나라 반대편으로 가서 새로운 도시에 정착해야만 했다. 작은 마을 집배원의 딸로 자란 그녀로서는 상상도 못 한 기회를 얻을 수 있었다.

앨리스는 주저 없이 두 번째 직장을 골랐다. 당시에는 고민할 필요도 없다고 생각했다. 앨리스에게는 8년 동안 함께한 동반자 폴이 있었고 둘 사이에는 아이가 없었다. 새 직장은 일생일대의 모험이었고 열심히 일하면 나중에 기회가 많이 찾아올 것 같았다. 그러나 낯선 곳으로 이사하고 나자 폴이 불행해졌다. 앨리스는 출장이 잦았고, 폴에게는 직장도 없고 의지할 친구도 없었다. 폴은 석 달 만에 다른 집을 구했고 그들은 헤어졌다. 앨리스는 슬프고 비참했지만 이미 회사와 계약을 체결

한 상태여서 어떻든 일은 계속해야 했다.

몇 달 후 앨리스가 해외 출장 중이었을 때 절친한 친구 하나가 첫아이를 낳았다. 그로부터 얼마 후에는 앨리스의 사촌이 세상을 떠났다. 장례식 날짜는 앨리스의 출장과 겹쳤다. 우리가 직장과 돈을 위해 시간을 희생할 때 스스로에게 하는 말을 앨리스도 똑같이 되뇌었다. "괜찮아. 내가 지금 이렇게 사는건 나중에 행복하게 지낼 시간을 벌기 위해서야. 그때 가서 사람들에게 더 잘하면 되겠지."

앨리스의 논리는 타당해 보인다. 내일이 실제로 온다면 말이다. 오리건주에서 건강하고 행복하게 살던 한창나이의 칼리와 애덤에게는 이 논리가 적용되지 않았다. 애덤은 교사였고, 칼리는 대학원 졸업을 앞두고 있었다. 그들은 주말마다 집 근처의 산에 오르고 일주일 동안 먹을 음식을 만들었다. 애덤은 생애 첫 마라톤 대회 출전을 앞두고 훈련에 몰두했고 칼리는 암벽등반을 시작했다. 두 사람은 동거를 하면서 강아지 한 마리를 입양했으며 결혼식을 위해(그리고 아이들을 위해!) 저축도 시작했다. 두 사람은 항상 바빴다. 대망의 자동차 여행은 너무 바쁘다는 이유로 항상 이듬해로 미뤄졌다.

칼리가 졸업하기 직전이었다. 애덤이 고열과 경련 증상으로 응급실에 갔다. 겉보기에는 맹장염 같았다. 그러나 애덤은 자신의 병이 췌장암이고 살날이 3개월밖에 남지 않았다는 충격적인 진단을 받았다. 칼리와 애덤은 24시간 만에 결혼을 했다. 칼리는 학교를 그만두고 자동차 여행 겸 신혼여행 준비에 뛰어들었다. 두 사람은 애덤의 항암치료 일정 사이사이에 태평양 북서부 일대를 가로지르기로 했다. 모금 웹사이트인 '고펀드미GoFundMe'에 페이지를 개설한 칼리는 이렇게 적었다. "우리가 세상의 모든 시간을 가진 줄 알았어요."

나이, 학력, 소득이 어떻든 간에 우리는 똑같은 조건에서 살아간다. 우리 자신에게 남은 시간이 얼마나 되는지 알지 못한다는 것이다. 어느 날 갑자기 시간이 사라지고 내일이 오지 않을 수도 있다. 이것은 내가 시간과 돈에 관한 연구를 하면서 발견한 가장 중요한 사실 중 하나다. 우리는 시간이 가장 귀중하고 유한한 자원이라는 것을 잘 모른다. 돈을 버는 것도 어느 정도는 가치 있는 일이지만 끝이 없는 일이기도 하다. 우리는 항상 돈을 더 많이 모으려 한다. 연구에 따르면 사람들은 이미 많은 돈을 가지고 있어도 더 벌려고 한다. 시간이 얼마나 귀중한가를 생각한다면 시간에 우선순위를 부여해야 한다. 하지만 사람들은 직업적 성공에 집중하고, 재산을 불리거나 생산성을 높이기 위해 많은 시간을 포기한다.

우리는 그런 삶에 최적화된 존재인지도 모른다. 산업혁명 시대부터 시간을 돈으로 환산하는 훈련을 받았기 때문이다. 우리는 돈이 우리가 가진 가장 귀중한 자원이라는 이야기를 들으며 산다. '시간은 돈'이라고! 우리는 경제적 번영을 얻기 위해 우리를 행복하게 만들어주는 것들을 내놓아가며 커다란 희생을 감수한다. 앨리스 같은 20대와 30대 젊은이들은 내일 즐겁게 시간을 보낼 수 있으리라는 가정에 근거해서 인생의 가장 좋은 시기를 희생한다. 나 자신이 그것을 입증할 수 있다. 여러분이 눈치를 챘는지 모르겠지만 앨리스는 바로 나다.

한편 30대와 40대들은 아이들을 잘 키우면서 직장생활도 완벽하게 한다는 이상을 추구하며 개인적인 행복과 결혼생활의 즐거움은 은퇴 이후로 미룬다. 더 나이가 들고 생활이 더 안정되면 알프스에서 휴가도 즐길 수 있으리라 믿는다.

그러다 50대, 60대, 70대가 돼도 일을 놓지 못한다. 인생의 목표 달성과 꼭 해보고 싶은 일들은 '내년'으로 미룬다. 매년 미루기를 반복하다 시간을 다 써버리고, 결국 내 친구의 아버지처럼 사용하지 못한 비행기표로 관을 장식하기에 이른다.

암울한 이야기 같지만 이게 현실이다. 우리는 실제로 이렇게 큰 대가를 치르며 산다. 돈을 버는 데 신경을 너무 많이 쓰고 더 많은 시간, 질 좋은 시간을 보내는 데는 신경을 덜 쓴다. 나 자신도 그렇지만 우리 대부분은 시간을 돈만큼 중요하게 생각하지 않는다. 이처럼 돈에 집착하다 보니 나라마다 스트레스와 불행과 고독감이 만연해 골칫거리다. 우리는 금전적으로든 다른 측면에서든 많은 비용을 치른다. 연구자들은 이러한 현상을 '시간 빈곤^{time poverty}'이라고 부른다. 시간 빈곤은 우리 모두가 겪고 있는 만성질환이다.

이 책의 구성

이 책에서 우리는 시간과 돈의 상충관계를 따져보고, 시간과 돈에 대한 우리의 결정들이 늘 최선은 아니라는 것을 확인하게 될 것이다. 우리는 시간에 관해 잘못된 선택을 하기가 쉽다. 그리고 돈을 우선시할 때의 장기적 비용은 더 쉽게 간과된다. 운동경기를 분석하고 나면 전략을 바꾸는 것처럼, 분석을 통해 시간―돈 의사결정의 오류를 발견하고 우리의 동기가 되는 심리학적, 행동학적 편견들을 이해하면 삶의 중요한 선택을 하는 데 도움이 된다.

시간과 돈에 관한 선택이 항상 쉽고 명백하다는 뜻은 아니다. 내가 연구를 진행하면서 확실히 알게 된 것이 있다면, 시간과 돈에 관한 결정에서 올바른 선택이 단 하나만 있는 것은 아니라는 것이다. 예컨대 니콜의 결정이 옳았는지 아닌지를 내가 확실하게 말할 수는 없다. 다만 연구 데이터에 의거해 일반화한다면 그녀가 다른 결정을 했을 경우에 더 행복했을 것이라는 추측은 가능하다. 우리는 각자 삶에서 얻으려는 것이

다르고, 시기별로 원하는 것이 달라진다. 그래서 최상의 선택은 하나로 정해져 있지 않다. 우샤와 같은 사람들은 사회적 여건 때문에 더 나은 선택을 하지 못한다. 정책을 결정하는 사람들이 이 지점에서 시간의 가치를 제대로 인식해야 한다.

그럼에도 대다수 사람들은 나라와 계층을 막론하고 최선의 선택을 하지 못하고 있다. 우리의 건강과 행복을 위해서는 '시간이 돈'이라는 고정관념을 뒤집어야 한다. 시간은 돈이 아니다. 돈이 시간이다. 이 책은 여러분이 '돈이 시간'이라는 진리를 행동에 옮기도록 해준다.

1장 '타임 푸어가 되는 6가지 이유'에서는 돈을 많이 가진 사람이나 적게 가진 사람 모두에게 시간 빈곤은 치명적이라는 사실을 탐구한다.[1] 시간 빈곤의 비용을 알고 나면 당신은 깜짝 놀랄 것이다. 마치 당신이 1년 동안 지출한 내역을 살펴보면서 이렇게 생각하는 것과 비슷하다. '내가 커피와 외식에 이렇게 돈을 많이 썼다고?' 하지만 돈 계산과 달리 시간 계산에서는 시간 빈곤 상태의 실질적인 결과를 적나라하게 보게 된다. 시간 빈곤의 결과는 심각한 것(예. 스트레스 누적)도 있고 사소한 것(예. 적게 웃는 것)도 있다.

2장 '잠든 '휴면 시간'을 깨우다'에서는 시간 빈곤의 반대편으로 옮겨가서 '시간 풍요time affluence'를 다룬다. 시간 풍요란 시간을 충분히 확보하고 있으면서 시간을 의미 있게 사용하는 상태를 의미한다. 시간이 풍요로운 사람은 누구일까? 그들의 생활은 보통 사람들과 무엇이 다를까? 하나만 미리 알려주자면 그들은 식사하는 데 시간을 더 많이 쓴다. 그러면 시간 풍요는 사람을 어떻게 변화시킬까? 결론만 말하자면 시간이 풍요로운 사람들은 물질적으로 풍요로운 사람보다 훨씬, 훨씬 더 행복하다.

이제 시간에 대해 이해가 깊어진 여러분은 3장 '시간을 내 편으로 만드는 법'에서 자기 자신에게 주의를 기울이는 방법과 시간의 덫을 피해가는 방법을 배운다. 꼭 직장을 그만두거나 복권에 당첨되지 않아도 시간 부자가 될 수 있다. 우리는 건강을 위해 노력하는 것처럼 시간 풍요를 위해서도 노력해야 한다. 건강은 엘리베이터 대신 계단 이용하기, 저녁식사로 치즈 버거보다 샐러드를 더 자주 먹기와 같은 작은 행동들이 수없이 축적된 결과로 나타난다. 이와 마찬가지로 시간 풍요를 달성하기 위해서는 시간을 더 많이 확보하고 더 나은 시간을 보내기 위한 작은 결정들이 필요하다. 우리는 시간만 잡아먹고 보람은 없는 일들에서 벗어나기 위해 거절을 더 자주 해야 한다. 필요하다면 돈도 써야 한다.

금전적인 풍요와 마찬가지로 시간 풍요에 도달하기 위해서는 장기 계획도 수립해야 한다. 4장 '인생의 중요한 결정을 내려야 할 때'에서는 커리어 쌓기라든가 가정 이루기처럼 오랜 시간이 소요되는 일의 계획법을 알려준다. 한 번 행동을 바꾸고 그 행동을 습관화하는 것만으로는 충분하지 않다. 우리에게 요구되는 것이 자꾸만 달라지고 목표도 달라지기 때문이다. 그리고 인생에는 우연이 많이 작용한다. 시간에 관한 선택을 계획하고 재검토하는 작업을 통해 각 단계별로 무엇이 필요한가를 생각하며 결정을 해보자.

마지막으로 우리의 시간 풍요에 영향을 끼치는 사람들에게 관심을 가져보자. 5장 '시간 빈곤은 당신의 잘못이 아니다'에서는 스마트 기기, 공공정책, 인적자원과 같은 시스템들이 시간 풍요를 방해한다는 사실을 살펴본다. 또한 사람들이 시간과 돈 사이에서 균형을 잘 잡도록 도와주는 국가 및 기업 전략을 소개한다. 시간 풍요는 우리 개개인에게도 좋지만 기업과 국가에도 좋은 것이다. 조직을 이끄는 사람들의 대부분은 자신들이 만든 정책과 시스템이 시간 빈곤을 지속시키고, 이 때문에 부정적 비용이 축적되고 있다는 것을 전혀 알지 못한다. 조직을 변화시켜 시간 풍요를 만들어낼 권한을 가진 기업의 인사 담당자들과 정부 관계자들에게 당신이 이 장의 내용을 알려주면 좋겠다.

이 책은 각 장마다 배운 것을 응용하기 위한 실천 과제를 제시한다. 책을 잘 활용해 당신의 시간을 추적하고 낭비된 시간을 되찾음으로써 시간 빈곤에서 벗어나기를 바란다.

잃어버린 시간을 되찾으면
달라지는 것들

이 책에서 최대한 많은 것을 얻어내기 위해 지금 당신이 시간과 돈에 관해 기본적으로 어떻게 사고하는지를 먼저 알아보자. 당신은 시간과 돈이 상충할 때 주로 어떤 것을 선택하는가? 차분하게 생각해보라. 그리고 나서 아래의 두 사람에 관한 묘사를 읽고 당신이 어느 쪽에 더 가까운지 판단하라. 완벽하게 일치할 필요는 없다. 평균적으로 당신의 가치관과 의사결정 기준이 누구의 것과 더 비슷한지 판단하면 된다.

테일러는 돈보다 시간이 귀하다고 생각했다.
그는 시간을 더 확보하기 위해 기꺼이 돈을 포기했다. 예컨대 장시간 노동을 해서 돈을 더 벌기보다 짧은 시간 일해서 돈을 적게 버는 쪽을 선택했다.

모건은 시간보다 돈이 귀하다고 생각했다.
돈을 더 벌기 위해서라면 기꺼이 시간을 희생했다. 예컨대 그는 짧게 일하고 자유시간을 많이 가지기보다는 야근을 해서라도 돈을 더 버는 쪽을 택했다.

나는 수많은 사람들에게 이 물음을 던졌다. 어떤 사람이 테일러형인지 모건형인지만 알아도 나는 그 사람의 행동을 놀랍도록 정확하게 예측할 수 있다. 그 사람이 어떤 항공편을 선택할지, 어떤 선물을 가장 좋아할지 알 수 있다. 그 사람이 일주일에 몇 시간이나 일하는지, 봉사활동을 하는지, 인간관계는 어떻게 유지하는지, 그리고 심지어는 어떤 직업을 선택하는지도 짐작할 수 있다. 그것은 마법이 아니다. 데이터를 보고 행동을 유추하는 것이다.[2] 이 책에서 앞으로 소개할 전략들은 정밀한 행동과학에 근거해서 당신이 테일러형인가 모건형인가를 고려한 것이기 때문에 당신에게 이로울 것이다.

　당신은 어떤 유형인가? 곰곰이 생각해보고 솔직하게 답하라. 테일러형이 더 바람직한 것 같다는 이유만으로 당신이 테일러형이라고 답하지는 말라. 그런다고 해서 당신이 진짜 테일러형이 되는 것도 아니고 당신이 완전한 시간 풍요 상태에 있는 것도 아니다. 출발선이 어디든 간에 당신은 더 시간상으로 여유로워질 수 있다. 그리고 이 문제에 정답이 있다거나 타고난 기질 때문이라고 가정하지 말라. 당신을 테일러형 또는 모건형으로 기울어지게 만드는 요인들은 분명히 있지만, 당신이 어떤 유형인지는 평생 동안 여러 번 바뀔 수도 있다. 나는 시간 빈곤에 관한 모든 데이터를 파악하고 있는 시간 연구자지만, 솔직히 말하자면 요즘 나는 모건형에 속한다.

당신이 이 책을 읽고 있으므로 당신도 모건형과 비슷할 것이다. 하지만 설령 당신이 스스로를 테일러형으로 판단했더라도 시간을 똑똑하게 쓰는 연습을 하면 좋다. 연구 결과에 따르면 돈보다 시간을 중시하면 다음과 같은 이점을 얻는다.

- **행복이 증진된다.** 돈보다 시간을 더 소중하게 여길 때 사람들은 결혼을 해서 얻는 행복의 절반 정도를 느낀다.[3] 이것은 다양한 집단에서 공통적으로 발견되는 현상이다. 소득과 학력, 기혼 유무와 자녀 수로는 행복의 차이가 설명되지 않는다.
- **인간관계가 개선된다.** 시간을 중시할 때 우리는 인간관계를 먼저 생각하게 된다.[4] 버스에서 늘 마주치는 사람과 한두 마디를 나누는 것과 같은 잠깐 스치는 만남도 시간 스트레스를 줄이고 행복을 증진하는 데 크게 기여한다.[5]
- **부부관계 만족도가 높아진다.** 시간을 중시하는 사람들은 돈을 중시하는 사람들보다 배우자와 행복하게 살고 있으며 성생활도 활발하다. 시간을 아껴주는 서비스에 돈을 쓰는 부부는 오붓하게 보내는 시간이 더 많고 관계에서 더 큰 행복을 느낀다. 시간을 절약하는 소비는 집안일을 분담하지 않는 배우자를 향한 불만을 일부나마 덜어주기도 한다. 연구에 따르

면 부부관계 개선을 위해 가사도우미에게 돈을 주고 집안 청소를 맡기는 일은 상대방의 이야기를 잘 들어주는 것과 동일한 효과를 발휘한다.[6]

- **직장 만족도가 높아진다.** 시간을 중시하는 사람들과 돈을 중시하는 사람들의 노동시간은 다르지 않다. 역설적이지만 시간을 중시하는 사람들이 돈을 중시하는 사람들보다 소득이 높은 경우가 많다. 그들은 자신이 정말 좋아하는 직업을 추구하기 때문에 스트레스를 덜 받으며 일하고, 더 생산적이고, 창의적이고, 직장을 그만둘 확률이 낮다.[7]

앞서 이야기한 것보다 더 중요한 것이 있다. 바로 시간을 중시한다는 것은 '친사회적prosocial'인 행동이라는 것이다. '친사회적'은 학계 용어로서 남들을 이롭게 하는 행동을 설명할 때 사용한다.

시간 풍요의 도구를 하나씩 늘려가는 동안 당신은 문득문득 죄책감을 느낄지도 모른다.[8] 시간 풍요는 특권을 좋게 표현하는 말에 불과하다는 생각이 들지도 모른다. 아니면 당신은 '나는 돈보다 시간을 먼저 생각하는 결정을 내릴 수 있는 형편이지만 세상에는 그렇지 못한 사람들도 있잖아. 배부른 소리를 하는 게 아닐까?'라고 생각할지도 모른다.

나 역시 그런 생각들과 씨름했다. 친구들과 동료들은 내 연구가 부유한 사람들의 삶을 더 편하게 만들어줄 거라고 놀렸다. 그런데 시간이 흐르면서 나는 그런 걱정에서 벗어날 수 있었다. 두 가지 이유에서였다. 첫째, 시간 풍요가 다양한 경제적 계층의 사람들에게 두루 긍정적인 영향을 끼친다는 데이터가 축적되기 시작했다.[9] 둘째, 시간 풍요에 도달한 사람은 남을 도울 만큼 여유 있는 상태이므로 사회 전체에 이롭다는 연구 결과들이 발표됐다.

내 경우 거절을 해야 하거나 휴가를 떠나기 직전일 때는 '내 시간을 비워둬야 의미 있는 일(박사과정에 지원하려는 학부생을 돕는다거나 애인과 시간을 보내는 일)에 투입할 에너지와, 내가 아끼는 사람들을 위해 사용할 에너지가 확보된다'는 생각을 하려고 노력한다. 이것은 단순히 희망에 불과한 것이 아니라 철저히 통계 데이터에 입각해서 하는 이야기다. 우리는 시간을 충분히 가지고 있다고 느낄 때 남을 위한 봉사활동에도 활발히 참여한다.

시간 풍요가 이타적인 행동을 촉진한다는 것을 보여준 유명한 사례로 '착한 사마리아인' 연구가 있다. 연구자들은 프린스턴 대학 신학과 학생들을 고용해 설문지 두어 장을 작성하도록 했다. 설문지는 심리학 연구에 사용되는 일반적인 내용이었는데, 실상 설문은 눈속임이었고 진짜 목표는 따로 있었다. 설문지 작성을 끝낸 학생들은 캠퍼스를 가로질러 인근 초등학교로 가서 아이들에게 길가에 쓰러진 낯선 사람을 도와준 착한 사마리아인 이야기를 들려주라는 부탁을 받았다.

설문지 작성이 끝난 후 어떤 학생들에게는 벌써 약속시간에 늦었고 초등학교 아이들이 그 학생이 도착하기만을 기다리고 있다고 말했다. 또 다른 학생들에게는 수업 시작까지 얼마간의 여유 시간이 있다고 말했다. 학생들은 각자 캠퍼스를 가로질러 가는 동안 골목길에 쓰러져 신음하고 있는 남자와 마주쳤다. 여유 시간이 있다는 말을 들은 학생들은 대부분 발걸음을 멈추고 남자를 도왔다. 하지만 서둘러야 한다는 말을 들은 학생들 중에 남자를 도와준 학생은 10퍼센트도 안됐다. 그들 대부분은 남자에게 주의를 기울이지도 않았다.[10]

동일한 결론을 제시하는 다른 연구들도 여러 편 있다. 내 연구도 여기에 포함된다. 시간이 넉넉하다고 느끼는 사람들은 봉사활동을 하고, 지역 정치인들과 교류하고, 자녀의 학교에서 일을 거드는 빈도가 높았다.[11] 그리고 시간을 내서 분리수거를 하거나, 퇴비를 만들거나, 에너지 효율이 높은 가전제품을 구입하는 등 생태주의적인 행동을 하는 경향이 있었다.[12]

우리 자신에게 시간의 친사회적인 성격을 상기시키기만 해도 시간에 관해 더 나은 결정을 할 수 있다. 시간을 아껴주는 소비를 친사회적 행동("여기에 돈을 쓰면 내가 아끼는 사람들과 시간을 보낼 수 있어")이라고 생각할 때 우리는 죄책감을 덜 느끼

고 그런 선택을 끝까지 고수할 것이다.[13]

요약하자면 '돈보다 시간을 중요시하기'라는 어려운 도전을 시작할 때 당신 자신에게 말하라. 시간에 초점을 맞추는 것은 당신 자신만을 위한 일이 아니라고. 돈보다 시간을 더 중요시하면 가족, 친구, 동료, 공동체, 그리고 지구의 행복에 기여할 수 있다고.

· · ·

더 행복한 시간을 보내는 비결은 간단하다. 돈보다 시간을 우선시하고, 결정은 한 번에 하나씩 하라.

수많은 삶의 진리가 다 그렇듯 이 진리는 머리로 알기는 쉽지만 실제로 실천하기는 대단히 어렵다. 이 책은 쉽고 신속한 변화를 약속하지 않는다. 내가 소개하는 방법은 대부분 시간을 조금 더(하지만 느낄 수는 있을 만큼) 풍요롭게 만드는 방법이고, 그것을 실행하면서 실제로 변화를 일으키려면 신중한 사색이 필요하다.

이 책은 당신을 돕기 위한 것이지만, 시간이 풍요로운 삶을 살기 위해서는 궁극적으로 당신이 새로운 사고방식을 확립하고 새로운 규칙을 만들어야 한다. 배움은 끝이 없다. 나도 여전히 시간과 돈에 관한 결정으로 날마다 머리가 아프다. 나는 사적인 비용이 직업적 이익보다 더 크게 드는 업무 제안을 그 냥 승낙해버릴 때가 너무 많다. 남편은 종종 나를 앉혀놓고 정 색하며 말한다. "애슐리, 이번 일은 진짜로 거절해야 해. 당신 이 시간을 쓸 가치가 없으니 빠져야 하는 일이라고."

나의 삶은 아직 배우는 중이다. 하지만 나의 연구와 개인적 인 경험들이 가르쳐준 바에 따르면 시간은 수고를 들여 얻을 만한 가치가 있다. 우리에게 남은 시간이 얼마나 되는지는 아 무도 모른다. 현재, 지금 이 순간이 작지만 의미 있는 변화를 만들기에 가장 좋은 시간이다. 그러면 당신은 스트레스를 덜 받고, 더 즐겁게 일하고, 더 건강한 관계를 맺을 수 있다. 한 마디로 시간 부자가 되어 최고의 삶을 살 수 있다. 행복은 이 책의 주제가 아니다. 행복은 이 책의 결과물이다.

그럼 시작하자.

시간을 가장 서투르게 쓰는 자가
시간이 짧다고 불평한다.

- 장 드 라브뤼예르

1장

타임 푸어가 되는
6가지 이유

이 책을 읽고 있는 당신이 아주 가난한 사람일 확률은 10분의 8이다.[1] 나는 당신의 은행 계좌를 확인하거나 당신의 머릿속을 들여다보지 않고서도 그렇게 말할 수 있다. 여기서 가난이란 돈이 없다는 뜻이 아니다. 독자 대다수는 경제적 빈곤층이 아닐 것이라고 생각한다(경제적 빈곤도 우리 사회가 당면한 시급한 문제긴 하지만). 하지만 당신은 시간 빈곤에 시달리는 사람이다. 하루에 해야 할 일이 너무 많은데 그 일들을 해낼 시간은 충분하지 않다. 미국, 독일, 일본 같은 나라들에서 시간 빈곤 현상은 어느 때보다 심각하다(시간 빈곤은 일을 하는데도 가난한 노동 빈곤층working poor에게 더 많이 나타나고 그들에게 더 해롭다. 이 점에 관해서는 뒤에서 설명하겠다).[2]

시간 빈곤에 허덕이며 생활이 엉망진창이 되어가는 느낌에서 자유로운 사람은 없다. 우리 집 부엌에 앉아 자판을 두드리는 나도 시간이 부족하다는 압박을 느낀다. 이럴 때는 창자가 뒤틀리는 것만 같다. 오늘 아침 한 학생이 이메일로 논문을 도와달라는 급한 요청을 했다. 그래서 나는 원래 계획했던 시간보다 늦게 책 집필을 시작했다. 집필을 시작하고도 휴대전화에서 눈을 떼지 못했다. 마감이 임박한 일을 도와달라는 동료의 문자메시지가 언제 올지 몰라서였다. 오늘은 병원 예약이 있어서 일을 일찍 끝마쳐야 한다. 병원 진료가 끝나면 후다닥 집에 돌아와 샐러드에 뭔가를 곁들여 늦은 저녁을 해결할 것이다. 그리고 나서는 '받은메일함'과 '해치울 일들 목록'을 다시 확인할 것이다. '해치울 일들 목록'은 내가 노트북을 켜면 항상 열어놓는 워드 파일의 실제 이름이다. 목록만 몇 페이지 된다. 짐작컨대 나는 내가 끝내야 하는 일들을 끝내지 못할 것이다. 남편과 대화하는 시간은 어떻게든 끼워 넣어 보겠지만 친구들과 수다를 떨 기회는 안 생길 것 같다. 하루가 다르게 늙어가는 부모님과 몇 마디라도 나눌 시간을 내봐야겠다.

　나에게 오늘은 평소와 다르지 않은 날이다. 아마 당신에게도 이런 날이 많을 것이다. 시간 빈곤은 모든 지역에 영향을 미치고 모든 계층에 만연해 있다. 사람들은 대부분 시간 압박에 시달린다.

시간 빈곤의 비용

그렇다. 정말로 심각하다. 2012년에 미국인 근로자의 50퍼센트는 "항상 뭔가에 쫓기고" 70퍼센트는 시간이 충분할 때가 "전혀 없다"고 답했다.[3] 2015년에는 미국인 근로자의 80퍼센트 이상이 자신에게 필요한 만큼의 시간이 없다고 답했다.[4] 그래서 나는 당신이 시간 빈곤 상태라고 추측했다. 당신이 그렇게 말했으니까.

혹시 시간 빈곤 따위는 선진국 사람들의 배부른 투정일 뿐이라고 생각한다면 당장 생각을 바꾸는 것이 좋다. 시간 빈곤이 만연한 현상은 개인과 사회에 막대한 비용을 치르게 하는 심각한 문제다. 내가 동료들과 함께 수집한 데이터만 봐도 시간 빈곤과 불행의 상관관계를 확인할 수 있다.[5]

시간 빈곤을 겪는 사람들은 덜 행복하고, 생산성이 떨어지고, 스트레스를 더 많이 받는다.[6] 그들은 운동을 적게 하고, 살이 찌는 음식을 먹고, 심혈관계 질환에 더 많이 걸린다.[7] 시간 빈곤은 타협을 강요한다. 우리는 영양가 풍부한 저녁식사를 준비하는 대신 길모퉁이 패스트푸드점에서 햄버거 하나를 사온다. 그러고는 TV를 바라보며 별생각 없이 음식을 먹는다. 여러 가지 일들을 해내기 위해 시간을 최대한 확보하려고 애쓰다 보면 가만히 앉아서 소금, 지방, 설탕으로 얼룩진 하루를 보내게 된다.

또한 시간 빈곤이 만연한 사회는 비용이 많이 든다. 시간 스트레스 때문에 미국의 건강보험 재정에서 지출되는 돈은 1,900억 달러(약 220조 원)로 이는 연간 건강보험 지출액의 5~8퍼센트에 해당한다.[8] 또 불행한 삶 때문에 발생하는 생산성 손실은 매년 4,500억 달러(약 530조 원)에서 5,500억 달러(약 650조 원)에 달한다.[9] 1,000명 이상이 일하는 기업에 아무 때나 가보라. 1,000명 중 200명은 압박에 시달리다 못해 병가를 낸 상태다.[10]

시간 빈곤이 일으키는 사회적 비용의 문제가 커지고 있기 때문에 요즘에는 연구자들이 시간 빈곤을 기근에 비교한다. 심각하고 극단적인 시간 부족은 사회 전체에 피해를 입힌다. 자연재해에 온갖 부정적인 결과들이 뒤따르는 것처럼 시간 빈곤 현상에도 많은 비용이 수반된다.[11]

시간은 누구에게나 평등하지 않다

시간 빈곤의 비율이 이처럼 높아지는 이유에 대한 가장 쉬운 설명은 우리가 일하는 데 과거보다 많은 시간을 쓴다는 것이다. 하지만 연구 데이터는 이 가설과 일치하지 않는다. 믿거나

말거나 오늘날 대부분의 사람은 1950년대 사람들보다 여가시간을 많이 가지고 있다.[12]

OECD 통계에 따르면 1950년 미국인의 주당 평균 노동시간은 37.8시간이었는데 2017년에는 34.2시간으로 줄었다. 또한 지난 50년간 미국 남성의 여가시간은 주당 6시간에서 9시간으로 늘어났고, 여성의 여가시간은 4시간에서 8시간으로 늘어났다.[13] 그리고 우리에게는 첨단기술이 있다. 전자레인지와 로봇청소기, 디지털 통신, 사람을 만날 시간까지 자동으로 제안해주는 이메일 앱은 생활의 효율을 높여준다. 또 공유경제가 발전한 덕분에 우버Uber(세계 최대의 차량 공유 서비스업체―옮긴이)와 태스크래빗TaskRabbit(미국의 단기 아르바이트 중개 서비스업체―옮긴이) 같은 회사들이 비교적 저렴하고 이용도 간편한 시간 절약 서비스를 제공한다.[14]

당연한 이야기지만 우리가 가진 시간은 과거보다 많지도 않고 적지도 않다. 우리 모두에게는 하루에 24시간이 평등하게 주어진다. 이론적으로 우리는 부모 세대와 조부모 세대보다 여가를 더 많이 얻었으니 행복해야 한다. 그런데 왜 우리는 과거 어느 때보다 심각한 시간 부족에 시달릴까?

그것은 시간 빈곤이 단순히 우리가 가진 시간과 우리가 필요로 하는 시간의 불일치에서 생기는 문제가 아니기 때문이다. 시간 빈곤은 시간에 관한 우리의 사고방식과 가치관에서

비롯된다. 시간 빈곤은 구조적인 문제라기보다 심리적인 문제다. 우리는 이전 세대보다 오랜 시간 일하지는 않지만, 일을 해야 한다는 생각은 온종일 하고 있다.[15] 우리는 항상 연결된 상태를 유지한다.[16] 무엇을 하면 돈을 더 벌 수 있을 것인가에 끊임없이 주의를 기울인다. 귀중한 자유시간이 오기는 온다. 하지만 우리는 그 자유시간을 누릴 준비가 돼 있지 않기 때문에 그 시간을 낭비한다. 쉬지 말고 계속 일해야 한다고 자신을 다그친다.

이렇게 된 것이 우리 개개인의 잘못은 아니다. 우리 사회는 시간의 고유한 가치를 축소한다. 사회는 사무실에서 살다시피 하는 사람들을 영웅으로 숭배하라고 가르친다.[17] 게다가 소득불평등이 확대되고 있어서 언제라도 쪼들리는 신세가 될 수 있다는 생각에 24시간 일을 해야 할 것 같다. 아니, 일하는 척이라도 해야 할 것 같다.[18] 나는 이런 요인들이 '시간의 덫time trap'을 만들어낸다고 본다. 시간의 덫은 우리를 만성적인 시간 빈곤 상태로 만든다.

시간을 똑똑하게 쓰려면 우선 '시간의 덫'이라는 개념을 이해하고 생활 속에서 우리가 인식하지 못했던 시간의 덫을 찾아내야 한다.

시간의 덫 1: 스마트 기기의 역설

그렇다. 우리는 50년 전에 살던 사람들보다 여가시간을 더 많이 가지고 있다. 하지만 우리는 여가시간에 휴식을 제대로 취하지 못하고 있다. 스마트 기기들의 파괴적인 영향 때문이다. 기술은 우리의 시간을 아껴주지만 한편으로는 시간을 빼앗아간다. 연구자들은 이러한 현상을 가리켜 '자율성의 역설 autonomy paradox'이라고 부른다. 우리는 언제 일하고 얼마나 오래 일할지를 자율적으로 결정하기 위해 모바일 기술을 도입했지만, 결과적으로는 그 기기 덕에 24시간 내내 일을 하게 되었다.[19] 과거에는 긴 자유시간을 즐겁게 보냈지만 이제 스마트워치, 스마트폰, 태블릿PC, 노트북과 같은 기기에 끊임없이 방해받는다.

이러한 상황 속에서 우리의 인지기능에는 과부하가 걸리고 덩어리였던 여가시간은 잘게 쪼개진다. 그래서 스트레스를 풀어주거나 우리를 행복하게 해주는 어떤 일에 시간을 집중해서 사용하기가 어려워진다.[20] 나는(그리고 몇몇 연구자들은) 이런 현상을 설명할 때 '시간 부스러기time confetti'라는 용어를 쓴다. 시간 부스러기란 비생산적인 멀티태스킹을 하면서 잃어버리는 몇 초와 몇 분을 가리킨다.[21] 시간 부스러기는 하나씩 떼어놓고 보면 심각한 문제로 보이지 않는다. 하지만 그 작은 부스

러기들을 합쳐보면 우리가 간과하고 잃어버린 시간의 합은 생
각보다 훨씬 크다.

우리가 시간을 얼마나 잘게 쪼개는지 감을 잡기 위해 간단
한 계산을 해보자. 당신에게 오후 7시부터 1시간의 여가가 주
어진다고 하자. 그 1시간 동안 당신은 2통의 이메일을 받는다.
당신은 모든 내용을 확인한 후 1통에 답장을 한다. 트위터 알
림은 4건이다. 쓸데없는 자기 자랑이나 어떤 성미 고약한 사람
이 못돼먹은 말을 했다는 내용들이다. 당신은 그 4건 중 1건의
트윗에 달린 댓글들을 읽으며 손가락으로 훑어 내려간다. 슬
랙Slack(협업용 메신저-옮긴이) 알림이 3건 온다. 동료들이 당신
에게 질문을 하거나 뭔가를 부탁하는 내용이다. 당신은 1건의
메시지에 답장을 하고 나머지 2건에는 답하지 않는다. 내일이
어머니 생신이니 전화를 하라고 알려주는 알람이 1회 울린다.
그리고 친구가 다음 주에 만날 약속을 잡자고 4건의 문자메시
지를 보낸다. 당신은 그 문자 내용을 각각 확인한 뒤에 일일이
답을 한다.

이 사건들은 하나씩 떼어놓고 보면 사소한 일이고 몇 초밖
에 걸리지 않는 일이다. 하지만 이 사건들을 다 합쳐보면 2가
지 부정적인 효과가 발생한다. 첫째, 이 사건들은 당신의 여
가시간을 상당 부분 빼앗아간다. 이것은 〈표1-1〉에서 확인할
수 있다.

〈표1-1〉

활동	소요된 시간(초)
이메일 확인 2건	30
이메일 답장 1건	30
트위터 알림 확인 4건	45
트위터 댓글 확인 1건	30
슬랙 알림 확인 3건	30
슬랙 알림에 답장 1건	45
사전에 설정한 알람 확인 1건	10
문자메시지 확인 4건	40
문자메시지 답장 4건	120
시간 부스러기의 총 개수	**소요된 시간의 총합**
21	**6분 20초**

　별로 해롭지 않아 보이는 사건 몇 개가 여가시간의 10퍼센트를 앗아간다. 연구 결과에 따르면 우리는 이런 사건의 횟수를 적게 어림잡는 경향이 있으므로, 일반적인 경우라면 여가시간을 이보다 많이 빼앗길 것이다.[22]

　두 번째로, 시간 부스러기는 우리의 여가시간을 파편화한다. 여가를 방해하는 사건들은 무작위로 분포할 가능성이 높다. 나는 여가를 방해하는 사건들이 한눈에 보이도록 사건을 이메일, 트위터, 슬랙, 알람, 문자메시지의 5가지로 분류했다. 그리고 1시간이라는 시간 안에 그 5가지를 무작위로 배치했다.

〈그림 1-1〉

오후 7시 　자유시간　 오후 8시

〈그림 1-2〉

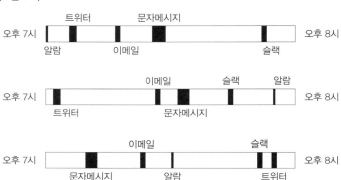

　그 결과 〈그림 1-1〉과 같아야 할 자유시간이 〈그림 1-2〉 중 하나와 비슷한 것으로 바뀌었다.

　이 모든 경우에 1시간의 여가는 작은 덩어리들로 쪼개진다. 어떤 덩어리는 5, 6분만 지속된다. 당신이 스마트 기기에 반응하지 않거나 빠르게 반응하지 않는 훈련이 된 상태라 해도, 스마트 기기의 알림은 당신이 지금 할 수 있는 활동 또는 해야 하는 활동을 상기시킴으로써 여가시간의 덩어리를 더 작고 예

측 불가능하게 만들어 여가시간의 질을 떨어뜨린다.[23]

과거에 우리는 헬스장에서 운동을 즐겼다. 이제 우리는 러닝머신에서 떨어지지 않으려고 애쓰면서 한 손으로는 상사에게 답장을 보낸다. 과거에 우리는 방해받지 않고 가족과 함께 저녁을 먹었다. 이제 우리는 식어버린 음식을 앞에 두고 급한 전화 통화를 한다. 과거에 우리는 여유롭게 소풍을 즐겼다. 이제 우리는 '사적인' 공간인 공원 모퉁이의 화장실 칸막이 안에서 전화 회의를 한다. 우리는 바지 주머니에 사무실을 꽂고 다니기 때문에 연결되지 않은 상태로 생활하기란 불가능하다. 수많은 사람이 밤 10시 이후에, 아이의 학교 연극 시간에, 결혼식장에서, 식사 시간에, 애인과의 만남 도중에 휴대전화를 확인한다. 심지어 한 연구 참가자는 아내가 분만 중일 때도 업무 이메일을 확인한다고 고백했다.[24]

우리가 생일 축하 파티를 즐기는 순간에도 SNS는 따뜻한 나라에서 휴가를 보내고 있는 친구의 사진을 알린다. 그러면 먹고 있던 파스타는 덜 맛있게 느껴진다. 다음번 데이트를 위해 식당을 고르려고 해도, 평가와 별점의 세계가 바다처럼 끝없이 펼쳐지기 때문에 음식을 맛있게 먹는 일보다 음식을 고르는 일에 시간을 더 많이 쓴다. 친구, 가족들과 의미 있는 시간을 보내려고 할 때도 업무와 관련된 알림을 받기 때문에 아직 해내지 못하고 있는 일에 대한 죄책감과 불안을 느낀다.

여유를 즐겨야 하는 시간에 일을 생각하면 우리의 정신은 마비된다. 시간 빈곤감은 머릿속에서 활동들이 얼마나 잘 정돈되어 있느냐에 좌우되기 때문이다. 만약 우리가 모처럼 부모 노릇을 제대로 해보려고 애쓰고 있는데 업무용 이메일이 계속 날아온다면, 아이와 온전히 함께 있지 못하고 마감 시간을 지키기 위해 일해야 한다는 생각에 빠져들 수밖에 없다. 이러한 정신적 갈등이 생기면 우리는 우리 자신이 나쁜 부모('왜 나는 아이와 함께하는 동안에도 일을 생각하고 있을까?') 또는 나쁜 직원('내가 아이들한테 너무 많은 시간을 뺏기고 있는 것은 아닐까? 이러다 승진에서 누락하는 건 아닐까?')이라는 느낌을 받는다.

또 눈앞의 일에서 다른 어떤 스트레스를 유발하는 활동으로 주의를 돌렸다가 현재로 돌아오는 '인지적 회복'에도 시간이 소요된다.[25] 결과적으로 사람들은 자유시간을 덜 즐기게 되고, 실제로 주어진 것보다 자유시간이 적었다고 대답한다.[26] 스마트 기기가 만드는 시간의 덫은 이토록 강력하다. 시간이 부스러기로 변하면 우리는 시간 빈곤을 실제보다 크게 느낀다.

시간의 덫 2: 돈에 대한 집착

스마트 기기 중독이 시간 기근의 유일한 원인인 것은 아니다.

우리를 시간 빈곤으로 몰아넣는 또 하나의 덫은 일과 돈벌이에 대한 사회적 집착이다. 우리는 시간이 아닌 돈이 더 큰 행복을 선사한다는 (잘못된) 믿음을 습득했고 그 믿음을 유지하고 있다.[27] 심지어 백만장자들도 이런 생각에 사로잡혀 있다. 나의 동료들은 세상에서 가장 부유한 사람들 몇 천 명을 조사했다. 그들은 상위 1퍼센트에 속하는 사람들에게 "완전한 행복"을 느끼려면 돈이 얼마나 필요하겠느냐고 물었다. 응답자의 4분의 3(은행에 1,000만 달러(약 110억 원) 이상을 예금해놓고 있는 사람들도 포함)은 완전한 행복을 누리기 위해서는 돈이 "훨씬 더 많이 필요하다"고 답했다("적어도 500~1,000만 달러는 더 있어야 한다"고 했다).[28] 심리학 박사학위가 없더라도 이 사고방식에 오류가 있다는 것은 금방 알아차릴 수 있다.

'돈으로 행복을 살 수 없다'는 말은 누구나 아는 격언이다. 그리고 경험에 따르면 이 격언은 사실이다. 연구 결과에 따르면 돈이 슬픔을 막아주긴 하지만 돈으로 기쁨을 살 수는 없다.[29] 우리가 생활비를 지불하고, 미래를 위해 저축을 하고, 적어도 주말에는 재미있게 생활할 수 있을 만큼의 돈을 벌게 되면 돈을 더 버는 것은 행복에 별다른 영향을 미치지 않는다. 어느 연구자들은 165개국의 사람들 170만 명에게서 얻은 데이터를 기반으로, 돈을 더 벌어도 행복도가 높아지지 않는 기준점이 정확히 얼마인가를 조사했다. 미국인들의 경우 1년에 6만 5,000

달러(약 7,000만 원)를 벌게 되면(세계 평균은 6만 달러) 소득과 하루 동안 웃는 횟수의 상관관계가 사라졌다. 미국인들이 1년에 10만 5,000달러(세계 평균은 9만 5,000달러)를 벌게 되면 돈은 삶을 잘살고 있다는 자부심에 아무런 영향을 미치지 못했다. 아니, 오히려 돈을 많이 벌게 되면(미국의 경우 연소득이 10만 5,000달러를 넘어서면) 삶을 잘못 살고 있다고 생각하기 시작한다.[30] 부자가 되고 나면 우리는 자신의 삶을 더 부유한 사람들의 삶과 비교하기 시작한다. 우리는 결코 도달하지 못할 이상을 좇는다. 부가 늘어날수록 다른 사람들이 나보다 잘나가고 있으니 그들을 따라잡아야 하고 또 따라잡을 수 있다는 생각이 많이 들기 때문이다.[31]

돈이 나쁘다는 것은 아니다. 돈이 많으면 스트레스를 피해갈 수 있다. 위기가 닥쳤을 때도 수중에 돈이 있으면 마음이 평온하다.[32] 하지만 부정적인 결말을 피해가는 것과 행복한 결말을 만들어내는 것은 다르다. 이 명제는 아주 중요한 것이므로 나는 앞으로도 이 말을 되풀이할 것이다. 돈으로 기쁨을 살 수는 없다. 우리는 돈이 시간 풍요와 행복으로 가는 길이라고 생각한다. 하지만 그것은 잘못된 생각이다.[33] 굳이 따지면 부유한 사람들이 스트레스를 더 많이 받는다.[34] 반면 진정으로 행복해지려면 시간에 투자해야 한다.

대다수의 현대인은 시간 빈곤에 시달리지만, 부자들(일을 하는 부자들)의 시간 빈곤은 더 심하다.[35] 그들이 높은 임금을 받는다는 것은 문자 그대로 그들의 시간이 임금을 덜 받는 사람들의 시간보다 가치 있다(그들은 다른 사람들과 똑같이 1시간 일해도 더 많은 돈을 번다)는 뜻이기 때문에 당연히 그렇기도 하다. 시간의 가치가 높아졌기 때문에 그들에게는 시간이 더 귀하고 희소하게 느껴진다.

나의 동료들은 이 점을 입증하기 위해 대학생들을 전문 컨설턴트로 변신시켰다. 그들에게 실험 과제에 투입하는 모든 시간에 대해 분당 1.5달러 또는 0.15달러를 청구하라고 지시했다. 분당 1.5달러를 청구한 학생들은 분당 0.15달러를 청구한 학생들보다 시간 압박을 많이 느꼈다.[36] 또 다른 연구에서는 고소득 직장인들이 "시간이 충분히 있었다고 느낀 날은 하루도 없었다"와 같은 상황에 더 많이 동의했다.[37]

우리가 부유해질수록 시간이 부족하다는 느낌은 더 커진다. 그러나 돈을 더 버는 것에 집착하는 사회는 시간 풍요에 도달하려면 부유해져야 한다는 잘못된 믿음을 가지고 있다.[38] 어떻게든 돈을 모으면 미래에 행복을 살 수 있을 거라고 믿는다. 우리는 이렇게 생각한다. '나중에 여가시간을 더 가지기 위해 지금 열심히 일해서 돈을 더 벌어야지.' 이것은 잘못된 해결책이다. 머지않아 알게 되겠지만 올바른 해결책과는 정반대로 접근한 것이다. 돈벌이에 집중하는 것은 덫에 걸려드는 것과

같다. 돈벌이에 집중하면 돈에 대한 집착만 강해질 뿐이다.[39]

시간의 덫 3: '최저가'를 찾을 때 잃는 것들

사회가 돈에 집착하기 때문에 사람들은 자신의 돈을 지키기 위해 시간 풍요의 길과 반대로 간다. 순전히 몇 달러, 몇 센트를 아끼기 위해 '핫딜'과 '최저가'를 찾아다니며 시간 빈곤과 불행을 증가시킨다. 왜냐하면 우리는 그렇게 돈을 아끼는 일의 시간 비용을 계산하지 않기 때문이다.[40]

내가 진행한 한 조사에서 금전적으로 여유가 있지만 시간이 극도로 부족한 사람들, 즉 어린아이를 키우며 일하는 부모들의 52퍼센트는 시간을 더 확보하기보다 돈을 더 벌겠다고 답했다.[41] 가상의 상금 100달러를 받을 경우 그 돈을 어떻게 쓰면 더 행복해지겠느냐고 물었더니 그들 중 2퍼센트만이 식료품을 배달시키는 것처럼 시간을 아껴주는 일에 사용하겠다고 답했다.[42] 평균 300만 달러(약 35억 원)를 은행에 예치하고 있어서 분명히 시간을 우선시할 여유가 있는 사람들 역시 시간보다는 돈을 더 가지는 쪽을 선택했다.[43]

우리는 현금을 시간과 교환한다는 개념을 쉽게 떠올리지 못한다. 시간의 가치는 측정하기 어렵기 때문이다.[44] 설령 우리가 시간과 돈 사이에서 잘못된 선택을 하고 있을지라도, 예컨대 휘발유 1갤런당 10센트(약 1리터당 30원)를 아끼기 위해 3킬로미터를 더 운전한다 할지라도 그것이 잘못된 선택이라고 생각하지 못한다. 휘발윳값을 10센트 아꼈다고 여기며 우리는 그 일에 써버린 시간의 가치는 알지 못한다.

잠시 후 나는 그런 결정에 대한 계산을 해볼 것이다. 우리가 하루에 1달러를 아끼려고 아등바등하는 동안 잃는 것이 얼마나 많은지. 그리고 그런 결정이 우리를 얼마나 심한 시간 빈곤 상태로 만드는지 알면 당신은 충격을 받을 것이다.

이제 우리가 '저렴한cheaper' 결정을 하는 순간들에 주의를 기울이고 우리의 삶 속에 있는 시간의 덫을 파악해보자. 만약 여행을 하기 위해 비행기표를 예약하려는데 조금 더 저렴한 표는 중간에 환승해야 한다면 우리는 시간의 덫에 걸려든다. 우리가 그 비행으로 300달러를 아낀다고 가정하자. 하지만 여행을 떠날 때와 돌아올 때 환승하느라 각각 4시간이 더 소요되고, 일찍 일어나 비행기를 갈아타야 해서 피로와 스트레스가 늘어난다. 300달러를 지불해서 당신의 하루 근무시간에 맞먹는 8시간의 휴가를 더 얻고 피로와 스트레스를 줄이는 게 어떻겠는가?

국제회의에 참석할 때면 나는 동료들과 함께 고민하곤 한다. 비용을 지불하고 호텔에서 하룻밤 더 머무를 것인가, 아니면 돈을 조금 아끼기 위해 충혈된 눈으로 집에 돌아갈 것인가? 최근에 나는 하루 더 묵는 대신 비행을 감행했고, 짜증이 난 상태로 집에 도착해서 남편과 대판 싸웠다. 돌이켜보건대 내가 130달러를 내고 호텔에 하룻밤 더 머물렀다면 우리가 그 하루를 분노와 스트레스에 빼앗기지 않았을 것 같다.

시간의 덫은 단순하다. 우리는 최저가를 따지지 않아야 할 때도 반사적으로 최저가를 선택한다. 휘발유의 사례를 더 자세히 살펴보자. 당신은 항상 1갤런당 15센트를 절약하기 위해 6분 더 운전해서 다른 주유소에 간다. 당신이 한 달에 4번, 한 번에 15갤런을 주유한다고 치자. 언뜻 보기에는 더 먼 주유소에 갈 가치가 있는 것 같다. 6분은 그렇게 긴 시간이 아니고, 그렇게 절약한 돈은 쌓일 테니까. 하지만 시간의 덫을 알고 있는 사람의 관점은 조금 다르다.

15센트 × 15갤런 = 한 번에 2.25달러 절약

2.25달러 × 월 4회 = 월 9달러 절약

월 9달러 × 12개월 = 1년에 108달러 절약

한 번에 6분 × 월 4회 = 월 24분 손실

월 24분 × 12개월 = 연 4.8시간 손실

이렇게 본다면 당신은 108달러를 아끼기 위해 거의 5시간을 썼다고 할 수 있다. 이 경우 당신의 시간은 1시간당 약 22달러의 가치를 지닌다. 여기에는 당신이 적은 돈을 아끼기 위해 멀리까지 차를 몰고 다녀오는 대신 그 시간에 할 수 있었던 다른 일들에 대한 기회비용은 포함되지 않았다.

시간 비용을 계산한다고 해서 항상 돈을 더 지불하면 된다고 말하는 것은 아니다. 계산을 해봐도 시간과 돈의 교환이 무의미하다는 생각이 들지도 모른다. 하지만 그때그때 이런 계산을 해보는 사람은 시간의 가치를 다른 시각의 렌즈로 보게 된다. 평소 우리는 시간의 가치를 크게 과소평가하는 경향이 있다.

시간의 덫 4: 지위의 상징이 된 바쁨

우리의 정체성은 과거 어느 때보다 일과 긴밀하게 연결된다. 많은 통계자료가 미국인들이 갈수록 친구, 가족, 취미가 아닌 일에서 의미를 찾는다는 것을 보여주고 있다.

일을 의미의 주된 원천으로 보는 시각은 수십 년 전부터 있었지만, 대중매체에서 '일 지상주의workism'라고 부르는 현상은 최근에 생겨나 빠르게 확산되고 있다. 『애틀랜틱Atlantic』의 전속

기자인 데릭 톰프슨은 '일 지상주의'를 "신도를 모으기 위해 경쟁하는 신흥 종교"로 표현했다.[45]

과거에 일은 그 자체가 목적이 아니고 다른 목적을 달성하기 위한 수단으로 간주되었다. 요즘 사람들은 일하기 위해 산다. 2017년에 발표된 한 설문조사에서 젊은 성인들의 95퍼센트는 "재미와 의미가 있는" 직업을 가지는 것이 자신에게 "매우 중요하다"고 답했다.[46]

나 역시 요즘 학생들이 대학을 바라보는 시각이 과거에 내가 대학에 다니던 시절과 많이 달라서 놀라곤 한다. 나와 내 친구들은 대부분 젊은 시절에 흥미를 느끼는 분야를 골라 즉흥적으로 직업을 결정했다. 대학 3학년 때 나는 연극을 전공했고, 당연하게도 그 한 해 동안 선형대수 문제를 풀면서 보낸 시간보다 개구리 분장을 하고 보낸 시간이 더 길었다. 요즘 학생들은 '절대적으로 올바른 최고의 진로'를 선택하려고 한다. 학생들은 걱정스러운 얼굴로 나를 찾아와 진로와 인턴십 기회에 대해 물어본다. 어떤 학생은 앞날의 계획을 세우기 위해 한 학기에 다섯 번이나 나를 찾아왔다. 나는 그 학생에게 이렇게 말했다. "너는 스무 살이고 곧 하버드 대학 졸업생이 될 거야. 잘못된 선택은 있을 수가 없어. 나는 대학 3학년 때 학점을 얻기 위해 1년 내내 개구리 복장으로 요가를 했는데도 결국에는 다 잘됐잖니!" 그 학생의 반응은…… 내 말에 감명을 받지 않앗다고만 해두자.

우리가 일을 그토록 중요하게 여기기 때문에 직장에서의 바쁨은 이제 사회적 지위를 의미한다. 우리는 바쁨을 명예로운 훈장처럼 달고 다닌다.[47] 우리는 가장 오랜 시간(그 시간이 생산적이지 않더라도) 일하는 직원으로 보이기를 원한다. 나의 동료인 피터는 꼭 일을 하지 않을 때도 순전히 인사관리 시스템에 근무 기록을 남기기 위해 저녁 7시까지 사무실에 남아 있었다고 말했다. 피터는 연봉제로 급여를 받았기 때문에 그가 5시를 넘겨 일하더라도 직접적으로 더 얻는 것은 없었다. 세상의 수많은 '피터'들은 '미칠 듯이 바빠서' 지인들과의 약속도 취소해가며 쉼 없이 일했다는 이야기를 소셜미디어에 자랑스럽게 올린다.

경제적 불안정 역시 일 지상주의의 원인이다. 그리고 경제적 불안정은 점점 확대되고 있다. 1970년대 초반 이후로 미국을 비롯한 전 세계에서 소득 불평등이 급격히 커졌다.[48] 사회가 불평등해지면 사람들은 자신의 현재 지위와 무관하게 미래의 경제적 상황에 불안을 느낀다.[49] 지금 잘살고 있는 사람들도 자신이 넘어질까 봐 걱정한다. 빠듯하게 생활을 이어가는 사람들은 자신이 더 뒤처질까 봐 두려워한다.

대부분은 이 불안에 대처하기 위해 더 오래 일해서 돈을 더 벌려고 한다.[50] 그래서 자신과 친구, 가족을 위한 긍정적인 시간은 우선순위에서 밀려난다. 좋은 시간은 희생시키기 쉽다. 어차피 그 시간의 가치를 측정하는 방법을 모르니까. 우리는 남들 눈에 열심히 일하지 않는 사람으로 비칠 것을 걱정하며 자발적으로 휴가를 포기한다.[51] 외식이나 휴가처럼 우리를 행복하게 만들어주는 일에 돈을 쓸 때는 죄책감을 느낀다.[52]

이러한 걱정은 우리 가슴 깊이 자리하고 있다. 우리 중 일부는 젊은 시절부터 불평등을 경험하면서 두려움을 갖게 됐을 것이다. 나의 동료들은 연구 참가자들에게 어린 시절 그들이 살던 동네의 경제적 수준은 어떠했는지, 그리고 지금 그들에게 돈이 얼마나 중요한가를 물어봤다. 그러자 어린 시절에 소득 불평등을 많이 목격했던 연구 참가자들이 자신의 자존감을 돈을 얼마나 버느냐에 더 많이 투영했다.[53] 그들이 현재 어디에 살고 있고 재산이 얼마나 되는지는 변수가 되지 못했다. 어린 시절에 경제적 불확실성을 경험한 사람들은 성인이 되고 나서도 항상 돈에 집중하는 경향을 나타냈다.

우리의 자아정체성이 일과 생산성에 파묻혀 있기 때문에 우리는 바쁜 모습을 남들에게 보여줄 때 우리 자신에 대해서도 좋은 감정을 느낀다.[54] 바쁘면 자신이 꼭 필요한 사람이고 책임감 있는 사람인 것 같다. 열심히 일하면(혹은 열심히 일하는 것처럼 보이면) 우리는 돈을 더 벌 수 있고, 우리가 대학 시절부터 계획했던 완벽한 성공의 길을 계속 걸을 수 있다. 반면 일이 아닌 다른 어떤 것에 주의를 집중하면 우리의 생계와 지위를 위협받을 가능성이 있다. 우리는 우리 자신이 가치 없는 존재로 여겨질까 봐 불안해한다. 그것은 근거 없는 불안은 아니다. 고용주들은 대부분 '바쁨'이라는 신흥 종교에 보상해준다. 연구 결과에 따르면 자기가 엄청나게 바빠서 쉬지 않고 일한다고 생색내는 직원이 다른 사람들의 눈에는 돈과 명예를 다 가진 훌륭한 직원으로 보인다. 그 직원이 실제로는 일을 잘하지 않더라도 그렇다. 심지어 그런 직원의 외모가 더 매력적이라고 여겨지기도 한다.[55]

당신이 어떤 사람에게 보낸 이메일을 그 사람이 토요일 밤 8시 30분에 확인한다면, 당장은 그의 기분이 좋을지 몰라도 전체적으로 보면 그러한 행동은 모두의 삶을 불안하고 불행하게 만든다. 일 지상주의라는 시간의 덫은 당신(그리고 당신 동료들)을 시간 빈곤 상태로 만든다.

시간의 덫 5: 게으름 혐오하기

설령 우리가 완전히 평등한 사회에 산다 해도 우리는 스스로 시간 스트레스를 만들어낼 것이다. 태생적으로 인간은 게으름을 피우는 존재가 아니다. 철학자 블레즈 파스칼Blaise Pascal은 이렇게 말했다. "인류의 모든 문제는 우리가 방 안에 혼자 가만히 앉아 있지 못한다는 데서 비롯된다."

연구자들은 이것을 '게으름 혐오'라고 부른다. 우리는 게으름 혐오 때문에 이상한 행동을 한다. 하버드 대학교 심리학 교수인 대니얼 길버트Dan Gilbert는 빈 방에 대학생 몇 명을 집어넣고 할 일이 아무것도 없게 만들었다. 끊임없는 자극과 흥밋거리에 익숙해져 있던 학생들 대부분은 그런 상황을 즐기지 못했다.[56] 다수의 학생들은 혼자 사색하면서 시간을 보내는 것보다 약한 전기충격을 받는 쪽을 선택했다. 길버트는 이 실험의 결과를 다음과 같이 요약했다. "대부분의 사람들은 아무것도 하지 않는다는 생각을 용납하지 못한다."[57] 당신은 이 이야기를 듣고 '혈기왕성한 대학생들이니까 당연히 그렇지'라고 넘겨버릴 수도 있겠지만, 또 다른 연구에 따르면 일하는 부모들도 여가시간에 "지루해하고" "스트레스를 받는다"고 한다. 시간 빈곤이 가장 심한 사람들조차도 여유를 즐길 줄 모른다는 신호다.[58]

스마트 기기는 우리가 우리 자신의 생각에 갇히지 않게 해주는 고마운 도구지만 사실은 스트레스와 시간 빈곤을 증가시키는 덫이기도 하다. 스마트 기기에 24시간 연결되어 있는 상태가 지속되면 우리의 뇌가 피로를 회복하지 못해서 스트레스 수치가 높게 유지된다. 그러면 우리는 현재를 빼앗긴다.

게으름은 가치 있는 여가의 한 형태로서 시간을 더 풍요롭게 만든다. 명상이나 기도와 같은 마음챙김 운동은 잘 훈련된 게으름이다. 마음챙김 수련은 집에서도 할 수 있고 웹사이트와 앱을 통해 혼자 수행할 수도 있지만 수련을 제대로 해내려면 상당한 노력이 필요하다. 하지만 노력할 가치는 충분하다. 뇌의 긴장을 풀어주는 휴식의 신체적, 정신적 효과는 뇌가 24시간 내내 어딘가에 매여 있어서 받는 스트레스보다 훨씬 가치 있는 것이다.[59]

시간의 덫 6: 요청받는 일에 일단 'YES'라고 말하기

우리 대다수는 미래의 시간을 지나치게 낙관한다.[60] 막연하게 오늘보다 내일 시간이 더 많을 것이라고 생각한다.[61] 이것을 '계획의 오류planning fallacy'라고 부르기도 한다.[62] 나는 그것을 '승낙했다가 후회하기'라고 부른다. 설명을 들어보라.

지난 월요일, 나와 함께 커피를 마시던 친구가 토요일에 이사를 도와줄 수 있느냐고 물었다. "그래, 도와줄게." 화요일에는 동료 한 사람이 토요일까지 자기 보고서를 검토해달라고 부탁했다. 나는 "네"라고 대답했다. 수요일에는 다른 친구가 토요일 저녁에 내가 가보고 싶었던 새로 생긴 식당에서 저녁식사를 하자고 권했다. 행복 연구자인 나는 친교활동이 좋다는 것을 알기 때문에 그러자고 대답했다.

무슨 일을 저질렀는지 알겠는가? 나는 모든 것에 "예"라고 답한 것이다. 토요일 아침에 잠에서 깨어나서야 비로소 그 사실을 깨달았다. '아뿔싸! 내가 왜 그랬을까?'

사실 나는 시간 연구자인 만큼 내가 왜 그랬는지 정도는 안다. '지금은 내가 너무 바빠서 안 되지만 토요일은 별다른 일정이 없잖아. 그러니까 그 정도는 할 시간이 있을 거야.' 지금 당장 '예'라고 말하는 데는 비용이 적게 든다(그리고 사람들에게 '예'라고 말해주면 기분이 좋다). 그럴 때면 미래는 빈 시간으로 가득 찬 공간처럼 보인다. 미래가 현재가 되고 나면 우리는 '예'라고 말해놓은 일을 되돌리기를 바란다.

우리가 다음 주에 얼마나 바쁠지를 가장 정확히 예측하는 방법은 우리가 지금 얼마나 바쁜가를 따져보는 것이다. 그러므로 지금 내가 아주 바쁜데도 미래의 어떤 일에 '예'를 외치는 것은 현명한 일이 아니다. 우리의 마음은 이 중요한 사실을 걸핏하면 잊어버리고, 나중에는 지금보다 시간이 더 많아질 거라는 거짓에 속아 넘어간다. 지나친 낙관주의 때문에 우리는 무심하게 '예'라고 대답한다. 그래서 별로 하고 싶지 않은 자잘한 일들도 승낙해버린다(거절하는 요령은 4장에서 더 자세히 다룰 예정이다). 우리는 요청을 받는 모든 일에 '예'라고 대답하기를 진심으로 원한다. 우리는 게으름을 극복하고, 타인과 친분을 유지하며, 우리 자신이 가치 있고 존경받고 사랑받는다고 느끼기 위해 '예'라고 말한다.

그러면 이 약속들을 이행할 시간은 어디에서 나올까? 당연히 여가시간이다. 우리가 시간 풍요를 느끼는 데 사용할 수도 있었던 바로 그 시간 말이다. 이 활동에서 저 활동으로 바쁘게 뛰어다니느라 시간이 빠듯하다는 압박에 시달리고, 즐거움도 느끼지 못한다. 우리는 이 바쁨이 우리에게 성과를 가져다줄 거라고 굳게 믿는다.[63] 역설적이지만 우리가 항상 바쁜 상태라면 애초에 우리가 바쁘게 살면서 달성하려고 했던 목표를 달성하기가 어렵다.[64]

바쁠 때 더 많은 일을 떠맡는 이유

이렇게 6가지가 가장 흔한 시간의 덫이다. 짐작하건대 당신도 두세 가지 덫에 자주 걸릴 것이다. 우리가 시간을 우선시하지 못하는 이유는 여러 가지다. 남들의 시선이 두려워서일 수도 있고, 다른 이유들도 있다. 이 부분은 뒤에서 더 자세히 설명하겠다.

여기서는 당신이 자주 걸려드는 시간의 덫이 무엇인지 파악하고 기록하는 것을 목표로 삼자. 당신이 잘 걸려드는 덫은 다른 사람들의 덫과 다를 것이다. 그것이 덫인 이유는 그것이 당신을 불행하게 만들기 때문이며, 당신을 행복하게 만드는 방법으로 사용할 수도 있는 시간을 훔쳐 가기 때문이다. 이 장의 마지막에 제시되는 실천 과제를 통해 당신이 쉽게 걸려드는 덫이 무엇인지 생각해보고 잘 알아두어라. 그리고 다음 장에서는 그 덫에 걸려들지 않을 전략을 수립하라.

우리에게는 우리를 괴롭히는 시간의 덫을 극복할 힘이 있다. 몸매 관리를 위해 노력이 필요한 것처럼, 시간 풍요를 위해서도 날마다 작지만 의식적인 걸음을 내디디며 우리의 자유시간을 즐겨야 한다(그리고 자유시간을 더 많이 확보해야 한다). 날씬해지기 위한 운동과 마찬가지로 자유시간을 제대로 즐기는 것도 처음에는 쉽지 않다. 우리 사회와 우리의 심리는 시간의 덫이 아주 매력적으로 보이도록 만든다는 점에서 둘 다 우리에게 불리하게 작용한다.

나는 시간이라는 주제를 전문적으로 연구하는 사람이다. 일과 시간의 대부분을 자유시간의 중요성에 관해 글을 쓰고 말을 하고 조사를 하며 보낸다. 그런데 아직도 시간이 부족하다고 느낀다. 나는 자유시간을 확보하기 위해 최대한 노력한다. 내가 휴가철에 즐거운 시간을 보내는 모습이 공개된 적이 딱 한 번 있는데, 그때 내 친구는 내 사진을 소셜미디어에 올리고

"너도 가끔은 사무실 밖에서 뭔가를 하는구나!"라는 말을 덧붙였다. 그 사진은 지난해 내가 올린 포스트 중에 '좋아요'를 가장 많이 받았다.

운동에 비유한 김에 그 이야기를 계속 이어가자면, 운동 습관이 완벽하게 잡히지 않았다고 해서 자책하면 안 되는 것처럼 시간을 우선시하지 못한다고 해서 우리 자신을 괴롭히지는 말자. 신경 쓸 곳이 많으면 시간을 우선시하기가 어려워진다. 일반적으로 우리는 시간 빈곤에 대해 그것을 통제하는 방식으로 자연스럽게 대응하지 않는다. 우리가 바쁘다고 느낄 때 오히려 더 많은 일을 떠맡는다는 연구 결과도 있다. 대학 시절 마지막 기말고사 기간에 나와 같은 방을 썼던 친구 한 명은 시험에 대한 걱정이 너무 커서 아르바이트 시간을 늘리고 강박적으로 이런저런 일거리를 만들었다. 요리를 하기도 하고 새로운 단백질셰이크 레시피를 만들기도 했다. 그러나 이런 일에 공부 시간을 빼앗기자 악순환은 더 심해졌다. 스트레스는 바쁨을 부르고, 바쁨은 스트레스를 유발하고, 스트레스는 다시 바쁨을 부른다.

그 친구의 이러한 행동을 두고 다른 친구는 다이어트를 하면서 "와, 나 살이 찐 것 같네. 이럴 때 햄버거나 하나 더 먹어야겠다"라고 말하는 것과 같은 행동이라고 지적했다. 그런데 바쁠 때 더 많은 일을 벌이는 행동에는 말도 안 되는 논리가 숨어 있다. 우리는 시간이 부족하다고 느낄 때 완성하기 쉬운 작은 일에 뛰어든다. 그런 일을 하면 시간을 잘 통제한다는 느낌이 들기 때문이다.[65] 우리는 '그래! 난 단백질셰이크를 만들었고, 그 일을 잘 해냈어. 나는 일을 제대로 해내고 있어!'라고 생각한다. 이때 우리가 느끼는 뿌듯함은 바쁨의 근본 원인을 해소하지 못하는 가짜 자부심이다.

시간 빈곤은 누구에게나 똑같은 느낌으로 다가오지만 시간 풍요의 양상은 사람마다 다르다. 휴대전화를 만지작거리는 대신 기타 줄을 퉁기는 데 15분을 더 사용할 수도 있고, 10분간 명상에 잠길 수도 있다. 토요일 아침에 소셜미디어에 올라온 직장 내 뒷담화를 읽는 대신 저축한 돈을 투자하는 방법을 배울 수도 있다. 시간 풍요가 우리에게 어떤 모습으로 나타나느냐를 떠나서, 행복하고 시간이 풍요로운 사람들은 자유시간을 의식적으로 잘 사용한다. 시간 풍요를 위한 노력은 삶 속에 있는 시간의 덫을 인식하고 극복하며 내적으로는 날마다 더 행복하고 의미 있는 순간들을 만들어내는 것이다.

시간의 덫을 제대로 알기 위해 다음의 실천 과제를 활용하라. 시간의 덫에 대한 이해를 토대로 2장에서는 당신의 시간 활용 상태를 정밀하게 분석한 후 시간을 풍요롭게 만들기 위한 당신만의 전략을 수립해나갈 것이다.

숨겨진 '시간의 덫' 찾아내기

··

당신의 시간 빈곤이 얼마나 심각한지, 그리고 당신이 잘 걸려드는 시간의 덫이 무엇인지를 알아보자.

6가지 시간의 덫

- **스마트 기기** 휴대전화, 노트북 등의 첨단기기는 끊임없이 우리를 방해하고 일과 여가를 부스러기로 만들어 스트레스를 일으킨다.
- **돈에 대한 집착** 사람들은 시간이 아닌 돈에서 더 큰 행복을 얻을 수 있다. 그래서 지금 일을 해서 돈을 벌면 나중에 여유를 즐기게 되리라는 잘못된 믿음을 가지고 있다. 실제로는 돈을 벌면 벌수록 재산을 축적하는 일에 관심이 더 많아진다.
- **시간에 대한 과소평가** 사람들은 자기 시간의 가치를 제대로 알지 못한다. 그들은 적은 돈을 아끼기 위해 많은 시간을 포기한다.
- **지위의 상징이 된 바쁨** 사람들은 일에서 의미를 찾으려

하고, 직장에서의 바쁨을 통해 자신의 정체성과 자존감을
유지하려 한다.

- **게으름 혐오** 사람들은 연결에서 벗어나는 것의 가치를 모른다. 하지만 아무것도 하지 않으면서 현재를 즐기는 '마음챙김'의 가치는 이미 입증되어 있다.
- **"예"라고 승낙했다가 후회하기** 사람들은 미래의 시간에 대해 지나치게 낙관적이다. 그들은 오늘보다 내일 시간이 더 많을 것이라고 생각한다. 지나친 낙관주의 때문에 미래의 시간을 써야 하는 일에는 쉽게 '예'라고 대답하고 막상 그때가 와서 지나치게 바빠지면 후회한다.

시간 빈곤 분석하기

당신의 삶 전반을 생각할 때 여가시간은 얼마나 되는가? -5에서 5까지의 척도로 답해보라. 여가시간이 거의 없거나 아예 없으면 -5점이고, 많으면 5점이다.

여가시간이 얼마나 되는가?_____

당신의 삶 전반을 생각할 때 여유 자금을 얼마나 가지고 있는가? -5에서 5까지의 척도로 답하라. 여유 자금이 거의 없거나 아예 없으면 -5점이고, 많다고 생각하면 5점이다.

여유 자금이 얼마나 되는가?_____

이제 당신의 답변을 아래의 좌표평면에 표시하라.

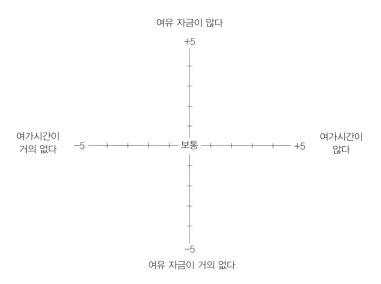

만약 당신의 좌표가 좌측 하단에 위치한다면 당신은 시간 빈곤이 극도로 심각한 사람이다. 어쩌면 시간보다 돈에 더 가치를 두기 때문에 시간 빈곤이 더 심해졌는지도 모른다. 만약 당신의 좌표가 좌측 상단에 있다면 당신은 전형적인 시간 빈곤 유형일 가능성이 높다. 당신은 여가시간이 많지 않다고 생각하지만 시간 중심적인 사고방식을 가지고 있을 것이다. 만약 당신의 좌표가 우측에 위치한다면 당신은 시간 빈곤이 심한 상태는 아니다. 사용 가능한 여유 시간이 있다고 답했기 때문이다.

시간을 우선시하면 누구에게나 의미 있는 결과가 나타날 것이다. 하지만 당신이 극도의 시간 빈곤 또는 전형적인 시간 빈곤 상태라면 특히 시간 빈곤을 완화하는 데 에너지와 관심을 쏟아야 한다.

자가 진단

시간과 돈에 관해 당신은 어떤 결정을 하는지 생각해보라. 당신이 잘 걸려드는 시간의 덫은 무엇인지도 생각해보라.

다음의 표에 당신에게 가장 큰 영향을 끼치는 시간의 덫을 기록하고 항목별로 당신이 어떤 결정을 하는지 구체적으로 써보라. 예컨대 '스마트 기기' 항목에는 다음과 같이 쓰면 된다. "중요하지 않은 물품 구입에 시간을 너무 많이 쓴다."

시간의 덫	나의 습관
스마트 기기 (문자메시지, 이메일, 알림 등에 24시간 내내 반응한다)	
돈에 대한 집착 (돈을 충분히 벌고 나면 자유시간이 생길 것이라는 희망을 품고 돈 버는 일에 집중한다)	
최저가 상품 찾아다니기 (시간이 아무리 오래 걸리더라도 최저가를 찾아낸다)	
지위의 상징이 된 바쁨 (항상 일하고 있는 것처럼 보여야 하고, 바쁨을 자신의 가치와 연관시킨다)	
게으름 혐오 (한가한 시간은 낭비되는 시간이라고 생각해서 그 시간을 여러 활동으로 채운다)	
승낙했다가 후회하기 (미래에는 시간이 많을 거라고 생각해서 많은 일을 승낙한다)	

시간은 인간이 소비하는
가장 가치 있는 것이다.

- 테오프라스토스, 그리스 철학자

2장

잠든 '휴면 시간'을
깨우다

지금까지 시간 빈곤이 어떤 느낌인지 알아보고, 우리가 빠져들기 쉬운 6가지 시간의 덫과 함께 시간을 우선시하는 유형과 돈을 우선시하는 유형을 알아봤다.

이제 구체적으로 이야기를 해보자. 우리는 시간과 돈에 관한 결정을 해마다 수천 번, 아니 수만 번 하면서 산다. 직업 선택 같은 결정들은 시간이 오래 걸리고 어떤 선택을 하느냐에 따라 결과의 차이도 크다.[1] 어떤 결정은 몇 초 만에 끝난다. 예컨대 공항까지 택시를 타느냐 지하철을 타느냐가 그렇다.[2] 어떤 결정은 우리가 의식하지도 못하는 사이에 이뤄진다. 예컨대 휴대전화가 진동할 때 전화기를 들여다보는 것이 그렇다.

시간과 돈의 상충관계에 관한 연구를 시작하기 전에는 나도 비용이 들어갈 수 있는 작은 결정들을 대수롭지 않게 여겼다.

큰일을 결정할 때는 시간과 돈을 따지지만 일상생활에서는 시간과 돈의 상충관계에 관해 따로 생각해본 적이 없었다. 이제 나는 카페를 선택할 때 내가 줄을 서서 얼마나 오래 기다려야 할지 생각하고, 자동차 여행을 계획할 때는 더 빨리 목적지에 도착할 수 있는 유료 도로가 있는지 반드시 고려한다.

시간과 돈의 상충관계를 의식하는 습관을 들이는 것은 시간 풍요를 위한 훌륭한 첫걸음이지만, 뚜렷한 성과를 얻으려면 결정에 도움이 되는 전략과 계획이 필요하다.

우리에게 필요한 계획은 다음과 같다.

1단계: 테일러형 vs. 모건형

당신이 테일러형인지 모건형인지 파악하는 과정('들어가며'에서 소개했다)을 거쳤다면 당신은 이미 이 단계에 들어섰다. 테일러와 모건은 각각 극단적인 유형을 대변한다. 시간이 돈보다 가치 있다고 생각하는 사람은 테일러형이고, 시간보다 돈을 중요시하는 사람은 모건형이다. 이제 당신이 '얼마나' 테일러형 또는 모건형인가를 알아보자.

극단적인 모건형에 속하는 사람으로 내가 연구 과정에서 알게 된 한 남자가 있다. 의료계 종사자인 그는 돈을 벌고 생산성을 높이는 것을 중심으로 삶을 조직한다. 그는 이렇게 말한다. "저는 집에 있을 때 행복하지 않아요. 돈을 벌고 있지 않으니까요. 회사에 있을 때가 더 좋습니다." 그는 병원에서 전일제 근무를 하고 야간에도 자원해서 당직 근무를 한다. 직장 가까이에 머물기 위해 임신한 아내를 두고 다른 아파트를 구했다. 그 아파트는 제대로 꾸미지도 않았다. 꾸미려면 "돈이 들기 때문"이다. 그는 아내에게 아기가 나오기 "정확히 한 시간 전"에 문자메시지를 보내라고 이야기해놓았다. 그래야 직장에 있다가 달려와서 새로운 가족 구성원에게 인사한 후 병원으로 돌아가서 근무시간을 마저 채울 수 있기 때문이다.

그의 삶의 나머지 부분은 어떤지 궁금하다고? 솔직히 말해서 그의 삶에는 일 외의 요소가 별로 없다. 운동은 안 하고, 저녁식사는 늘 차 안에서 해결하거나 병원 식당에서 먹는다. 그는 과체중이다. 확실히 밝혀두자면 이것은 내가 지어낸 이야기가 아니다. 이 '모건'은 실존하는 인물이다. 독자 중에 자신을 모건형으로 분류한 사람들도 아마 이 정도까지는 아닐 것이다.

나는 극단적인 테일러형의 사람도 만나봤다. 그중 한 명은 디지털미디어 전문가였는데, 그는 최저가를 검색하는 일에 시간을 들이지 않고 상당히 비싼 토스터를 주저 없이 구매한다. "왜 그런 일에 시간을 낭비해야 하죠?" 그는 비싼 집세를 내면서 도심에 살기 때문에 직장까지 걸어가거나 자전거를 타고 간다(그래서 자가용을 보유하고 있지 않고, 교통체증에 붙잡혀 시간을 버리는 일도 없다). 승진을 한다면 좋겠지만 승진을 위해 "주말이나 휴가를 포기할" 마음은 없다. 근무시간이 아닐 때는 절대로 이메일을 확인하지 않는다. 그에게는 TV가 없다. 그의 "고물 전화기"는 인터넷 연결이 안 되는 모델인데, 밤에는 그 전화기마저 꺼둔다. 그가 뭔가를 미리 계획하는 일은 드물다. "어디로 갈지, 뭘 할지, 어디서 밥을 먹을지, 언제 만날지는 친구들이 이러쿵저러쿵하도록 놓아두고" 약속이 잡히면 그저 참석할 뿐이다.

독자들 중에 자신을 테일러형이라고 판단한 사람들도 이 정도까지는 아닐 것이다. 아마도 당신은 그저 넷플릭스Netflix를 좋아하고, 오후 5시 이후에도 일하고, 일요일 저녁에도 이메일을 확인할 것이다.

대부분의 사람은 이 두 사례의 중간에 위치한다. 당신이 지금 테일러형과 모건형 중 어디에 얼마나 가까운가를 생각해보고 〈그림 2−1〉의 스펙트럼에 당신의 좌표를 표시하라. 그것이 당신의 기본값이다.

다시 말하지만 기본값은 좋거나 나쁜 것이 아니다. 기본값은 우리가 어떤 경험을 하고 어떤 환경에 놓이느냐에 따라 달라진다. 어릴 때 가난을 경험한 사람들, 소득 불평등이 심한

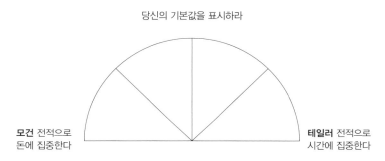

당신의 기본값을 표시하라

모건 전적으로
돈에 집중한다

테일러 전적으로
시간에 집중한다

지역에 사는 사람들, 경제적으로 앞날이 불안하다고 느끼는 사람들은 일과 돈벌이에 더 집중하게 된다.[3] 그리고 그것은 올바른 결정이기도 하다. 근근이 생계를 꾸리는 사람들은 기본값이 스펙트럼의 '돈' 쪽에 위치할 때 대체로 더 행복하다.[4]

하지만 돈을 더 가치 있게 생각하는 사람들과 돈을 중시하는 것이 더 행복한 입장에 있는 사람들은 시간을 선택해야 이익이다. 내가 여러 해 동안 수집한 데이터에 따르면, 당신의 출발점이 어디든 간에 당신은 테일러(시간) 쪽으로 조금은 이동해야 한다. 시간 풍요와 행복을 축적하는 사람들이 했던 일이 바로 그것이다.[5]

2단계: 평범한 화요일을 기록하라

시간을 더 풍요롭게 만들기 위해서는 당신이 시간 사용에 관해 기본적으로 어떻게 결정하는지를 파악해야 한다. 가장 좋은 방법은 다가오는 화요일 하루 동안 당신이 시간을 어떻게 사용하는지를 자세히 기록하는 것이다(이 장의 끝에 실천 과제가 있다).

왜 화요일이어야 하는가? 화요일은 대부분 일상적인 업무를 수행하는 날이며, 사람들은 다른 날보다 화요일에 부정적인 감정을 많이 느끼고 더 큰 스트레스를 받는다. 따라서 당신을 타임 푸어로 만드는 활동도 더 많이 한다.[6] 만약 당신이 화요일 시간을 기록할 수 없다면 주중의 다른 날을 하나 선택하면 된다.[7]

당신이 하는 모든 활동에 대해 단순히 긍정하거나 부정하는 선에서 그치는 것이 아니라 정확히 어떤 감정을 느꼈는지 기록하라. 그 활동은 생산적이었나, 비생산적이었나? 재미가 있었나, 아니면 목적의식적인 활동이었는가? 이것은 당신의 시간을 계산하고 특정한 활동들이 당신의 삶에 부여하는 '의미'에 관해 생각할 때 중요한 과정이다.[8]

예컨대 육아는 긴장을 많이 해야 하는 일이다. 16일 연속으로 불면의 밤을 보내고 나면 마냥 행복하지만은 않다. 하지만 대부분의 사람에게는 자신의 아기가 첫 걸음마를 떼는 모습을 지켜보는 것만큼 뿌듯한 일은 없다.[9] 소파에 앉아 꼼짝도 하지 않고 자신이 가장 좋아하는 TV 프로그램을 보는 것은 무척 즐겁기는 하지만 실존적인 의미를 제공하는 일은 아니다. 우리는 비생산적이면서 스트레스를 유발하는 활동에 사용하는 시간에 주의를 기울여야 한다. 그리고 그런 활동 대신 생산적이거나 즐겁거나 의미 있는 활동에 집중할 수는 없는지 생각해봐야 한다.[10]

당신이 하는 모든 활동을 기록하고 나서는 그 활동들에 관해 생각해보라. 어떤 활동이 유쾌했고 어떤 활동이 고통스러웠는가? 어떤 활동이 생산적이었고 어떤 활동이 비생산적이었는가? 어떤 활동이 즐거움을 주었고 어떤 활동이 의미가 있었나? 불행과 스트레스를 안겨준 활동에 사용하는 시간을 줄이는 것이 가능하겠는가? 당신이 중단할 수 없는(혹은 중단하면 안 되는) 활동에 대해서는 그 활동을 더 즐겁게 또는 덜 힘들게 만들 방법이 있는지 생각해보라.

3단계: 나를 설레게 하는 것들은 무엇인가

우리가 좋아하지 않고 통제할 수도 없는 일에 매여 있는 것이야말로 시간 빈곤의 주된 원인이다.[11] 따라서 시간 풍요에 도달하는 가장 쉽고 확실한 길은 당신에게 기쁨을 주는 활동에 시간을 더 많이 쓰고 당신을 힘들게 하는 활동에는 시간을 적게 쓰는 것이다.[12] 미니멀리즘을 좋아하는 사람들은 이 방법이 정리법 전문가인 곤도 마리에Kondo Marie 방법과 비슷하다고 생각할지도 모른다.

의식적으로 시간을 활용하기 위해 곤도 마리에의 요령을 다음과 같이 적용해보자.

- 당신이 시간을 어떻게 사용하는지 관찰한다.
- 당신 자신에게 묻는다. '이 활동은 내 마음을 설레게 하는가, 아닌가?'
- 마음이 설레지 않는다면 그 활동에서 벗어난다.

노동경제학labor economics(노동시장과 임금 수준, 고용 여건 등에 관해 연구하는 학문—옮긴이)에 관심 많은 사람들은 당신의 U 지수U index(불쾌하고unpleasant, 바람직하지 못하고undesirable, 불행한 unhappy 시간을 보내는 비율. 미국 프린스턴 대학의 학자들이 감정과 시간을 연구하면서 처음 사용했다—옮긴이)'를 최대한 낮추라고 제안할 것이다.[13]

- 당신에게 행복을 주는 활동과 당신을 불행하게 하는 활동에 투입하는 시간이 각각 몇 퍼센트인지 계산한다.
- 긍정적인 시간의 비중을 최대화한다.
- 부정적인 시간의 비중을 최소화한다.

어느 쪽이든 당신은 '시간을 발견'하고 있는 것이다. 여기서 시간을 발견한다는 것은 시간 빈곤을 느끼게 하는 활동을 시간 풍요를 느끼게 하는 활동으로 전환한다는 뜻이다. 방법은 다음과 같다.

부정적인 시간을 전환한다

시간을 발견하는 일은 짧은 순간들로 이뤄진 '나쁜' 시간, 즉 통근시간이나 줄을 서는 시간에 오디오북과 음악을 듣는 것과 같은 행복한 활동을 결합하는 것이다.

몇 가지는 금방 생각해낼 수 있을 것이다. 대표적으로 회의는 수많은 사람을 시간 빈곤 상태로 만드는 활동이다. 그러니 달력을 들여다보고 회의를 최대한 줄여보라. 그리고 그 시간을 산책하는 데 사용하라. 이메일은 하루 업무를 마무리할 때까지 처리해서 24시간 내내 방해를 받지 않도록 하라. 토요일에는 휴대전화를 꺼놓고 지인들과 함께 식사하면서 즐거운 시간을 보내라.

사람마다 다른 활동으로 시간을 전환하게 될 것이다. 우리가 좋아하고 싫어하는 활동이 각기 다르기 때문이다. 어떤 사람들은 전시회 관람을 좋아하지 않지만 어떤 사람들은 수시로 미술관을 방문한다. 핵심은 당신이 좋아하지 않는 시간을 찾아내서 그 시간을 변화시키는 것이다.

이처럼 단순한 전략 한 가지만 제대로 사용해도 당신의 시간이 풍요로워진다. 시간 전환의 효과를 계산해보자. 당신이 재택근무를 하는 금요일마다 반드시 참석하지 않아도 되는 45분짜리 회의에 참석하는 대신 기타 연습을 한다면? 단순하게 1년을 52주라고 계산하면 당신은 1년 동안 39시간, 즉 1.5일 정도를 확보하게 된다. 그 39시간을 당신에게 즐거움을 주는 활동에 사용하게 되면 시간 풍요의 효과는 증폭된다.

긍정적인 시간을 늘린다

시간을 발견하는 또 하나의 방법은 긍정적인 경험을 강화하는 것이다. 당신이 더 자주 하고 싶은 긍정적인 활동(생산적인 것도 좋고 비생산적인 것도 좋다)이 있는가? 나는 책을 읽을 때와 음악을 들을 때가 가장 행복하다. 그래서 자유시간을 그 두 가지 활동으로 채우고자 의식적으로 노력한다.

당신을 가장 행복하게 하는 활동 또는 목표 수행에 가장 도움이 되는 활동을 몇 분만 늘려도 변화가 생긴다. 예컨대 일주일에 하루는 저녁식사를 포장음식으로 해결하고 나머지 시간을 독서에 사용하라.

노동시간을 줄인다

직업을 가지고 있는 사람은 모든 면에서 타임 푸어가 된다. 출근을 준비하는 시간, 통근시간, 바쁜 일과 때문에 건강에 좋지 않은 음식을 먹는(또는 너무 바빠서 식사를 건너뛰는) 시간, 업무가 끝나고 긴장을 푸는 시간. 이처럼 시간을 빈곤하게 하는 부정적인 활동들은 자체 증식을 한다. 시간에 쫓긴다고 느낄 때 우리는 자유시간을 포착하려는 노력을 덜 한다.[14] 잠깐씩 부스러기 시간이 생길 때면 우리는 휴대전화를 들여다보는 것과 같은 시간 빈곤 활동을 한다. 직장에서 압박에 시달리는 타임 푸어들은 시간이 풍요로운 사람들보다 물건을 사는 데 돈을 더 많이 쓴다. 그러나 쇼핑은 잠깐이나마 기분 전환을 시켜주긴 하지만 행복이나 의미를 제공하지는 않는다.[15]

직장 상사와 협상해서 2주에 하루라도 재택근무를 하게 된다면 시간을 빈곤하게 만드는 활동의 10퍼센트를 당장 덜어낼 수 있다. 일주일에 하루 재택근무를 하면 불행의 5분의 1이 사라진다. 정해진 근로시간에 맞춰 재택근무를 한다 할지라도 하루 일과를 시작할 때와 끝마칠 때 스트레스가 쌓이는 일은 없을 것이다. 그런 업무환경에서 건강이 증진되고 생산성도 높아진다는 연구 결과도 있다.[16] 당신의 상사에게 근무 형태를 조금만 유연하게 해달라고 부탁하라. 애슐리 윌런스라는 사람이 시켰다고 말해도 좋다. 만약 재택근무가 불가능하다면 모든 휴식시간과 유급휴가를 사용해서 '리셋' 버튼을 누르고 충전된 상태로 업무에 복귀하라.[17]

여가시간을 최적화한다

사방에 널려 있는 인터넷 밈meme(인터넷에서 유행하는 이미지나 유행어, 동영상 등의 콘텐츠-옮긴이)을 들여다보느라 자유시간을 다 써버리지 말자. 적극적인 여가활동(봉사활동, 친교활동, 운동)에 사용한 자유시간은 수동적 여가활동(TV 시청, 낮잠, 온라인쇼핑)에 사용한 자유시간보다 우리의 행복에 훨씬 크게 기여한다.[18] 심지어는 몸을 움직이기만 해도 긍정적인 효과가 나타난다. 연구 결과에 따르면 설문 응답 직전 25분 동안 몸을 움직인 사람이 25분 동안 움직이지 않은 사람보다 행복도가 높다.[19]

나는 동료들과 함께 연구를 진행하다가 백만장자들이 가난한 사람들보다 행복하다(아주 조금 더 행복했다)는 결과를 접했다. 별로 놀랍지는 않았다. 돈을 더 가지고 있다고 해서 반드시 행복하지는 않았지만 돈이 많으면 대체로 삶의 만족도가 높았다. 우리가 그 연구에서 측정한 것이 바로 삶의 만족도였다. 하지만 그 백만장자들을 행복하게 만든 가장 큰 이유는 돈이 아니었다. 재산이라는 변수를 통제하고 분석한 결과, 백만장자들은 하루 중 적극적 여가활동에 투입하는 시간이 보통 사람들보다 30분 더 많았고 'TV 시청'이나 '아무것도 안 하기'와 같은 수동적 여가활동에 투입한 시간이 40분 더 적었다. 즉 시간 풍요를 부르는 행동에 70분의 차이가 있었다.[20] 이 상태로 1년이 지나면 차이는 더욱더 벌어진다. 부유한 사람들은 시간 풍요와 행복을 느끼게 만드는 활동에 수백 시간을 더 사용한다.

식사 시간을 늘린다

파리에 사는 나의 동료 로맹 카다리오Romain Cadario와 함께 1만 명 이상을 대상으로 조사한 결과, 프랑스인들은 다른 나라 사람들보다 식사 시간이 긴 편이었다. 반면 미국인들은 실제로 식사를 즐기는 시간보다 무엇을 먹으러 갈지 고민하는 시간이 길었다.[21] 프랑스인들은 워낙 미식을 중요하게 여기는 사람들이라 먹는 행위에서 큰 만족감을 얻고 스트레스를 덜 느낀다. 반면 미국인들은 식사 전에 식당을 고르고, 거기까지 이동하고, 메뉴를 고르는 데 더 많은 시간을 허비한다. 예로부터 외식은 우리를 행복하게 만드는 활동으로 여겨졌지만, 스트레스 해소라는 측면에서는 그냥 음식을 배달시키고(과거에 주문했던

음식을 자동으로 주문하면 더 좋다) 의자에 등을 푹 기댄 자세로
편한 상대와 함께 식사를 즐기는 것이 더 효율적일지도 모른
다.[22]

새로운 사람을 만나거나 남을 돕는다

좋은 사람들과 관계를 맺는 일의 이점은 규칙적인 운동이나
금연의 이점과 비슷하다.[23] 심지어는 낯선 사람과의 아주 짧은
대화(비행기에서 옆자리에 앉은 사람과 수다를 떠는 것)만으로도
기분이 좋아진다.[24]

봉사활동을 하면서 사람들과 교류할 때 우리는 행복해질 뿐
아니라 시간 빈곤을 덜 느끼게 된다. 어떤 연구에서 연구자들
은 사람들에게 미리 계획하지 않은 10~30분의 시간을 그들
자신을 위한 일에 사용하거나 다른 사람을 위해 뭔가를 해주
는 일에 사용하라고 지시했다. 그 결과 자신을 위해 시간을 보
낸 사람들보다 남을 돕는 일에 시간을 사용한 사람들이 자신
의 미래가 밝다고 답했다.

새로운 만남이나 봉사활동은 실제로 시간을 들여야 하는 일
이기 때문에 전진이 아닌 후퇴처럼 보일 수도 있다. 하지만 봉
사활동은 우리의 기분을 좋게 하고 시간을 풍요롭게 만들어주
는 친사회적 행동이다. 시간의 일부를 남에게 내준다는 선택이
가능할 때 우리는 시간을 잘 통제하고 있다고 느낀다.[25] 만약

당신이 하루에 2분을 더 발견해 낯선 사람에게 인사를 하거나 남을 위해 뭔가를 한다면, 당신의 친사회적 활동 시간은 1년에 12시간 늘어나는 셈이다.

자연을 가까이하는 시간을 늘린다

경치 좋은 곳에 가서 산책을 하거나 몇 분이라도 하늘을 올려다보면 활력이 솟아난다. 경외심에 젖어드는 경험은 시간 스트레스를 줄여준다.[26] 일정표에 어떤 활동을 추가할 것인지 고민이 된다면 공원에서 자연에 둘러싸여 산책하는 시간을 넣어보라. 그게 어렵다면 책상 앞에서 유튜브로 아름다운 자연 풍광 영상을 시청해도 좋다.[27]

• • •

설령 당신이 시간 빈곤에 시달리고 있더라도 짧지만 분명한 순간들을 발견할 수 있다. 이 장에 제시된 실천 과제를 통해 당신의 일상적인 활동 목록을 적어보고, 제거 또는 대체하면 좋을 활동을 가려내라. 그것은 당신의 시간 풍요를 증진하기에 더없이 좋은 출발점이다.

4단계: 시간의 외주화

시간을 발견하는 데는 돈이 들지 않는다. 일주일에 크게 중요하지 않은 회의 하나를 취소하고 산책을 한다고 해도 돈이 들지는 않는다. 하지만 시간 빈곤을 초래하는 부정적 경험을 줄이는 더 확실한 방법이 있다. 돈으로 탈출구를 사는 것, 이른바 시간 조달(시간 펀딩)이다.

스타트업 기업들은 시간 조달이라는 전략을 잘 구사한다. 벤처 투자 전문가들은 창업 아이디어의 핵심이 아닌 업무는 최대한 외주화하라고 조언한다. 그렇게 하면 스타트업 창업자들은 목표 달성을 위해 가장 중요한 일에만 오롯이 집중할 수 있다. 그들은 음식을 만드는 데 시간을 쓰지 않으려고 요리사를 고용한다. 또 협력업체와 가까운 곳에 사무실을 마련하거나 아예 같은 건물에 입주해서 이동 시간을 줄인다. 멀리 떨어진 곳에서도 효과적이고 효율적으로 일하기 위해 고가의 회의 및 협업 소프트웨어를 구입한다. (이렇게 일에 집착하는 것이 시간 빈곤으로 이어지지 않느냐는 지적도 가능하지만, 그것은 별개의 문제다. 시간 조달의 원칙은 당신이 어떤 활동을 하든 동일하게 적용된다.) 시간을 조달하는 창업자들은 현명한 사람들이다. 예컨대 식사 배달 서비스를 이용하고 하급 관리자에게 업무를 위임하는 CEO들은 자신의 시간 활용에 대해 긍정적으로 생각하

고 있다.[28]

부유한 CEO들만 시간 조달의 혜택을 누려야 한다는 법은 없다. 거주지, 나이와 성별(시간 조달은 남성과 여성에게 똑같이 이롭다), 노동시간, 소득이 어떻든 간에 시간 조달은 당신이 생각하는 것 이상으로 효과가 크다. 시간 풍요를 증진하는 데는 예상보다 돈이 적게 들어간다. 하지만 지금 당신이 생각하는 것보다는 많은 액수를 투자해야 시간 조달의 수확을 거둬들일 수 있다.

한 실험에서 나는 직업을 가진 성인들에게 40달러를 두 차례 지급했다. 첫 번째 주말에는 실험 참가자들에게 40달러를 주면서 물품 구입에 쓰라고 지시했다. 그랬더니 그들은 티셔츠, 보드게임, 화장품 등 자신들을 위한 물건을 구입했다. 다음 주말에 나는 참가자들에게 40달러를 주면서 "시간을 절약하는 데" 쓰라고 지시했다. 그러자 그들은 포장 음식을 주문하고, 버스 대신 택시를 타고, 식료품을 배달시켰다. 이와 같은 시간 조달 소비를 하고 나서 그들은 행복해졌고 스트레스를 다소 해소할 수 있었다.[29]

외주화를 할 필요가 있을지 없을지를 결정하려면 다음과 같은 질문을 던져보라. 당신의 가장 부정적이고 비생산적인 경험들의 일부를 외주화하는 비용이 당신의 시간보다 가치 있는가?[30] 나의 경우 목록에 올라온 활동들을 점검해보니, 출근길

교통체증 속에서 허비하는 괴로운 시간이야말로 내가 가장 되찾고 싶은 시간이었다. 그래서 나는 집에서 회사까지 공유차량을 타는 비용을 계산해보고, 그 시간을 독서와 음악 감상 그리고 새로운 음악 발굴하기에 사용하기로 했다. 독서와 음악 감상은 내가 매우 좋아하는 활동이기 때문이다.

나는 시간 빈곤 활동 한 가지(통근)를 시간 풍요 활동(독서와 음악 감상)으로 전환하기 위해 투자를 했다고 말할 수 있다. 또 나는 음악을 들을 때 나오는 광고를 없애기 위해 유료 서비스를 신청했다. 이것은 낭비성 지출처럼 보이기도 한다. 하지만 계산을 해보자.

비용

공유차량 이용 하루 30달러, 월 20일 = 월 600달러

유료 스트리밍 서비스 월 12달러 = 월 12달러

총 비용: 월 612달러

편익

내가 확보한 시간: 하루 45분, 월 20일 = 월 15시간

통근 스트레스: 거의 0으로 감소

유쾌하고 의미 있는 활동: 연간 165시간 증가

나는 매달 이틀치 업무시간에 가까운 15시간을 되찾았다. 원래는 스트레스로 채워져 하루를 짓누르던 시간을 시간 풍요와 행복에 기여하는 시간으로 바꿨다. 그 비용은 월 600달러 또는 시간당 40달러밖에 안 든다. 이 정도면 괜찮은 거래라고 생각한다. 그리고 사실은 월 600달러가 지출에 추가되는 것이 아니다. 나는 공유차량을 이용하기 위해 600달러를 내지만 이제는 자동차 리스비와 주유비, 주차비를 내지 않는다. 이 비용들을 다 합치면 월 500달러 정도 된다. 그러니까 나의 결정은 한 달에 100달러를 추가로 지출해서 15시간을 되찾은 것으로 해석할 수 있다. 내 입장에서는 공유차량을 이용할 때의 상대적인 편익이 자차 운전으로 절약되는 비용보다 크다.

　그래도 당신은 망설이고 있을지도 모른다. 100달러가 큰돈으로 느껴질 수도 있고, 사회 분위기에 따라 이런 지출은 낭비로 여겨지기도 한다. 만약 업무 전체를 외주화할 형편이 못 된다면 당신이 가장 싫어하는 업무를 처리하는 시간의 절반 또는 4분의 1이라도 제거하는 방안을 생각해보라. 아니면 일정이 특별히 바쁘고 긴장될 때에 한하여 외주화에 비용을 들여라. 그럴 때 시간을 조달하면 가장 효과적이라는 것이 나의 연구 결과로도 밝혀졌다.[31]

　그리고 시간을 되찾기 위해 돈을 쓰는 일의 가치를 과소평가하지 말라. 시간을 버는 데 쓰는 돈의 가치가 커 보이는 이유는 우리가 항상 비용을 최소화해야 한다는 고정관념을 가지고 있기 때문이다. 게다가 스트레스를 덜 받고 진짜로 좋아하는 일을 하기 위한 시간 조달의 유용성은 돈으로 계산하기 어렵다. 이런 일의 금전적 가치가 얼마나 되는지를 알아내기란 쉽지 않지만, 머지않아 당신은 그 가치를 계산하는 법을 알게 될 것이다. 낭비로 느껴지는 일에 돈을 조금 더 써서 생겨난 여유를 확인해보면 깜짝 놀랄 것이다.

그리고 시간 조달을 위해 쇼핑을(쇼핑은 생각만큼 우리를 행복하게 해주지 못한다) 조금 줄일 수 있는지 살펴보라. 나는 공유차량 이용에 추가로 드는 비용 100달러를 발견했다. 날마다 카페에 가서 커피를 사먹던 비용을 없애고 불필요한 인터넷 쇼핑을 자제하기로 한 것이다.

이제부터 시간을 조달할 때 염두에 두면 좋은 요령들을 알아보자.

집안일을 외주화한다

만약 당신이 잡다한 집안일 중 정확히 어떤 부분을 어떻게 외주화할지를 결정하지 못하고 있다면 장보기, 청소, 세탁과 같은 시간 절약 서비스 제공 업체들을 이용해보라. 이 업체들은 생각보다 저렴한 가격으로 시간 조달을 도와준다. 가사일에 지출하는 돈은 시간 스트레스를 줄이고 행복도를 높여준다. 하지만 돈을 쓰기 전에 주의해야 할 사항이 있다. 너무 많은 일을 외주화하면 그 외주 작업을 관리하는 일이 오히려 스트레스를 유발할 수 있다. 갑자기 당신의 일정이 지나치게 복잡해져서 온종일 약속과 배송 등을 결정하고 관리해야 할지도 모른다.[32]

무엇을 외주화하고 싶은지를 생각한다

저녁식사 준비로 스트레스를 받는다고 해서 무조건 음식을 배달시켜야 한다고 단정하지는 말라. 내가 '조이Joy'라는 스마트폰 앱으로 조사해본 결과에 따르면, 소비자들은 음식 배달보다 저녁식사 정기배송 서비스를 이용했을 때 만족도가 더 높았다.[33] 아마도 대부분이 요리 자체는 좋아하지만, 어떤 음식을 만들지 고민하고 재료를 직접 구입하는 일은 좋아하지 않기 때문일 것이다.

따라서 당신이 좋아하지 않는 일에 대해서도 정확하게 따져보자. 정확히 어떤 점이 싫은가? 출퇴근 자체가 싫은 것인가, 아니면 그 시간 내내 유료 음악이나 팟캐스트를 듣는 대신 앞차의 범퍼만 쳐다보고 있어서 문제인가? 당신이 싫어하는 일의 가장 참을 수 없는 부분을 찾아서 돈을 투자하라.

예컨대 장보기 서비스를 이용해 시간을 절약하게 되면 식사 준비 과정 중 당신이 좋아하는 부분인 요리에 시간을 더 많이 투입할 수 있다. 앞에서도 소개했지만 간단한 계산을 해보면 그래도 당신의 시간은 절약된다는 결론이 나온다. 무엇을 먹을지 결정하는 시간(10분), 식자재를 구입하는 시간(20분)을 일주일에 한 번씩만 빼더라도 1년이면 26시간이 추가로 확보된다. 그러나 포장 음식을 주문하면 시간은 더 많이 절약되겠지만, 그럴 경우 요리하는 시간의 긍정적 경험도 함께 사라질 수 있다.

연구에 참여한 사람들 중 하나는 선택적 외주화 활동을 곧바로 실행에 옮겼다.[34] 그녀는 시간 조달을 원하는 일의 목록을 만든 후, 일반적인 일과 그녀를 특히 불행하게 만드는 일로 세심하게 분류했다. 그녀의 이야기를 들어보자. "저는 정리정돈에 대한 노이로제가 있거든요. 그래서 빨래와 설거지와 집안 정리를 할 때는 삶이 정돈되는 느낌이 들어요. 하루 20~30분 정도를 정리정돈에 사용하면 나에게 통제권이 있는 것 같아서 기분이 좋아져요. 하지만 걸레받이를 닦는다거나, 화장실 바닥을 박박 문지른다거나, 마룻바닥을 쓸거나, 현관을 치우는 것과 같은 육체 노동은 정말 싫어요. 그런 일들은 생각만 해도 스트레스 받고, 상황을 회피하는 남편도 미워지더라고요. 그래서 한 달에 한 번은 사람을 불러서 그 일을 맡기고 있어요."

시간을 조달할 여유가 없다고 단정하지 않는다

예산이 빠듯한 사람들도 시간을 조달할 수 있다. 그리고 그런 사람들도 그들이 생각하는 것보다 많은 돈을 시간 조달에 쓰는 것이 바람직하다.[35]

돈보다 시간에 집중하라는 나의 강연을 들은 캐머런은 저임금 아르바이트를 하는 대학생이었지만 나름의 전략을 세웠다. 그는 유쾌한 어조로 자신이 어떤 노력을 했는지를 나에게 들려줬다. "새로운 아르바이트는 토요일마다 아침 6시부터 시작해야 했어요. 첫 월급으로 중고 사이트에 올라온 자전거를 구입했더니 통근시간이 확 줄어들었어요. 그전에는 걸어갔거든요. 이제는 6분이면 일터에 도착한답니다! 그리고 얼마 전에는 예약 기능이 있는 커피머신을 새로 샀어요. 토요일 새벽 4시 57분이 되면 커피머신이 저절로 작동하면서 헤이즐넛 커피를 추출해요! 그러는 동안 저는 침대에 몇 분 더 누워 있을 수 있고요. 자전거와 커피머신을 구입한 덕분에 아침에 소요되는 시간이 줄어들었고 아르바이트에 늦을지도 모른다는 걱정도 덜었어요. 시간 조달에 돈을 잘 썼다고 생각합니다!"

선물로 시간 절약 상품을 받는다

그래도 당신은 '나는 그런 데 돈 낭비하는 사람이 아니야'라고 생각하면서 외주화에 죄책감을 느낄지도 모른다. 내가 시간 조달이 가치 있는 일이고 우리를 행복하게 해준다는 증거를 보여주더라도 어떤 사람들은 시도해볼 엄두를 못 낸다.[36] 당신이 그런 사람이라면 선물을 받을 일이 있을 때 시간을 달라고 해보라. 누군가가 어차피 당신에게 돈을 쓰려고 한다면 시간 조달을 부탁하는 것이다. 우리는 이런 선물을 잘 하지 않는 경향이 있지만, 시간을 아껴주려는 의도가 담긴 선물은 돈을 아껴주려는 의도가 담긴 선물보다 더 사려 깊은 것으로 감사하게 받아들여진다. 대다수가 우리 자신을 위해 시간 절약 소비를 선뜻 하지 못하기 때문에 더욱더 그렇다.[37]

한 여성은 나에게 이런 이야기를 들려줬다. "저는 청소도우미를 고용한 덕분에 결혼생활의 위기를 넘겼어요. 우리 부부가 둘 다 전일제 근무를 할 때는 집안일을 다 처리하기가 불가능에 가까웠고 집 안이 엉망이었지요. 그런데도 우리는 시간을 절약하기 위해 정기적으로 얼마를 지불한다는 것이 썩 내키지 않았어요. 집을 사느라 빌린 돈을 갚아야 했거든요. 그래서 저는 생일이나 크리스마스에 무슨 선물을 받고 싶으냐는 질문을 받을 때마다 청소를 대신해줄 사람이라고 대답했어요. 어느 생일에 제가 그 선물을 받았을 때 얼마나 기뻤는지 아세요? 저는 청소를 너무 싫어하는 사람이라, 만약 지옥이 진짜로 있고 제가 지옥에 간다면 저에게 청소 일이 맡겨질 거라고 농담한 적도 있답니다. 다행히도 시간 선물을 받은 후부터는 저만의 지옥(청소)에 갇혀 있을 필요가 없었어요."[38]

　　시간 절약 선물은 연인이나 부부 사이보다는 직업적으로 관계를 맺고 있는 사람에게 줄 때 더 기쁘게 받아들여진다.[39] 그리고 선물 받는 사람이 좋아하지 않는 활동에 대해 시간 절약 선물을 하면 더 좋다.[40]

　　그러나 시간 선물은 만병통치약이 아니다. 상대방의 취향을 고려한 선물도 필요하다.[41] 만약 요리를 좋아하는 사람이라면 시간을 절약해주는 자동반죽기 같은 선물을 반가워하지 않을 수도 있다. 그런 선물은 디저트 만드는 과정을 싫어하는 사람에게 주어라.

가격 비교를 너무 많이 하지 않는다

대개 최저가를 찾는 데 사용하는 시간이 결과적으로 아끼게 되는 돈보다 가치가 크다. 휘발유를 조금 싸게 넣으려고 멀리까지 가거나 똑같은 옷을 더 싸게 사려고 매장 여러 곳을 둘러보는 경우에도, 절약되는 돈의 가치보다 소요되는 시간의 가치가 더 클 것이다.

　　나는 담당 편집자가 새 TV를 살 때 현명한 전략을 구사하는 모습을 보고 무척 기뻤다. 원래 그는 가전제품을 살 때마다 꼼꼼하게 조사하는 사람이었다. 제품의 해상도, 성능, 재생률 따위를 일일이 따져보면서 투자의 미래가치가 있는지를 생각했다. 인터넷에 올라온 후기를 읽어보고 몇 가지 모델로 선택 범위를 좁힌 다음, 매장에 직접 가서 제품을 보고 조사한 것과 일치하는지 확인했다. 그러고 나서는 여러 매장을 돌면서 가장 저렴한 제품을 찾았다. 이렇게 하려면 시간이 많이 소요됐다. 주말이 다 가버리기도 했다.

하지만 이번에 그는 TV의 가격대를 정하고 그 조건에 맞는 한두 가지 제품의 후기를 읽어본 후에 하나를 골랐다. 그걸로 끝이었다. 다 합쳐서 30분도 안 걸렸다. "처음에는 가장 좋은 TV를 가장 저렴하게 사야 한다는 생각에서 벗어나기가 정말 어려웠어요. 하지만 최종적으로 제가 100달러를 더 지불했다고 칩시다. 하지만 아무렇지도 않았어요. 대신 주말을 통째로 되찾았으니까요. TV 같은 대형가전을 구입하려면 적어도 15시간은 소모할 테니까요. 그래서 저는 쇼핑에 관해 생각하는 방식을 바꿨습니다."

5단계: 시간 프레임을 바꾼다

우리는 시간을 분 단위로 나누어 비용을 매긴다. 그것은 시간의 가치를 알아볼 타당한 방법이다. 하지만 또 하나의 방법은 시간에 대한 우리의 감정을 변화시키는 것이다. 그렇게만 해도 우리의 시간은 더 풍요로워진다.

여러 연구 결과에 따르면 어떤 경험을 의식적으로 음미할 때 그 경험에 대한 우리의 지각은 달라진다.[42] 한 연구에서는 사람들에게 "이번 주말을 휴가처럼" 생각해보라는 간단한 지시를 했더니 사람들이 주말에 접근하는 방식이 달라졌다. 그들은 자유시간을 천천히 음미했고 기분도 더 좋았다고 답했다.[43] 이와 반대로 과거를 되새김질(예. 주중에 있었던 일을 주말에도 계속 생각한다)하거나 미래를 예측(예. 다음 주에 있을 일에 대해 생각한다)할 때 우리는 시간 압박을 더 많이 느낀다. 주의를 현재에 머물게 하면 지금 눈앞에 있는 즐거움에 집중하게 되고 그러는 동안 우리의 시간은 더 풍요로워진다.[44]

시간을 가장 많이 잡아먹는 활동인 '일'도 다른 틀에 집어넣을 수 있다. 만약 당신이 건설업이나 유통업처럼 육체를 많이 사용하는 분야에 종사하거나 종일 서 있는 자세로 일한다면, 당신의 활동에 다른 틀을 씌워보라. 연구 결과에 따르면 업무상 필요한 육체적 활동을 '운동'이라고 생각할 때 사람들은 자기 일을 더 좋아하게 되고 자기 몸매가 좋아진다고 생각한다.[45] 어떤 연구에서는 호텔객실 담당 종업원들에게 그들의 직업은 운동량이 많아서 건강하고 활동적인 사람에게 적합하다는 이야기를 들려줬다. 이 작은 변화만으로도 종업원들의 체중, 체지방, 혈압이 큰 폭으로 감소했다.[46]

자동차로 출근하는 동안 하루를 계획하는 등의 방식으로 목표를 의식적으로 설정하는 사람들은 더 즐거운 마음으로 출근한다. 그들은 직장을 그만두고 싶다는 생각도 적게 한다. 미리준비하고 하루를 시작한다는 느낌을 받기 때문이다.[47] 이런 연구는 우리가 '나쁜 시간'이라고 생각했던 것에 다른 틀을 씌워서 일종의 '좋은 시간'으로 전환하는 방법으로 시간의 질을 높일 수 있음을 알려준다.

시간의 가치를 인식한다

시간 풍요를 달성하는 가장 가치 있는 방법 중 하나는 시간 풍요의 가치를 인식하는 것이다.[48] 시간의 가치를 인식하는 데시간을 들이면 시간에 대한 우리의 감정이 달라지기 때문에 평범한 활동에서도 큰 행복을 이끌어낼 수 있다.[49]

이런 현상은 여러 연구로 입증된 바 있다. 사람들에게 '이번달이 지나면 지금 사는 도시를 떠나야 한다'고 상상하도록 했더니, 사람들은 평소에는 의식하지도 못하고 귀중하게 생각하지도 않았던 공원 산책 시간, 그림을 감상하는 시간, 사람들이나 반려동물들과 함께 보내는 시간 등에서 갑자기 더 큰 만족을 얻었다.[50] 연구자들이 사람들에게 그들이 사랑하는 어떤 것(예. 초콜릿)을 일주일 동안 포기하라고 요청했더니, 그들은 일주일이 지나고 나서 그것을 더 즐기게 됐다.[51]

죽음에 가까이 가본 경험에 관한 나의 연구는 시간의 가치를 인식하는 것이 얼마나 중요한지 보여준다.[52] 죽을 뻔한 적이 있는 사람들은 시간이 천천히 간다고 느낀다. 그들은 매일의 경험에 더 많이 감사했고, 직업적 성공보다 인간관계와 관련된 목표를 먼저 생각했다. 수술대에서 죽었다 살아난(네 번이나!) 어떤 사람은 나에게 이렇게 말했다. "모든 인간관계가 달라졌습니다. 이제는 제가 사랑하는 사람들을 더 소중히 여기고 그 무엇도 당연하게 여기지 않아요. 어머니와 더 가까워졌고 자매들과도 훨씬 친해졌어요. 인생이 얼마나 짧은지를 알게 됐거든요!"

이 사람은 끔찍한 경험을 해야만 했지만, 시간 풍요를 얻기 위해 반드시 죽다 살아나야 하는 것은 아니다. 사실 당신은 이미 발걸음을 뗐다. 당신의 시간을 계산하고 여러 활동에 시간을 얼마나 사용하는지 기록하는 행동 자체가 시간의 가치를 인식하는 과정이다.[53] 이 책을 읽는 활동도 시간을 더 귀하게 여기고 시간 풍요를 증진하기 위한 첫걸음으로 손색이 없다.[54]

· · ·

나는 "시간 발견하기와 시간 조달하기에 시간을 얼마나 투입해야 하나요?"라는 질문을 자주 받는다. 정해진 답은 없다. 우선 테일러와 모건의 스펙트럼으로 돌아가보자. 만약 당신이 온건한 모건형의 사람이고 돈을 더 중시한다면(지금의 나처럼), 당신은 시간 조달보다는 시간 발견에 더 많은 노력을 투입할 것이다. 시간을 조달하려는 노력이 지나치면 오히려 스트레스가 되기도 한다.[55] 따라서 시간 조달은 스트레스를 받지 않을 정도의 선에서 전략적으로 하라. 반대로 당신이 테일러 쪽에 기울어져 있다면 시간 조달에 주력하라. 당신은 시간을 더 벌기 위해 돈을 쓰는 일을 크게 신경 쓰지 않는다. 하지만 시간을 발견하려는 노력도 어느 정도는 필요하다.[56]

당신이 무엇을 우선시하든 친교활동, 휴가, 취미, 봉사활동과 같은 적극적인 여가 활동 시간은 반드시 남겨두라. 그리고 당신의 시간에 다른 틀을 적용하라. 시간을 우선시하든 돈을 우선시하든 간에 이렇게 하면 스트레스는 반드시 줄어든다.

지금까지 이 장에서는 새로운 습관의 조각들을 만드는 데 초점을 맞췄다. 혹시 여기까지 읽고 나서도 시간을 우선시해야 한다는 생각이 들지 않는가? 그럴 수도 있다. 당신이 확보한 시간이 당신이 잃은 돈보다 가치 있다고 인정하기는 어렵기 때문이다. 돈은 수치화하기 쉬운 반면 시간은 측량이 어렵다. 그래서 우리에게는 시간의 가치를 나타내는 측량법이 필요하다. 이제부터 그 측량법의 기초를 알아보자.

매일 자유시간 30분의 가치는?

여기에 딜레마가 있다. 당신이 동료를 위해 5시간 동안 일을 해줬더니, 동료는 당신이 좋아하는 밴드의 공연 입장권 두 장을 선물했다. 그리고 며칠 전 당신은 다른 동료를 위해 15시간 동안 일을 해줬는데, 그 동료는 같은 날짜의 다른 공연 입장권 두 장을 선물했다. 둘 다 하루 저녁 즐기기에 좋은 행사지만 첫 번째 공연의 밴드가 당신이 가장 좋아하는 밴드라서 당신은 그 공연에 마음이 끌린다. 이럴 때 당신은 어느 공연에 가겠는가?[57]

A: 가장 좋아하는 밴드, 5시간 노동에 대한 보상
B: 그럭저럭 좋아하는 밴드, 15시간 노동에 대한 보상

이제 당신에게 똑같은 상황이 주어졌다고 상상해보라. 다만 이번에는 당신이 노동에 투입한 시간에 대한 보상으로 돈을 받은 뒤 공연 입장권을 샀다고 치자.

A: 당신은 가장 좋아하는 밴드의 공연을 보기 위해 40달러를 지불했다
B: 당신은 그럭저럭 좋아하는 밴드의 공연을 보기 위해 200달러

를 지불했다

　대다수 사람들이 첫 번째 상황에서는 가장 좋아하는 밴드를 선택하고 두 번째 상황에서는 비싼 표를 선택한다. (당신의 짐작이 맞았다. 이 결과는 실제로 진행된 실험의 결과다. 나의 동료들은 이것과 비슷한 여러 가지 시나리오를 가지고 실험을 진행했다.)

　당신이 표를 구하기 위해 돈을 썼다는 점을 제외하면 아무것도 달라지지 않았다. 첫 번째 시나리오에서는 시간을 사용했고 두 번째 시나리오에서는 돈을 쓴 것이다. 이 실험, 그리고 다른 유사한 실험들을 통해 확인된 사실은 당신의 예상과 일치한다.

　우리는 약간의 시간 손해보다 약간의 금전적 손해에 더 민감하다. 우리는 시간을 더 적게 들여 얻은 표를 선택할 때보다 값이 싼 표를 선택할 때 손해가 더 크다고 느낀다. 아마 당신도 공연을 선택하면서 그런 느낌을 받았을 것이다. '200달러를 그냥 포기할 수는 없지.' 그러나 '15시간과 5시간은 큰 차이가 없잖아'라고 생각한다.

　행동주의적 관점에서 보자면 이런 선택은 그리 합리적이지 않다. 그래도 우리가 그런 선택을 하는 것은 돈을 시간보다 수치화하기 쉽기 때문이다. 1만 달러 연봉 상승의 가치는 계산하기가 쉽다. 반면 하루에 자유시간 30분을 더 얻는 것의 누적 가치를 계산하기는 그만큼 쉽지가 않다. 그래서 우리는 별생각 없이 우리에게 익숙한 측량법에 의존한다.

간단하게 말해서 돈은 수지타산을 따질 수 있지만 시간은 그럴 수 없다. 만약 시간에 대한 셈이 있어서 우리의 시간이 '얼마인지'를 정할 수 있다면 시간 풍요를 위한 결정도 쉬워질 것이다. 시간 회계를 하면 시간을 우선시하는 결정이 우리가 잃는 돈보다 가치가 크다는 것을 이해할 수 있다.

사실 시간에 대한 회계는 지금 당장이라도 시작할 수 있다. 나 역시 사람들에게 시간과 행복의 구체적인 산정법을 알려주기 위한 연구를 한다.[58] 나는 '시간의 가치'라는 다소 추상적인 개념에 적용 가능한 정량적 측량법을 만들어내려고 노력하는 중이다.

나에게는 시간에 대한 회계법을 꼭 만들고 싶은 동기가 있다. 측량하기 쉬운 돈 앞에서 시간 풍요를 위한 결정을 하기가 얼마나 어려운지를 잘 알기 때문이다. 그리고 나는 회계, 재무, 투자로 경영학 석사학위를 취득한 사람들이 바글바글한 경영대학원에서 근무한다. 그런 사람들에게 시간 풍요를 이해시키고 시간 풍요에 대한 관심을 이끌어내려면 그들이 좋아하고 그들이 잘 알아듣는 측량법을 제시해야 한다.

새로운 측량법: 행복달러

내가 개발한 측량법은 진짜 화폐는 아니지만 우리가 얻은 행복과 동일한 양의 이익을 의미한다. 나는 그것을 '행복달러 Happiness Dollors'라고 부른다. '행복달러'란 시간과 연관된 선택을 통해 얻은 행복의 양을 수익으로 표현한 것이다. 예컨대 연봉이 1만 달러 올랐을 때 얻는 행복은 시간을 풍요롭게 사용하겠다는 결정과 동일한 가치를 지닌다. 시간을 풍요롭게 하는 결정을 내렸을 때 당신이 느끼는 행복은 당신이 얼마간의 수입을 얻을 때 느끼는 행복과 동일하다.

이미 예상하고 있겠지만, 시간과 행복에 확실한 가치를 부여하는 일은 간단하지 않다. 우선 각 직업을 대표할 만한 표본의 사람들을 찾아서 그들에게 소득이 얼마인지, 얼마나 행복한지, 시간을 어떻게 쓰는지 물어봐야 한다. 나는 사람들이 이미 실천하고 있는 긍정적인 시간 활용에 관해 알아봤다. 예컨대 자연 속에서 시간을 보내고, 돈보다 시간을 더 귀중하게 여기고, 청소도우미를 고용하고, 도로에 갇혀 있는 시간을 줄이고, 식사처럼 뭔가를 음미하며 즐기는 경험에 시간을 더 들이는 것이다(1장에서 이런 활동들을 소개한 바 있다). 나는 실험 참가자들의 응답을 통계학적으로 분석해서 소득이 행복에 어떤 영향을 끼치며 시간 활용 결정은 행복에 어떤 영향을 끼치는

지 비교했다. 그러고 나서 그 두 가지 분석 결과의 차이를 이용해서 사람들이 시간 풍요 활동을 통해 얻는 행복에 달러로 가치를 매겼다.[59]

그렇다. 행복의 가치는 크다. 숫자로 설명해보자. 어떤 사람이 1년에 5만 달러를 벌다가 1만 달러 더 벌게 되면 10점 만점의 척도에서 행복 지수가 0.5점이나 상승한다.[60] 이와 마찬가지로 어떤 사람이 가장 싫어하는 업무를 외주화하기 위해 돈을 지불할 때도 0.5점이 상승한다. 나는 이런 식의 수치 비교를 통해 외주화 결정이 선사하는 행복의 양에 화폐 가치를 매겨봤다. 1년에 5만 달러를 버는 사람에게 이것은 1만 달러 정도의 행복이다.[61]

솔직히 말해서 이런 계산은 정확하지 않다. 나는 문제를 단순화하기 위해 수치를 어림했고 계산은 평균 연령을 기준으로 했다. 그래서 사람에 따라 1만 달러보다 큰 이익을 얻기도 하고 덜 얻기도 할 것이다. 시간을 확보하는 선택(또는 돈을 더 많이 버는 선택)으로 획득하는 행복은 빚의 유무와 월 지출액, 소득 같은 요인에 따라 크게 달라진다. 소득이 적은 사람들이 시간을 우선시하는 선택을 할 때 더 큰 이익을 보기도 한다. 주머니 사정이 좋지 못한 사람들은 대체로 시간도 부족하기 때문이다.[62]

예컨대 1년에 5만 달러를 버는 사람이 통근시간을 단축하기 위해 돈을 쓰거나 청소도우미를 고용하면 가계의 연 소득이 4만 달러 증가하는 것과 동일한 행복을 얻는다. 그가 싫어하는 일을 외주화하는 데 월 150달러 이상을 지출할 경우에 그렇다. 1년에 12만 5,000달러를 버는 사람이 똑같은 선택을 할 경우 그 선택의 가치는 1만 6,000달러 정도다. 이것 또한 큰 금액이지만 1년에 5만 달러를 버는 사람보다는 적다.

시간 회계의 학문적 근거는 아직 진화하는 중이지만, 당신이 이런 접근법을 채택하면 시간의 가치가 더 현실적으로 느껴질 것이다. 시간을 우선시하는 선택과 그 선택으로 얻는 행복에 실질적인 가치를 매겨 보라. 그러면 시간을 더 가지기 위해 돈을 포기하는 것이 항상 당신이 느끼는 것만큼 손해는 아니라는 사실을 알게 될 것이다. 때로는 시간 조달로 얻는 행복 수입이 당신의 은행 잔고 감소액보다 크다. 이런 일은 생각보다 많다. 그리고 대개의 경우는 시간을 조달하기 위해 당신이 생각한 것보다 많은 돈을 쓰더라도 그럴 만한 가치가 있다.

내가 다양한 시간 풍요 활동을 행복달러의 가치로 매겨본 결과를 소개하겠다.

시간의 가치 인정하기: 2,200행복달러

당신의 연소득이 5만 달러라고 가정할 때, 당신이 돈에 가치를 두는 사고방식을 시간에 가치를 두는 사고방식으로 전환하면 1년에 2,200달러를 추가로 버는 것과 동일한 행복을 얻는다. 그것을 2,200행복달러라고 하자.[63] 당신이 행동을 전혀 바꾸지 않더라도 시간(돈이 아닌)이 당신에게 가장 중요한 자원이라는 사실을 상기하기는 것은 충분한 가치가 있다.

음미하기: 3,600행복달러

맛을 음미하는 유일한 방법은 음식을 즐기는 일에 시간을 더 투입하는 것이다. 그리고 일상의 모든 경험을 음미하는 것은 더 큰 행복에 도달하는 길이다. 좋은 날씨를 즐기고, 공원에서 열리는 콘서트에 가라. 야외에서 아이들이 뛰어노는 것을 지켜보라.

음미하기는 일종의 마음챙김이다. 뭔가를 음미하려면 생산성과 효율을 잊어버리고 지금 이 순간에 집중해야 하기 때문이다. 또한 뭔가를 음미하려면 완벽한 경험을 얻으려는 목표를 버리고 좋은 경험을 추구해야 한다.

연구자들은 최대의 성과와 감정을 얻기 위해 가장 좋은 선택을 하길 원하는 사람들을 '최대주의자maximizer'라고 부르고, 현실을 받아들이고 적정 수준에 만족하는 사람들을 '만족주의자satisficers'라고 부른다.[64] 최대주의자들은 어느 식당에 가고 무엇을 주문하고 그 경험이 기대에 부합하는지를 따지며 스트레스에 시달린다. 반면 만족주의자들은 어떤 장소와 음식을 고

를 때 그것이 가장 올바른 선택인지 아닌지를 걱정하지 않는
다. 그들은 그 음식이 그들이 원했던 것이 맞는지를 깊게 생각
하지 않고 식사 시간을 즐긴다. 나의 계산에 따르면 최대주의
자에서 만족주의자로 전환하는 일은 3,600행복달러의 가치를
지닌다.

외주화: 1만 8,000행복달러

사람들은 집안일을 외주화하는 것을 사치스러운 소비라고 생
각한다. 우리가 직접 할 수 있는 일에 왜 돈을 지불해야 하는
가? 그 질문에 대한 하나의 대답은 행복 수익이 금전적 비용
을 놀랄 만큼 많이 상쇄한다는 것이다.

   당신이 가장 싫어하는 집안일(세탁, 청소, 요리 등)을 외주화
하면 매달 1만 8,000행복달러의 수익을 얻는다. 가치가 결코
작지 않다. 예컨대 당신이 1년에 4만 8,000달러를 버는데, 누
군가를 고용해서 식자재 구입과 정리(당신이 싫어하는 일이다)를
시킨다고 치자. 미국의 대도시에서는 일주일에 100달러, 1년
이면 5,200달러의 비용이 든다. 이것은 당신 연봉의 11퍼센트
에 해당하는 금액이다.

   이런 지출은 비합리적인 것도 같다. 하지만 삶의 만족도가
높아진 것을 1만 8,000행복달러로 계산한다면 이런 투자도 지
나치다고 볼 수 없다.

소득:	4만 8,000달러
장보기 대행 서비스:	−5,200달러
남은 소득:	4만 2,800달러
행복 증진:	+1만 8,000행복달러
소득+행복 소득:	6만 800행복달러

게다가 당신의 자유시간을 더 행복하게 사용해서 얻을 수 있는 추가적인 효과는 이 계산에 포함되지 않았다. 원래 당신이 매주 2시간을 장보기에 썼다면 이제 당신은 1년에 104시간, 즉 4일 이상을 추가로 얻은 셈이다. 이 4일을 봉사활동, 운동, 친교활동, 취미 등 행복을 만드는 활동으로 채우면 된다.[65]

물론 당신이 싫어하는 일을 골라서 외주화해야 한다. 만약 당신이 요리는 좋아하지만 재료를 준비하는 과정을 싫어한다면 밀키트 배달 서비스에 돈을 투자하라. 당신이 청소를 좋아한다면 바닥의 먼지를 빨아들이는 로봇청소기 구입은 적절한 선택이 아닐 수 있다.

지금 당신은 내 이론의 허점을 발견했다고 생각하고 있을지도 모른다. '내가 제일 싫어하는 일 하나만 외주화를 하고 새로 얻게 되는 자유시간에 일을 해서 돈을 더 벌어야지. 다른 사람들이 자유시간과 행복을 즐기는 사이에 말이야.' 정말 영리한 생각이다! 그런데 잠깐만. 알려진 바에 따르면 설령 우리가 좋아하는 일을 한다 해도 평균보다 노동시간이 길어지면 행복은 감소한다.[66] 일주일에 8시간 내지 10시간을 추가로 일에 사용한다면, 그 일이 우리가 즐기는 활동이라 할지라도 2,900행복달러만큼 행복이 줄어든다.

최저가 찾기: -3,300행복달러

이 장에서 나는 시간만을 기준으로 본다면 가장 싼 휘발유를 찾기 위해 더 멀리까지 다녀오는 것은 시간을 잘못 사용하는 방법이라고 설명했다. 이것은 얼마나 잘못된 선택일까? 나의 계산에 따르면 대개의 경우 가장 유리한 가격을 찾기 위해 직접 돌아다니거나 인터넷 검색을 하는 행위는 그 일에 투입한 시간만큼의 가치가 없다.

우리는 모두 최저가를 추구한다. 소비자 10명 중 9명은 온라인 쇼핑을 할 때 가장 저렴한 가격을 알아본다. 심지어는 치약처럼 비싸지 않은 물건을 구입할 때도 그렇게 한다.[67] 소비자들은 물건을 한 번 살 때마다 결제하기 전의 가격 비교에 평균 32분을 쓴다. 우리는 휘발유 1리터당 몇 십 원을 아끼기 위해 필요 이상의 운전을 하고, 물건 하나를 구입할 때 단돈 몇 천 원을 아껴보려고 여러 쇼핑몰의 상품들을 검색하고 비교한다. 우리가 가격 비교에 지출하는 비용은 매년 3,300행복달러에 달한다.

휴가: 4,400행복달러

우리가 시간을 잘못 사용하는 가장 대표적인 예는 휴가를 제
대로 사용하지 않는 것이다. 내가 연구한 바에 따르면 미국
의 직장인들은 1년 동안 평균 9일의 휴가를 사용한다. 만약
미국인들이 1년에 8일의 휴가를 더 사용한다면(총 17일) 매년
4,400행복달러를 추가로 얻을 것이다.[68] 의무 유급휴가가 없
는 미국에서조차 성인 근로자의 대다수는 2주의 유급휴가를
사용할 수 있다. 이런 통계는 우리가 시간 풍요와 행복을 더
많이 누리기 위해서는 우리가 사용 가능한 유급휴가를 다 사
용해야 함을 뜻한다.

친교 활동: 5,800행복달러 이상

인간은 사회적인 존재다. 그리고 우리는 날로 심각해지고 있
는 사회적 고립의 비용이 만만치 않다는 사실을 인식하기 시
작했다.

　다음의 시나리오를 보라. 당신은 일주일에 몇 번은 카페에
가서 일을 하려고 한다. 당신의 집과 가까운 커피숍은 두 군데
인데 거리는 동일하다. 첫 번째 커피숍에서는 혼자 조용히 일
할 수 있고 커피와 디저트에 매주 20달러를 쓸 것으로 예상된
다. 두 번째 카페에서 일할 경우에는 직원들과 인사하고, 친구
들과 수다를 떨게 되고, 매주 60달러를 지출할 것으로 예상된

다. 당신의 행복을 위해 어느 쪽을 선택하겠는가?

　얼핏 봐서는 첫 번째 커피숍이 나을 것 같다. 돈도 적게 쓰고 일도 더 많이 할 수 있을 것이다. 이것은 시간보다 돈이 계산하기 쉬움을 보여주는 전형적인 사례다. 실제로는 친한 사람들과 휴식시간을 즐기는 사람이 대화 상대가 전혀 없이 혼자 앉아서 일하는 사람보다 더 많은 일을 한다. 두 번째 커피숍에서 당신은 돈을 더 많이 쓰겠지만 행복도가 높아져서 결과적으로 생산성이 향상된다. 그리고 두 번째 커피숍에서 일하면서 얻는 행복은 1년에 약 5,800행복달러의 가치가 있다. 숫자로 표현하면 다음과 같다.

조용한 커피숍

커피 값:	연간 −1,040달러
행복 보너스:	+0행복달러
순이익:	−1,040달러

친구가 있는 커피숍

커피 값:	연간 −3,120달러
행복 보너스:	+5,800행복달러
순이익:	+2,680행복달러

친교 활동의 가치를 행복달러로 환산할 때의 가치는 아무리 높게 평가해도 지나치지 않다. 가장 극단적인 경우, '온종일 일만 하고 사랑하는 사람들을 아예 만나지 못한다(a)'에서 '날마다 친구 또는 가족과 시간을 보낸다(b)'로 전환하면 가계의 연소득이 10만 8,000달러 늘어날 때와 동일한 수익이 발생한다.[69] 만약 당신이 오로지 일만 하면서 10만 달러를 버는 사람인데 당신의 모든 시간을 친교활동 시간으로 바꾼다면 연봉이 두 배가 될 때와 똑같은 행복을 획득한다.

이러한 결과는 매우 놀랍다. 물론 이것이 현실적인 사례는 아니다. 우리 대부분은 아무리 바쁘더라도 친구나 가족과 같이 보내는 시간을 어느 정도는 가진다. 모든 시간을 일에만 쓰는 사람은 드물다. 그래도 이 계산은 당신의 자유시간이 얼마나 가치 있는지를 일깨워준다.

적극적 여가: 1,800행복달러

적극적 여가활동 역시 우리에게 이익이 꽤 크다. 운동이나 봉사활동 같은 적극적 여가활동에 쓰는 시간이 매일 30분 늘어나면 당신은 연간 1,800행복달러를 획득한다(TV 시청이나 멍하게 있기와 같은 수동적 여가도 연간 1,000행복달러의 보너스를 당신에게 안겨준다.)

배우자와 행복하고 건강한 관계를 유지하며 생활하는 일상에는 2만 700행복달러의 가치가 있다. 이것은 우리가 인간관계를 우선시해야 하는 또 하나의 이유가 된다. 집안 청소 서비스처럼 부부가 함께하는 시간을 늘려주는 선물은 물질적인 선물보다 행복 증진 효과가 훨씬 크다. 내 계산에 따르면 부부관계를 위해 돈으로 시간을 살 때 늘어나는 행복은 연간 4,000행복달러에 달한다.

시간 대차대조표를 만들다

행복도는 소득과 경제적 형편에 따라 크게 달라진다. 대체로 시간 풍요 활동은 연소득이 수천 달러 늘어날 때와 동일한 행복 증진 효과를 지닌다.

　1년에 5만 달러를 버는 사람을 기준으로 앞에서 언급한 몇 가지 활동의 이익을 계산해 대차대조표를 만들어봤다. 이처럼 단순한 방법으로도 연간 3만 3,100행복달러의 행복 증진을 기대할 수 있다. 시간을 똑똑하게 활용하는 전략을 채택하고 실행하기만 해도 연봉이 66퍼센트 상승할 때와 똑같은 행복을 느낄 수 있다.

소득 연간 5만 달러

돈 중심에서 시간 중심으로 사고 전환하기:	+2,200행복달러
휴가를 8일 더 사용하기:	+4,400행복달러
식사를 만족스럽게 음미하기:	+3,600행복달러
하루 30분 적극적인 여가활동하기:	+1,800행복달러
가장 싫어하는 집안일 외주화하기:	+18,000행복달러
자유시간을 어떻게 보낼지 미리 계획하기:	+3,100행복달러

총계	+3만 3,100행복달러/년

· · ·

행복달러를 계산하는 목적은 정확한 회계를 하는 것이 아니라 회계의 과정에 참여하는 것이다. 행복 대차대조표를 만들어보면 우리의 시간이 우리가 생각했던 것보다 훨씬 가치 있으며 우리가 지금보다 시간에 돈을 많이 써야 한다는 사실을 알게 된다.

지금도 당신은 그것이 사실이 아니라고 외치는 당신의 뇌와 싸우고 있을 것이다. 친교활동에 쓰는 30분이라는 시간의 가치는 1,800달러 지폐처럼 손에 쉽게 잡히지 않는다. 시간을 똑똑하게 활용하는 삶으로 도약하기 위해서는 어느 정도의 믿음이 필요하다. 하지만 행복 수익이 우리를 기다리고 있기 때문에 그 믿음은 가치가 있다. 이제 당신이 할 일은 행복 수익을 얻는 습관을 들이는 것이다. 3장에서 습관 이야기를 해보자.

나의 '시간 패턴' 분석하기

2장에서 나는 당신이 평소에 어떻게 시간을 보내는지, 당신의 가장 긍정적인 경험과 부정적인 경험은 무엇인지 파악하라고 당부했다. 그리고 당신의 시간 풍요를 증진하기 위해 활용 가능한 세 가지 전략을 공유했다. 시간 발견하기, 시간 조달하기, 시간의 틀 바꾸기가 그것이다.

시간을 추적하라

〈평범한 화요일 활동표〉를 사용해 평범한 하루 동안 당신이 하는 중요한 활동들을 기록하라. 그리고 나서 이 활동들을 〈평범한 화요일 좌표〉에 배치해보라. 〈평범한 화요일 좌표〉에서는 당신에게 스트레스가 되는 활동이나 비생산적인 활동에 사용하는 시간을 검토함으로써 시간을 새롭게 발견하거나 조달할 수 있는 영역을 찾아볼 수 있다.

시간 풍요를 위한 3가지 활동

당신이 평소에 시간을 투입하는 활동이 어떤 것들인지 알아본 다음, 그 활동들을 시간 발견하기, 시간 조달하기, 시간의 틀 바꾸기의 3가지 시간 풍요 전략에 적용하라.

시간 발견하기: 당신에게 스트레스를 주거나 비생산적인 활동을 찾아 그런 활동(예. 통근)에 행복한 활동(예. 음악 듣기)을 끼워 넣으라. 그러면 그 활동이 더 긍정적이거나 생산적으로 변한다.

시간 조달하기: 당신이 자유롭게 사용할 수 있는 소득 중 행복도를 높이지 못하고 물품 구입에 소비되는 부분을 시간 조달 소비로 돌린다.

시간의 틀 바꾸기: 통근이나 업무 같은 부정적인 활동을 더 긍정적인 틀에 넣어본다. 예컨대 당신의 통근을 '휴식'이라고 생각하라.

평범한 화요일 활동표

오른쪽의 예시를 참조하여 뒷장에 나오는 표의 빈칸에 당신이 평범한 화요일에 수행하는 활동들을 기록하라. 반드시 화요일 일과일 필요는 없지만 화요일이 당신의 스트레스가 가장 큰 날일 가능성이 높을 테니 되도록 화요일을 선택하라.

	활동	경험의 종류	이유
1	나는 아침에 일어나자마자 좋아하는 음악을 틀고 고양이와 함께 서재에 앉아(고양이 올리는 창밖의 자동차 내려다보기를 좋아한다) 진하게 내린 커피 한 잔을 마신다.	긍정적 경험 (즐거움)	즐거운 활동이다. 편안하다.
2	커피의 효과가 나타나기 시작하면 1~2시간 동안 조용히 글을 쓴다.	긍정적 경험 (의미 있음)	나는 아침에 머리가 가장 잘 돌아가기 때문에 회의에 들어가기 전에 한두 시간 글을 쓰는 것을 좋아한다. 2시간 정도 생산적인 시간을 가지지 못한 날에는 신경이 날카로워지기도 한다.
3	그러고 나서 사무실로 이동한다. 오전 9시 30분에서 10시 사이에 차를 몰고 출근하는데, 교통체증이 심해서 도로에서 꼼짝도 할 수 없었다.	부정적 경험 (스트레스)	시간을 낭비하는 것 같아서 스트레스와 짜증이 밀려온다.

표에 기록하는 활동의 개수는 많아도 된다. 하루를 오전, 오후, 저녁으로 나누어 각 시간대의 주요 활동을 기록하라. 표 하나마다 평균 3~5개의 활동이 들어가는 정도면 적당하다.

오전: 기상 시각~정오

	활동	경험의 종류	이유
1			
2			
3			
4			
5			

잠든 '휴면 시간'을 깨우다

오후: 정오~오후 5시

	활동	경험의 종류	이유
1			
2			
3			
4			
5			

저녁: 오후 5시~취침 시각

	활동	경험의 종류	이유
1			
2			
3			
4			
5			

  활동에 관해 떠오르는 생각이 있으면 덧붙여도 된다. 예컨대 어떤 활동이 시간 중심 결정(조기 퇴근을 한다는 결정)이고 어떤 활동이 돈 중심 결정(초과근무를 한다는 결정)인지를 표시하고 싶으면 그렇게 하라.

평범한 화요일 좌표

앞의 표에 기록한 활동들을 아래의 좌표에 표시하라. 좌표의 '긍정적' 영역에 위치하는 활동 중에서 단순히 즐겁기만 한 것이 아니고 의미가 있거나 목적이 있는 활동에는 별표나 체크 표시를 하라. 예컨대 TV 시청은 긍정적 경험이 될 수 있지만 이런 활동은 목표의식이 없고 당신에게 별다른 의미를 주지 못할 수도 있다. 앞에서 작성한 표의 내용을 기반으로 오전, 오후, 저녁의 좌표를 각각 작성하라.

오전 활동

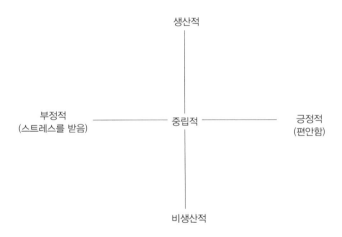

119

오후 활동

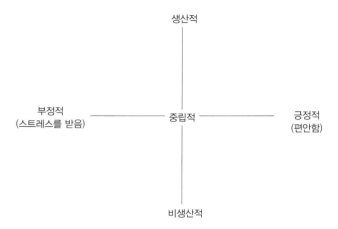

생산적

부정적
(스트레스를 받음) ——— 중립적 ——— 긍정적
(편안함)

비생산적

저녁 활동

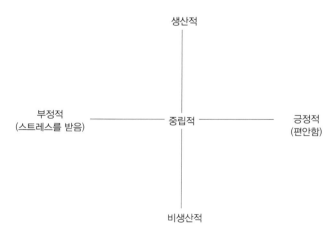

생산적

부정적
(스트레스를 받음) ——— 중립적 ——— 긍정적
(편안함)

비생산적

비생산적이고 스트레스가 많은 활동, 또는 유쾌하지만 의미가 없는 활동은 재검토하라. 앞서 설명한 대로 이런 활동들의 일부를 당신의 시간 풍요와 행복을 증진하는 활동으로 대체하라.

시간 발견하기: 시간 풍요 체크리스트

아래에 나열된 활동들은 모두 시간 풍요를 촉진하고 행복도를 높일 수 있다. 시간 발견하기 전략을 써서 다음의 활동들을 당신의 하루에 추가해보자.

당신에게 5분이 있다면

- 당신이 끝내야 하는 작은 일들을 정리해서 하나씩 지워나간다.
- 당신에게 중요한 사람이지만 한동안 연락하지 못한 사람에게 메시지를 보낸다.
- 유급휴가가 며칠 남았는지 확인한다.

당신에게 10분이 있다면

- 긴장을 풀어주는 자연 풍경 동영상을 감상한다.
- 동료나 가족, 친구에게 감사의 이메일을 보낸다.
- 일기를 쓴다. 일기를 쓰면 행복해진다.

당신에게 30분이 있다면

- 자연 속에서 산책한다.
- 창의적인 활동을 한다(그림 그리기, 글쓰기, 액세서리 만들기, 뜨개질 등).
- 책을 읽는다(줄을 서 있을 때나 공항 검역을 기다리고 있을 때는 휴대전화로 책을 읽을 수도 있다).
- 명상을 하거나 온라인으로 회복력 훈련을 한다(정신 건강 앱을 활용한다).
- 짧은 조깅을 한다(15~30분).

오후 시간이 통째로 주어진다면

- 새로운 것을 배운다(배움은 행복을 증진한다).
- 동네 사람들을 돕는 일에 시간을 쓴다.
- 여행 계획을 세운다(긍정적인 활동을 계획하기만 해도 행복도가 높아진다).

시간 활동지의 틀 바꾸기

어떤 활동들은 당신이 그 활동에서 벗어나 시간을 더 발견하거나 조달할 여지를 주지 않는다. 그런 활동은 시간을 빼앗아가는 나쁜 활동처럼 보이겠지만, 그런 활동을 하는 시간에도 당신이 미처 생각하지 못한 가치가 숨어 있을지도 모른다. 어떤 활동에서 빠져나올 수 없다면 시간에 관해 생각하는 틀만 바꿔도 그 활동에 대한 느낌이 달라진다. 아래의 표에 당신이 좋아하지는 않지만 반드시 해야 하는 활동을 기록하라. 그 활동에 투입되는 시간을 가치 있게 만들 방법을 찾아보고, 그 방법을 표에 기록하라. 예컨대 이 장에서 설명한 대로 당신의 업무 중에 육체적으로 힘든 부분이 있다면 그것을 날마다 하는 운동이라고 생각하라.

좋아하지 않지만 반드시 해야 하는 활동	그 활동을 가치 있게 만들 방법

시간을 짧게 하는 것은 활동이요,
시간을 견디기 어려울 만큼 길게 만드는 것은 안일함이다.

- 괴테

3장

시간을 내 편으로 만드는 법

어려운 부분은 이제부터 시작이다.

시간 빈곤을 해결하는 방법은 간단하다. 하지만 그 방법을 실천하는 것은 별개의 문제다. 일상 속에서 시간 중심으로 작은 결정을 내리는 것을 습관으로 만들 수 있겠는가? 시간 중심 결정은 체중 감량과 비슷하다. 우리는 무엇을 해야 하는지 잘 알고 있지만 그 일을 실제로 해내기 어렵다. 날마다 삶 속에서 실천하는 것은 더욱더 어려운 일이다.

시간 중심적인 결정을 해야 한다는 사실을 머리로는 알더라도 실제로 돈의 유혹을 뿌리치는 것은 굉장히 어려운 일이다. 한 조사에서는 자신이 돈보다 시간을 가치 있게 생각한다고 답한 사람들조차도 자신이 싫어하는 일을 외주화하기 위해 돈을 지불한다거나, 더 비싼 직행 비행기표를 산다거나(중간에 갈아타는 저가 비행기표를 사지 않고), 가족과 시간을 더 많이 보내기 위해 승진을 포기할 가능성은 매우 낮게 나왔다. 이른바 '테일러 유형'인 사람들도 일상에서 시간 중심적인 결정을 하는 경우는 전체의 5퍼센트에 불과했다.[1]

연구 결과를 다시 한번 강조하고 싶다. 시간을 더 귀중하게 여기는 사람들이 돈을 우선시하는 사람들보다 행복하고 건강하고 생산성도 높다.[2] 그래도 우리는 여전히 돈에 집중한다. 우리가 가진 시간의 가치를 과소평가하기 때문이다. 우리는 내일이 되면 지금보다 시간이 많아질 거라고 스스로를 위로한다(실제로는 그렇지 않다). 그리고 우리는 날마다 해야 하는 일들을 처리하는 데 투입되는 시간을 낮게 판단한다. 그것은 어쩔 수 없는 일이다. 우리는 항상 우리 본성의 선한 천사를 배신하는 행동을 하니까.

왜 그럴까? 어느 것이 옳은지를 보여주는 통계 수치가 버젓이 있는데도 우리는 왜 올바른 선택을 어려워할까?

체중 감량을 원하는 사람들은 하나같이 살을 뺀다는 것은 정말 힘든 일이라고 말한다. 설탕은 몸에 좋지 않지만 매우 유혹적이다. 운동은 몸에 좋지만 시작하기가 어렵다. 우리는 규칙적으로 운동해야 한다는 사실을 알면서도 그냥 쉬곤 한다. 피곤하기도 하고 피트니스센터는 상당히 멀리 떨어져 있다. 우리 뇌의 어떤 부분들은 옳은 길이 아닌 그릇된 길을 선택하도록 충동질한다. 잘못된 선택을 하라는 메시지들이 우리를 집중 폭격한다. 그래서 체중 감량은 쉽지 않다.

시간과 돈의 딜레마도 마찬가지다. 우리의 머릿속에서 돈은 우리의 주의를 집중시키는 필수품이다. 반대로 시간은 가치가 불분명해서 쉽게 무시당하는 재화다.

돈에 대한 집착은 인류의 진화 과정 속에 깊이 뿌리 내리고 있다.[3] 인류의 조상들은 물물교환을 시작하면서 번창했다. 물물교환의 다음 단계는 화폐의 발명이다. 화폐는 효율적인 거래를 촉진하는 도구로서 인구 증가에 기여했다.[4] 그래서 우리가 재무 상태에 신경을 쓰고 돈 문제를 꼼꼼하게 따지는 것은 본능에 가깝다. 인류의 번성 자체가 돈과 물건을 얻고 이용하는 능력에 의존했기 때문이다.[5] 어떤 연구자들은 한술 더 떠서 돈을 마약이라고 부르기도 한다. 돈의 물리적 효과가 우리의 혈관 속에서 천연약물이나 합성물질이 만들어내는 효과와 유사하기 때문이다.[6]

사람들은 돈을 버는 과정에서 감정적이고 비합리적으로 보이는 결정을 곧잘 한다. 예컨대 인도에서 가장 액면가가 큰 화폐의 가치를 인위적으로 축소하는 개혁이 실시됐을 때 사람들은 폭동을 일으켰다.[7] 인류에게 반드시 필요한 가치 중 하나인 우정도 경제적 지위가 다르거나 돈을 잘못 주고받았다는 이유로 깨지곤 한다.[8] 여섯 살짜리 아이도 돈을 다뤄보고 나면 기회가 있어도 남을 잘 돕지 않는다. 한 연구에 따르면 실험 전에 돈을 만지작거린 아이들은 실험 진행자가 부탁한 빨간색 크레용 모으기 활동에 덜 참여했다. 그 아이들은 대가를 받는 활동인 색칠하기에 더 많은 시간을 썼다.[9]

시간을 귀중하게 여기는 태도는 돈의 마약 같은 성격에 비하면 턱없이 힘이 약하다. 그럼에도 우리는 시간을 더 중요한 가치재이자 우리의 행복을 결정하는 자원으로 바라보려고 노력해야 한다.

시간 재구성의 비밀

3장과 4장의 목표는 앞에서 설명한 좋은 습관을 내면화하고, 당신의 삶에 적용 가능한 시간 풍요 방법을 만들어가는 것이다. 시간을 가치 있고 귀중한 자원으로 여겨야 한다는 명제를 실천에 옮길 전략을 알아보자.

시간 풍요 사고방식을 장기간 유지하기 위해서는 다음 3단계 조치가 필요하다.

1. 시간은 돈보다 중요하거나 적어도 돈만큼 중요하다고 인식한다.[10]

2. 중요한 결정을 앞두고 있을 때마다 자신의 가치관을 다시 생각한다.[11]

3. 의도적이고 전략적인 결정을 통해 하루, 일주일, 한 달, 1년 동안 더 많은 시간을 확보한다.[12]

각각의 단계를 실행에 옮기려면 두 가지가 반드시 필요하다. 다음의 활동이 당신의 시간 풍요 생활의 일부로 자리 잡도록 하라.

1. 반성: 당신이 지금 무엇을 하고 있으며 그 일을 왜 하고 있는지를 자각한다. 이것은 얼핏 생각하면 쉬울 것 같다. 생각만 하면 되니까. 하지만 행동과학자들의 설명대로 인간은 불편한 진실이나 받아들이기 힘든 진리를 회피하기 위해 생각을 배배 꼬아서 상황을 복잡하게 여기기도 한다. 당신의 내면을 들여다보면서 솔직하게 점검할 필요가 있다.

2. 기록: 당신의 희망과 관찰, 계산, 시간 풍요를 위한 계획을 기록으로 남겨라. 기록의 효과를 장담하는 연구는 수없이 많다. 그리고 시간 풍요라는 목표를 위해서도 기록은 반드시 필요하다, 당신이 돈에 집중하게 만드는 힘들이 작용하기 때문이다.[13]

다음은 단계별 계획에 기초한 구체적인 전략이다.

전략 1: 작은 '왜'라는 질문 던지기

당신은 캔디크러쉬사가CandyCrushSaga와 같은 온라인 게임을 하거나 휴대전화에 있는 각종 앱을 들락거리는 데 시간을 얼마나 사용하는가? 아마도 금방 대답하지 못할 것이다. 그것은 당신이 잠깐 틈이 날 때 시간을 보내기 위해 들인 습관이다. 나는 짬이 날 때면 인스타그램을 훑어본다. 중요하지만 시급하지는 않은 일을 미루고 싶을 때도 인스타그램에 빠져든다. 남편은 휴대전화로 게임을 한다. 그런 모습을 볼 때마다 나는 남편에게 지적을 한다. 그러면 남편은 자기가 게임을 하고 있는 줄도 몰랐다고 대답한다. 솔직히 말하자면 나 역시 내가 인스타그램을 훑어본다는 사실을 의식하지 못했다. 우리 둘 다 게으름을 피우며 무의식적으로 화면을 들여다보는 일에 정말 많은 시간을 쓴다.

누구나 이와 비슷한 자기만의 습관을 가지고 있다. 우리는 별생각 없이 충동적으로 그런 행동을 한다. 그 자체가 문제는 아니다. 우리가 이따금 달콤한 간식을 찾는 것처럼, 불안과 스트레스에서 우리의 뇌를 해방시키는 활동은 재충전에 도움이 된다.[14] 그러나 '이따금'이 습관으로 굳어지면 이런 활동은 건전한 휴식이 아니라 '시간을 잡아먹는 하마'가 된다. 그렇게 되면 사람들과의 연계가 단절되고 더 좋은 시간 풍요 활동은 가로막힌다.[15]

나쁜 습관을 물리치는 방법 중 하나는 '왜'라는 질문을 던지는 것이다. '내가 왜 이걸 하고 있지?'

의식적으로 질문을 던져라. 소리 내어 혼잣말을 해보는 것도 좋다. 다른 질문들도 던져보라. '내가 달성하려는 목표가 뭐지?' '이것이 정말로 하루를 가치 있게 만들어주는 일인가?' 더 중요한 질문이 있다. '내가 조금 더 보람 있는 일에 이 시간을 사용할 수는 없을까?'

답변은 최대한 솔직하게 해야 한다. 당신 자신과 당신의 시간을 비판적으로 바라보라. 그리고 미래를 생각하라. 설령 어떤 활동이 지금 당장은 당신을 행복하게 만들어준다 해도 혹시 미래의 시간을 앞당겨 쓰고 있는 것은 아닌가? 지금 빈둥거리기 때문에 나중에 더 큰 스트레스를 받지 않겠는가? 그런 활동은 설탕과 비슷하다고 생각하면 된다. '지금 당장은 굉장히 맛있지만, 만약 매일 초콜릿을 먹는다면 나중에는 불행한 결과가 나타나겠지. 위장병과 충치가 생기고 체중이 2킬로그램쯤 불어날 거야.'

만약 당신이 진짜로 불안과 스트레스에서 벗어나고 있다거나 그 활동에서 진정한 기쁨을 얻고 있다는 답변이 나온다면? 그러면 그 활동을 조금 더 해보라. 게임을 더 해서 레벨을 높이거나 인터넷에 올라온 친구 아기의 귀여운 모습을 감상하라. 지금의 활동을 얼마나 지속한 뒤 다른 활동으로 넘어가면 좋을지 미리 적어놓는 것도 도움이 된다. '왜'를 기록하는 방법은 다음과 같다.

> **언제**: 화요일 오전 9시 45분
>
> **무엇을 했나**: 인스타그램 훑어보기
>
> **왜**: 오전 10시에 스트레스를 주는 회의가 있어서. 그 회의 생각에서 잠시 벗어나고 싶었다.
>
> **얼마나 더 할 것인가**: 5분 이내. 그러고 나서는 회의를 준비한다.

종종 당신이 지금 하고 있는 활동을 왜 하는지 생각해보고 싶어진다면, 그것은 마음속 깊은 곳에서 당신의 시간이 현명하게 사용되고 있지 않다는 것을 직관적으로 알고 있기 때문이다. 어쩌면 당신은 가장 좋아하는 TV 드라마를 보다가 자동으로 다음 편이 나오기 때문에 무심코 다음 편까지 보고 있을지도 모른다. 혹은 무의미한 유튜브 동영상의 늪에 빠져 계속 클릭을 하고 있거나, 개들의 머리와 새들의 몸뚱이 사진이 실린 웹사이트를 계속 스크롤하며 보고 있을지도 모른다(실제로 그런 웹사이트가 있다).

만약 '왜' 질문에 대한 당신의 답변이 "그냥 시간을 때우고 있다"거나 "별다른 이유는 없다"라면, 혹은 "잘 모르겠다"라는 답변이 나온다면, 지금 하고 있는 활동을 당장 멈춰라. 그 활동을 기록하고 '제거 목록'에 추가하라.

시간이 흐르면 이 목록은 당신이 무심코 빠져들기 쉬운 시간 빈곤 활동들을 가려내는 데 도움이 된다. 그리고 당신이 그 행동에 빠져드는 이유에 대한 실마리를 제공할지도 모른다. 다음은 내 친구가 작성한 제거 목록의 일부분이다.

제거 목록
- 회의 직전에 하는 모바일 게임
- 점심식사 전후의 웹서핑
- 아침에 음악 스트리밍 서비스 목록 살펴보기

내 친구는 '왜' 질문들을 통해 자신이 어떤 활동으로 시간을 때우는지 알아봤다. 그러자 뚜렷한 패턴이 나타났다. 그는 일정 전과 후에 생기는 짧은 시간들을 별생각 없이 사용하고 있었다. 이런 경우에는 시간을 더 잘 활용할 수 있는 활동을 추가하면 좋다. 내 친구는 '대체 목록'을 만들어 다음과 같은 활동을 추가했다.

대체 목록

- 회의 직전에 하는 모바일 게임 → 동료와의 수다로 대체
- 점심식사 전과 후의 웹서핑 → 점심식사 전에는 산책 15분, 점심식사 후에는 아무것도 하지 않기
- 아침에 음악 스트리밍 서비스의 재생 목록 살펴보기 → 일찍 출근하기로 대체. 음악 재생 목록은 앱의 자동 선택 기능을 이용한다.

당신이 왜 별생각 없이 이런저런 활동을 하는지, 언제 그런 활동을 하는지를 알게 되면 당신은 그 시간을 더 행복한 시간으로 바꿀 수 있다. 만약 당신이 피곤해질 때마다 시간을 멍하니 흘러보낸다면 그 시간에 낮잠을 자보라. 만약 스트레스 때문에 무의미한 활동을 하고 있다면 일정표를 짤 때 그 시간을 생산적이고 즐거운 활동으로 계획하라. 당신이 외로워서 그런 거라면 수동적으로 페이스북을 들여다보는 활동(역설적으로 페이스북을 보면 볼수록 우리의 고독감은 커진다) 대신 친구나 가족에게 문자를 보내고 전화를 하고 찾아가서 만나라.[16]

마지막으로 제거 목록과 대체 목록을 만들 때는 인간관계와 업무에 대한 당신의 성향과 일치하는 방식으로 활동을 더하거나 빼야 한다. 당연한 이야기지만 외향적인 사람들은 친교활동(예. 외식)에 시간을 더 많이 써야 행복해지는 반면 내향적인

사람들은 혼자 사색하는 활동(예. 독서, 일기 쓰기)에 투입하는 시간을 늘릴 때 행복해진다.[17]

전략 2: 게으른 시간 계획하기

시간 발견하기와 조달하기를 처음 시작하는 사람들은 나쁜 시간을 좋은 시간으로 대체하고 싶은 열정이 큰 나머지 일정표를 시간 풍요 활동으로 빡빡하게 채우는 경향이 있다.

A 유형(1959년 미국의 심장 전문의 마이어 프리드먼과 레이 로젠먼이 발견한 성격 유형 분류법에 따르면 A 유형은 경쟁적이고 성취 지향적이며 B 유형은 느긋한 편이고 자율을 중시한다—옮긴이) 친구들 중 하나인 코니는 행복을 과학적으로 설명하는 이론을 알고 나서부터 자신의 여가시간을 한순간도 놓치지 않도록 꼼꼼하게 계획하기 시작했다. 그녀는 토요일 오전 6시 반에 일어나서 새로운 요리를 하고, 오븐에서 간식이 만들어지는 동안 나가서 조깅을 하고, 친구를 초대해 함께 식사를 하고 나서는 시내 곳곳을 다니며 산책, 봉사활동, 독서, 팟캐스트 듣기로 가득 찬 일정을 소화했다. 그녀의 소셜미디어 포스트를 보기만 해도 나는 기운이 빠졌다.

나는 능동적이고 즐거운 방식으로 시간을 보내는 것을 지지

하는 사람이지만, 토요일 오전에도 바쁘게 돌아다닐 만큼 많은 활동을 추가하라고 충고할 마음은 없다. 사실 우리에게 사적인(그리고 공적인) 약속이 연달아 있을 때는 그 약속 하나하나가 덜 즐거워진다.[18] 약속들은 의무로 느껴지기 시작하고, 우리가 그 일정에 맞추려고 애쓰는 동안 스트레스는 커진다. 때로는 달력에 오락 활동을 써넣기만 해도 그 활동의 재미가 반감된다.[19] 우리는 이웃들과 맥주 한잔을 즐기는 대신 그들의 이야기를 건성으로 들으면서 다음 약속에 늦지 않으려면 시간 맞춰 일어나야 한다는 걱정을 한다. 우리는 우리 자신을 현재에서 끌어내 미래로 밀어 넣는다. 다음번 일에 대한 걱정이 우리의 시간을 훔쳐 가기 시작한다.[20]

이러한 부작용을 막기 위한 방법 중 하나는 '게으른 시간slack time'을 허용하거나 아예 계획하는 것이다. 게으른 시간이란 약속과 약속 사이에 남게 되는 여분의 시간이다. 우리는 이 시간을 완충용이나 여유시간으로 사용할 수 있다. 어떤 연구자들은 '대충 계획 짜기'를 권장한다. 예컨대 친구들과 만날 때 저녁 7시에 만나자고 하지 말고 '퇴근 후에' 만나자고 약속하는 것이다. 정원 손질을 '8시부터 10시까지'가 아니라 '일요일 오전 중에' 한다고 계획하는 것이다.

게으른 시간은 모든 계획을 완수해야 한다는 스트레스를 없애주고 즉흥성을 허용한다. 이 즉흥성은 우리에게 매우 중요하다. 지나치게 효율성만 추구하다가는 부정적인 결과가 생기기 때문이다. 대화가 지나치게 효율적일 때 대화의 즐거움은 사라진다.[21] 그리고 효율을 우선순위에 둘 때 우리는 '느슨한 인맥weak tie'을 만들 기회를 놓치기 쉽다. 느슨한 인맥이란 우리에게 창의적인 아이디어를 주거나 새로운 기회를 제공할 수도 있는 사람들을 가리킨다.[22]

나와 인터뷰를 했던 마이클은 업무 스트레스가 많아서 압박을 줄이기 위해 며칠 유급휴가를 신청했다. 그리고 그는 유급휴가 기간 동안 평소의 패턴에서 벗어나봤다. 업무 관련 통화라든가 보고서 작성 시간을 일과에 끼워 넣으려고 애쓰지 않았고, 장보기와 같은 일상적인 활동을 효율적으로 하려고 애쓰지도 않았다. 대신 시간을 여유롭게 사용하려고 노력했다. 유급휴가 기간 중 하루는 가볍게 장을 보다가(그는 원래 장보기를 좋아한다) 슈퍼마켓에서 동네 사람을 만나 수다를 떠는 시간 풍요 활동을 했다. 그 사람과 이야기를 나누던 중 그는 자신에게 딱 맞을 것 같은 새로운 업무를 맡을 기회를 포착했다. 만약 마이클이 평소와 똑같이 극도의 효율을 추구하면서 서둘러 장보기를 끝내려고 했다면 그 대화는 없었을 것이다. 마이클은 자신이 게으른 시간을 활용하고 즐긴 덕분에 기막힌 행운을 얻었다고 말한다.

전략 3: 일정에 대한 사고방식 2가지

계획 대충 짜기가 모두에게 적합한 방법은 아니다. 나처럼 생각이 많은 사람들은 "퇴근 후에 만나자"라는 소리를 들으면 불안 수치가 상승한다. '무슨 약속이 그렇게 두루뭉술해?!' 그렇다면 아예 퇴근 후에 친구들과 어울리지 말아야 할까? 솔직히 말하면 그렇다. 친구들을 안 만나도 괜찮을지도 모른다. 대충 계획된 약속을 놓칠 때 우리가 받는 스트레스는 일정이 빡빡한 계획을 완벽하게 지키려고 애쓰는 스트레스보다 덜하다. 설령 당신이 "다음 주에 보자"처럼 애매한 약속을 용납할 수 없는 사람일지라도, 일과 앞뒤로 여분의 시간을 배치할 수는 있다. 만약 일이 오후 3시에 끝나는데 친구들을 만나기로 한 시간이 3시 30분이라면 만남을 4시 30분으로 계획하고 그 사이에는 아무런 계획을 넣지 말라.

그래도 게으른 시간을 얼마나 계획해야 할지 모르겠다면 당신의 '일정 사고방식'을 활용하라. 일정에 관해 사고하는 방식은 두 가지가 있다.(이 장의 마지막에 나오는 실천 과제를 통해 당신의 일정 사고방식을 확인할 수 있다.)

1. 시계 시간 유형
2. 활동 시간 유형

시계 시간 유형은 지금이 몇 시인가를 기준으로 일정을 파악한다. 즉 이들에게는 시계가 중요하다.[23] 이들은 단순히 '그만두는 것이 좋겠다'는 이유만으로 지금 하는 활동을 중단하지 않는다. 1시 30분이 됐고 이제 다른 일을 할 시간이기 때문에 업무를 전환한다. 이들은 규칙적인 일과표를 따르고 업무와 여가의 목표도 시간을 기준으로 세운다(나는 매일 새벽 5시부터 6시까지 운동을 할 거야). 이들은 전화통화와 저녁식사 약속도 상세하게 계획한다(8시 15분에 예약을 해놓았지. 7시 40분에 바에서 만나서 가볍게 한잔해야겠다).

반면 활동 시간 유형은 행사활동에 맞춰 일정을 결정한다. 이들도 회의 일정을 잡지만 끝나는 시각은 구체적으로 정해놓지 않는다. 회의는 사전에 세운 계획과 무관하게 15분 동안 진행될 수도 있고 90분 동안 진행될 수도 있다. 활동 시간 유형은 1시 30분에 당신에게 전화하겠다고 말하지 않는다. 그들은 "내가 점심 먹고 나서 전화할게"라고 이야기한다. 이들은 예약에도 신경을 쓰지 않는다. 그냥 "토요일 저녁에 만나서 식사하자"라든가 "업무가 끝나면 회사에서 집까지 걸어가자"라고 말한다.

대다수 사람들은 두 가지 유형을 오갈 수 있다. 이것은 다행한 일이다. 그게 안 된다면 모든 일터가 폭발할 테니까.[24] 하지만 모든 사람은 기본적으로 둘 중 하나로 기울어지고, 둘 중 어느 쪽이냐에 따라 사적인 계획을 짤 때 자신이 가진 시간과 자신의 시간 풍요를 계산하는 방법도 달라진다.[25]

자신의 일정 사고방식에 부합하도록 일과를 짜면 당신은 심적으로 더 편안해지고 계획을 실행에 옮기기도 쉬워진다. 시계 시간 유형인 마리아가 여가시간을 어떻게 계획하는지 들어보자.

> 저는 여가시간을 최대한 행복하게 보내기 위해 스스로 여가를 미리 계획하고 일일이 기록해요. 첫째 아들이 태어난 14년 전부터 시작해서 지금까지 쭉 그렇게 하고 있어요. 여가를 미리 계획하지 않는다는 것은 상상할 수도 없지요. 내 시간을 꼼꼼하게 챙긴 덕분에 가족과 오붓한 저녁식사를 할 수 있었고 TV 앞에서 빈둥거리는 시간은 줄어들었어요. 우리는 TV를 보는 대신(TV가 없어요) 그림 그리기와 공예 활동을 해요. 시간 기록을 명확히 파악한 덕분에 멍하니 시간을 흘려보낼 일이 없답니다.

당신이 시계 시간 유형이라면 마리아의 말에 십분 공감할 것이다. 당신은 정해진 테두리 안에서 가장 큰 행복을 느낄 것이고 하루 일과 안에 시간 풍요 활동을 계획할 것이다. 게으른 시간도 미리 계획하면 된다. (앞에서도 말했지만 무리한 계획은 금물이다.)

하지만 활동 시간 유형인 사람들에게 마리아의 시계 기준 접근법은 형용모순에 가깝게 받아들여진다(여가를 계획한다고?). 활동 시간 유형인 트로이가 여가를 어떤 식으로 계획하는지 들어보자.

저는 시간을 '책임감 있게' 쓰기 위해, 또는 '낭비를 줄이기' 위해 강제적으로 제 시간을 제한하고 싶지는 않았습니다. 그래서 죄책감이나 스트레스에 시달리지 않으면서 제가 시간을 어떻게 사용하는지를 알아봤어요. 놀랍게도 휴대전화를 만지작거리는 시간과 TV 시청하는 시간을 줄였더니 일주일에 5시간 가까이 확보되던데요. 종이에 써가며 계획을 세우지는 않았지만 한 달에 20시간을 절약한 셈입니다. 제가 자각만 하고 있어도 쉽고 자연스러운 방법으로 시간 낭비를 억제할 수 있더군요. 그렇게 해서 아낀 시간은 저에게 중요한 일에 썼어요. 저의 목표, 우리 가족의 목표, 그리고 제 인생 전반의 행복을 위해서요. 그 20시간을 합쳤더니 오토바이 타는 법을 배울 시간이 생겼습니다. 오래전부터 오토바이 타는 법을 배우고 싶었지만 저에게는 그럴 시간이 없다고만 생각했거든요. 시간을 효율적으로 쓴다는 것은 매주 시간을 절약하고, 하기 싫은 일에 시간을 쓰는 것에 대한 스트레스를 덜 받으며 더 행복해지는 것이라고 생각합니다.

시간 풍요에 대한 접근법에는 우열이 없다. 당신에게 잘 맞는 방법이 좋은 것이다. 세밀하게 잘 짠 계획을 실행에 옮기되, 그 계획은 시계 기준이어도 좋고 활동 기준이어도 좋다. 당신 자신을 잘 파악한 다음 당신에게 맞는 접근법을 계획해보라(대충 스케치만 해도 좋다).

전략 4: 시간에 라벨 붙이기

의도적인 행동이란 우리가 시간을 어떻게 사용하고 있는지 생각하고 시간을 긍정적으로 사용하려고 노력하는 것이다. 제거 목록과 대체 목록도 의도적인 행동이다. 이 책을 읽기로 한 것도 의도적인 행동이다.

의도는 우리의 시간을 빼앗아가는 일상적인 행동과 연계될 때 강한 힘을 발휘한다. 예컨대 당신이 독서를 더 많이 즐기기를 원한다면 '오디오북을 듣는다'와 같이 명확한 의도를 가지고 행동하라. 지금까지 당신은 이런 식으로 시간 풍요 활동을 하려는 의도를 가지고 시간 발견하기를 시도했고, 시간 빈곤 활동을 다른 활동으로 대체했다. 만약 당신이 책을 한 권 쓰고 싶다면 '일주일에 3일은 점심시간에 나 혼자 식사를 하면서 글

쓰기에 전념한다'는 식으로 의도를 분명히 하라. 목표를 달성할 확률을 높이기 위해 도시락통에 스마일 스티커를 붙여놓는 등의 재미있는 기억 장치도 마련하면 좋다.[26] 의도적인 행동을 당신이 날마다 수행해야만 하는 과업(예. 장보기, 통근, 식사)에 연계하는 것도 괜찮은 방법이다. 점심식사를 하려고 자리에 앉을 때마다 당신은 '오늘 책을 써야 한다'는 사실을 떠올릴 테니까.

주초에 의도와 목표를 기록해놓고 한 주를 마무리하는 시점에 점검하는 것도 좋은 방법이다. 만약 목표를 달성하지 못했다면 그 이유를 기록하라. 당신이 시계 시간 유형이라면 일요일에 1시간을 따로 내서 당신이 하려는 활동을 기록하고 계획한다. 그리고 다음 주 토요일에 1시간 동안 계획 실행 여부를 점검한다. 만약 당신이 활동 시간 유형이라면 당신은 일요일 오후 중에 시간을 내서 다음 일주일 동안 달성하기를 원하는 도전적인 목표를 생각해보고 대강의 계획을 잡아라. 그리고 나서 다음 주 토요일 오전에 당신이 그 목표들을 달성했는지 여부를 점검하라.[27]

만약 당신이 2장에서 소개한 전략들(시간 발견하기, 시간 조달하기, 시간의 틀 바꾸기) 가운데 어느 것도 실행하지 못하고 있다면 지금까지 왜 실행하지 못했는지를 생각해보라. 때때로 우리는 외부의 제약 때문에 시간 사용 목표를 달성하지 못한다. 상사가 일을 더 많이 시켰을 수도 있고, 아버지의 컴퓨터를 고쳐야 했을 수도 있다. 하지만 그런 경우가 아니고 그저 우리가 의도한 대로 행동하지 않았을지도 모른다. 우리는 운동하기로 계획해놓고서도 때때로 운동을 빼먹지 않는가? 만약 당신이 의도대로 사용하지 못했다면 이제는 목표를 끝까지 수행할 동기를 얻기 위해 행동주의적 전략을 써보는 것도 좋다.

보상과 처벌의 시간이 왔다.

전략 5: 보상과 처벌의 시간

시간 처방이 잘 지켜지고 있다면 당신 자신에게 줄 보상을 계획하라. 극단적인 예를 하나 들자면 어떤 기업에서는 '주 4일 근무'라는 새로운 제도를 도입해서 월요일부터 목요일까지 업무를 완수한 직원에게는 금요일 하루를 선물로 준다. 급여를 다 받으면서 일을 하루 쉰다는 것은 당연히 동기부여에 효과적이다. 대개의 경우 우리는 우리 자신에게 하루를 통째로 선사할 형편은 못 된다. 만약 당신이 시간을 잘 활용해서 목표를 달성했다면 이번 주말에 30분 더 자거나 고급와인을 마시는 것이 보상이 될 수도 있다.[28]

시간 목표를 달성해서 당신 자신에게 보상하기를 원한다면 보상에 관해 몇 가지를 알아둘 필요가 있다. 첫째, 우리는 실질적인 돈을 받는 것이 아니라 해도 노력을 통해 얻어낸 보상에는 가치를 부여하는 경향이 있다.[29] 예컨대 운동 앱에서 하루 운동 목표치를 달성했을 때 받는 배지는 금전적 가치가 전혀 없는데도 다소 효과가 있는 것으로 입증됐다.

고정적인 보상(예. 운동 목표치 달성 시 가는 식당이 매주 같다)은 시간이 흐르면 동기부여 효과가 약해진다. 그래서 예측하기 어려운 보상을 고르는 것이 낫다. 보상의 효과를 높이는 방법 중 하나는 친구에게 당신의 보상을 맡기는 것이다. 보상은 그 친구와 함께하는 저녁식사일지도 모른다(그러면 당신은 시간을 잘 사용하는 것이 된다!). 아니면 복권과 비슷한 보상을 만들어낼 수도 있다. 동전 던지기를 통해 확률이 50 대 50인 보상을 받도록 하라. 맛있는 커피가 한 잔이 될 수도 있고 두 잔이 될 수도 있다. 연구 결과에 따르면 보상의 크기가 작을지 클지 불확실할 때 개개인의 열의가 더 높아진다.[30]

좋은 행동에 보상을 주는 것보다 훨씬 강력한 동기부여 장치는 나쁜 행동을 하면 보상을 빼앗는 것이다. 큰 것이 아니라도 뭔가를 잃는다는 것은 뭔가를 얻는 것보다 우리의 행동에 끼치는 영향이 크다. 한 연구에서는 사람들에게 30달러를 딸 기회를 주었을 때보다 30달러를 먼저 주고 그것을 잃을 수도 있다고 했을 때 사람들이 속임수를 더 많이 쓴다는 사실을 발견했다.[31] 즉 무엇을 잃을 수도 있다고 생각하면 무엇을 얻을 거라고 예상할 때보다 반칙할 확률이 높아진다.

정말로 진심으로 시간 사용 패턴을 변화시키고 싶다면, 당신이 실패할 때 상당한 비용을 치르도록 하는 전략을 써보라.[32] 요즘에는 흔한 벌칙(예. 저녁식사 후에 디저트를 못 먹는다)을 넘어 당신 자신을 아주 창의적으로 처벌하는 기술이 있다. 비마인더Beeminder라는 앱은 당신이 목표를 달성하지 못할 때마다 당신의 신용카드에서 5달러를 빼간다. 포레스트Forest라는 앱은 당신에게 애니메이션으로 만든 아름다운 나무 한 그루를 키우도록 한다. 당신이 시간 사용 목표를 달성하면 나무는 아름답게 자라나지만, 목표를 달성하지 못하면 나무가 서서히 시들어가다 죽는 모습을 보여준다. 스틱KstickK라는 앱은 당신이 스스로 설정한 목표를 달성하지 못하면 벌칙을 수행하도록 한다. 예를 들면 당신이 제일 싫어하는 정치인에게 기부하게 만든다(이것은 매우 효과적인 방법일 것 같다).[33]

처벌과 보상은 공개적으로 이뤄질 수도 있다. 자신과의 약속을 잘 지키기 위해 소셜미디어에 실천 현황을 공개할 수도 있다. 목표를 공개적으로 선언하는 것은 공개 망신을 당하는 것과 마찬가지로 동기부여에 도움이 된다. 사람들과 어울리고 싶은 욕구와 같은 사회적 동기를 잘 활용하면 행동의 지속 가능한 변화를 이끌어내는 데 도움이 된다. 지속 가능한 변화,

우리가 추구하는 목표가 바로 그것이다.

전략 6: 'NO'라는 기본값

스스로 절제하고 의지력을 발휘하는 것은 어려운 일이다(그리고 이것은 상당 부분 과대평가된 측면이 있다). 시간 풍요를 더 확고하게 실천하려면 시간 풍요로 이어지는 행동을 기본값으로 잘 설정해야 한다. 그러면 당신이 시간 풍요를 선택하는 것이 아니라 시간 풍요가 기본값이 된다. 즉 당신의 결정이 시간 풍요 환경에서 이루어진다.

스마트 기기는 무음으로 설정하라

알림을 끌 수 없는 앱은 삭제하라. 스마트 기기를 무음으로 설정하고 3시간에 한 번, 또는 당신이 짬을 낼 수 있을 때 당신에게 적합한 간격으로 알림을 확인하는 것을 원칙으로 삼아라. (운동과 비슷하게 생각하라. 처음에는 30분으로 시작해서 45분으로 늘리고, 나중에는 1시간으로 늘리는 식이다.)

이 전략을 공격적으로 실행하라. 우리에게 정기적으로 이메일을 보내는 웹사이트의 구독을 해지하라. 뉴스레터처럼 정기적으로 날아오는 메시지들은 별도의 폴더에 모았다가 나중에 읽어라. 중요한 알림을 놓쳐도 아무 일 없다는 사실을 알아차리고 놀랄지도 모른다. 내 동료 데이비스는 휴대전화에서 이메일 프로그램을 아예 삭제했다. 처음에는 중요한 메시지를 놓칠까 봐 초조했지만 곧 마음이 편해졌다고 한다.

마침내 로그인을 해서 이메일을 확인했더니 중요한 내용은 별로 없었어요. 깜짝 놀랐지요. 휴대전화로 이메일을 확인하지 않았던 지난 6개월 동안, 제 전화기에 이메일 앱이 없다고 해서 중요한 것을 놓친다고 느낀 적은 없었어요. 정말 중요한 메시지라면 누군가가 다른 방법으로 저에게 연락을 취한다는 것도 깨달았고요. 주머니 속에서 시시때때로 진동을 느끼지 않아도 된다는 것이 참 좋아요.

데이비스는 간단한 계산을 해봤다. 대학 강사인 그는 학기 중에만 하루 200통 정도의 이메일을 받는다. 원래는 휴대전화가 진동할 때마다 메일을 확인하기도 했다. 적게는 하루에 40번 정도였으니, 어림잡아 평균 10초 동안 방해를 받는다고 하면 하루에 7분 정도, 일주일이면 35분을 빼앗겼다. 1년이면 약 29시간에 달한다. 이메일만 계산한 결과가 이렇다. 그 이후로 그는 트위터, 인스타그램, 판타지 축구게임, 뉴스 사이트의 알림마저 엄격하게 차단했다(페이스북은 아예 끊었다). 그는 앱과 이메일 알림의 기본 설정을 '받지 않음'으로 바꿈으로써 1년 간 일주일 치 업무 시간에 달하는 시간을 되찾았다고 말한다.

다행히도 첨단기술 전문가들은 그들이 만든 소프트웨어가 시간과 에너지를 빼앗아간다는 사실을 알고 있다. 그래서 시간 풍요 기본값을 만들어주는 기술도 시장에서 거래된다. '프리덤 Freedom'이라는 적절한 이름이 붙은 앱은 사용자들이 소셜미디어 플랫폼이나 온라인 게임처럼 주의를 산만하게 하는 앱을 열거나 그런 웹사이트에 접속하는 것을 자동으로 차단한다. '랜섬리Ransomly'라는 이름의 앱은 어떤 공간(예. 부엌)의 기본적인 환경을 변경한다. 사용자가 그 방에 가까이 가면 자동으로 모든 전자 장치가 꺼지는 방식으로 전화와 스크린이 없는 환경을 만든다. 시간 부스러기를 만드는 첨단기술과 전쟁을 벌일 때 우리의 가장 강력한 무기는 다름 아닌 첨단기술인지도 모르겠다.

사생활의 기본값을 조정하라

일이 생길 때마다 무조건 뛰어들고 싶지는 않은 활동이 있다면, 그런 활동에 대해서는 일련의 규칙이 필요하다. 당신이 미리 계획하지 않은 활동에는 기본값을 '아니요'로 설정하라. 특히 다른 누군가를 위해(또는 불분명한 이익을 위해) 당신의 시간을 포기하라는 요청에는 거절을 기본값으로 하라. 예컨대 직장에서 부차적인 프로젝트를 하나 더 맡으라고 한다면 받아들이지 말라. 업무와 관련된 출장에는 한도를 정해두라(예. 3개월에 1회). 앞에서 설명한 대로 당신이 더 행복한 시간을 보내기 위해서라면 직장에서 승진을 포기할 수도 있다는 것을 기억하라. 사적인 시간도 마찬가지다. 미리 계획한 친교 목적의 만남이 일정한 횟수에 도달하고 나면 기본값을 '아니요'로 하라.

'아니요 기본값default no'은 시간 풍요를 얻기 위한 전쟁에서 강력한 무기가 되지만 대부분의 사람들은 그 무기를 잘 사용하지 못한다. 거절에도 연습이 필요하다. 거절을 쉽게 하는 하나의 전략은 '나의 기본값은 아니요'라고 공개적으로 선언하는 것이다. 내 동료 중 몇몇은 이메일을 받을 때마다 "이메일을 보내주셔서 감사합니다. 저는 매일 오전 8시 30분에만 이메일을 확인하는 것을 원칙으로 하고 있습니다"라는 답장이 자동 발송되도록 설정해놓았다. 기업들도 직원들의 시간 풍요에 기여할 수 있다. 직원들에게 '항상 연락이 닿지 않아도 괜찮다'는 신호를 보내라. 예컨대 직원들에게 사내 전산망이나 업무용 메신저에 '방해하지 마세요'라고 표시할 권리를 허용하면 좋다.

전략 7: 가짜 긴급사태 의식하기

우리는 면접 준비와 같은 어렵고 중요한 활동을 미루고 있을

때 이메일 답신과 같은 덜 중요하고 단순한 활동에 시간을 허비하곤 한다.[34]

그런 경험은 누구에게나 있다. 직장에서 중요한 마감을 앞두고 정신없이 바쁜데도 우리는 '받은편지함'의 숫자를 0으로 만들곤 한다. 또 바쁘다고 느끼거나 시간 스트레스를 받을 때는 지금 당장 일들을 처리해야 할 것 같은 압박을 느낀다. 안타깝게도 이럴 때 지금 처리하려는 업무의 중요성을 꼼꼼하게 따져보는 능력이 감퇴한다. 그 결과 우리는 어떤 일이 중요한지 아닌지를 따져보지 않고 그 일이 급한지 아닌지만 생각한다. 이런 행동을 '가짜 긴급사태' 효과라 부른다. 다음 쪽에 있는 〈그림 3-1〉의 표를 보면 이해가 쉽다. 〈그림 3-1〉은 가짜 긴급사태의 덫과 그런 사태에 대처하는 방법을 요약해서 보여준다.

가짜 긴급사태 효과를 피하기 위해 제일 먼저 해야 할 일은 당신이 하는 모든 활동(2장에서 이미 기록했을 것이다)을 이 좌표에 넣어보는 것이다. 특히 나중에 생각해보니 가짜 긴급사태였거나 중요하지 않다고 판단된 업무들을 자세히 기록하라. 그리고 앞으로는 그런 일들이 생길 때 되도록 달려들지 말라.

당신은 패턴을 발견할지도 모른다. 마감 날이 가까워지면 회피 메커니즘에 의존해 가짜 긴급사태인 일들을 하진 않는가? 피곤할 때 가짜 긴급사태 함정에 빠지는가? 누군가 당신에게는 중요하지 않고 본인에게만 급한 일을 수시로 부탁하는가?

〈그림 3-1〉

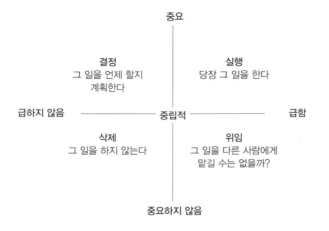

앞서가는 시간을 계획하라

앞서가는 시간Proactive time(한 동료는 이것을 '사전 시간pro-time'이라고 부른다. 짧아서 좋으니 우리도 이 표현을 사용하자)은 중요하지만 시급하지는 않은 일(또는 여가활동)을 위해 남겨두는 시간이다. 다시 말하면 〈그림 3-1〉의 좌측 상단에 위치한 활동에 사용하는 시간이다.[35]

일반적으로는 가짜 긴급사태들이 사전 시간을 많이 잡아먹는다. 중요하기도 하고 급하기도 한 문제들은 보통 신속하게 처리된다. 중요하지 않고 급하지도 않은 일들은 무시해도 된다(1장과 2장의 상당 부분을 할애해 그런 일들을 무시하는 요령을 소개했다).

가짜 긴급사태 때문에 우리는 중요한 일(예. 이력서 정리, 프로젝트 제안서 작성하기, 엄마에게 전화하기)을 미루게 된다. 시계 시간 유형에 가까운 사람들은 사전 시간으로 1시간을 따로 빼놓는 것이 좋다. 활동 시간 유형인 사람들은 하루 중 예측 가능한 시간대(예. 늦은 오후)에 그 중요한 일의 처리 계획을 세워놓으면 좋다.

기한이 얼마 남지 않은 중요한 일들을 좌표에 배치하라. 업무와 관련해서는 당신이 꼭 해야만 하는 일들을 기록하고, 사생활과 관련해서는 당신이 하고 싶은 일들을 기록하라. 그러고 나서 2주 동안 매일 사전 시간을 계획표에 넣고 그 시간 동안 처리할 일들을 배정하라.

사전 시간은 방해를 받지 않아야 한다. 이 점이 매우 중요하다. 당신이 중요한 일을 하고 있는데 급하긴 하지만 중요하지 않은 일로 연락이 오면 방해를 받는다. 긴급이라는 상인들이 툭 튀어나와서 당신에게 갑작스러운 요구를 하지 못하도록 사전 시간에는 모든 방해 요소를 꺼버리고 일정표도 가려놓아라. 이 시간만큼은 중요한 일에만 집중하라.

마케팅 회사에서 선임 기획자로 일하는 펠리시아는 이 전략을 실행한다. 그녀는 매주 목요일 아침에 주간 계획을 세운다.

이 시간에 그녀는 '중요하지만 급하지 않은 일들' 목록에 있는 일을 하나씩하나씩 다음 주의 사전 시간 구역으로 옮긴다. 일주일을 마칠 때마다 펠리시아는 목록에 있던 일들을 성공적으로 완수했다는 기록을 남긴다.

이 전략은 펠리시아 한 사람만이 아니라 다른 광고기획자들에게도 효과가 있었다. 우리가 최근에 컴퓨터 엔지니어들을 대상으로 수행한 연구에 따르면, 직원들 가운데 무작위로 선택된 일부에게 자기 자신을 위한 사전 시간을 계획하도록 했더니 그들은 시간에 대한 통제력이 커지고 시간 관리를 더 잘하게 됐다는 느낌을 받았다. 또한 스트레스를 적게 받았고 생산성이 높아졌다고 답했다. 직장에 대한 만족도가 높아지면서 회사에도 긍정적인 영향이 있었다. 사전 시간을 계획에 포함하라는 지시를 받은 사람들 중 84퍼센트는 그 제도를 회사 전체로 확대해야 한다고 답했다.

가짜 긴급사태를 피하는 비결은 시간을 철저히 지키는 것이다. 계획된 시간을 놓치지 말고, 당신이 완수한 일들은 기록을 남겨라. 만약 당신이 예상치 못한 일에 시간을 써버려서 몇 시간을 잃었다면 최대한 빠르게 보충하라. 당신이 사전 시간을 엄수하는지 아닌지 아는 사람이 당신 자신밖에 없더라도 끈덕지게 실행하라. 사전 시간을 준수하는 것을 성실성의 문제로 여겨라. 요령을 피우기는 쉽지만 그러지 말자. 속임수를 쓰다

가는 1장의 출발점으로 돌아갈 수도 있다. 할 일은 너무 많고 그 일들을 할 시간은 부족한 상태 말이다.

전략 8: 순간의 가치에 집중하라

여가시간을 더 확보하는 것이 전부가 아니다. 당신이 정성껏 마련한 여가시간을 즐기는 노력도 최대한 기울여야 한다.

미겔과 그의 아내 알레한드라는 마침내 아이들을 대학에 보내고 나서 그들이 꿈꾸던 여행을 떠나기로 했다. 3주 동안 이탈리아 중부와 남부를 여행했다. 여행 경비는 꽤 많이 들었다. 그들은 비용을 선불로 처리했기 때문에 그 사실을 의식하고 있었다.

여행은 완벽하게 흘러가지 않았다. 그들이 지불한 돈을 생각하면 실망스러운 여행이었다. 미겔이 심장 발작을 일으키는 바람에 바티칸 관광을 놓쳤고, 경치 좋은 아말피 해안을 여행하는 동안에는 이틀 내내 비가 내렸다. 알레한드라와 미겔은 애초에 왜 이 여행을 하기로 했는지를 두고 크게 싸워서, 한번은 미겔이 제일 빠른 비행기를 타고 집으로 돌아가겠다고 엄포를 놓기도 했다.

미국으로 돌아온 미겔과 알레한드라는 여행지에서 찍은 사진을 봤다. 사진 속에는 베네치아에서 오징어 먹물 파스타를 먹는 모습과 푸른 바다를 옆에 끼고 해변을 거니는 모습, 투스카니에서 올리브 오일을 맛보는 두 사람이 있었다. 그들이 여행 중에 느꼈던 스트레스는 그 사진들 속에 없었다. 여행하면서 놓치고 아쉬워했던 몇 가지 기회들도 돌이켜보면 사소한 일이었다. 그들은 여행을 다녀오길 잘했다고 생각했다. 지금 그들이 후회하는 단 한 가지는 여행 내내 비용을 들인 만큼 얻는 것이 있는지를 계산하느라 시간을 너무 많이 써버렸다는 것이다.

당신에게도 비슷한 경험이 있을지도 모른다. 이것은 드문 일이 아니다. 한 연구에 따르면 우리가 여가시간의 금전적 가치를 생각할수록 그 여가의 즐거움은 감소한다. 그 여가의 경험을 우리가 기대하는 어떤 가치 또는 이상과 끊임없이 비교하게 되기 때문이다.[36] 이런 현상은 우리 주변의 다양한 활동에서 발견된다. 우리가 아침에 자연 속을 산책하면서 남은 거리를 재면 우리는 풍경을 덜 즐기게 된다. 우리가 달리기를 하면서 소모하는 칼로리를 계산한다면 그저 기분이 좋아지기 위해 달릴 때만큼의 기쁨을 얻지 못한다. 책을 읽으면서 쪽수를 확인하기 시작하면 우리는 독서 목표치를 달성했는지 걱정하느라 이야기의 흐름을 놓친다.[37] 여가활동을 '측량'하거나 여가시간의 비용을 돈으로 환산하기 시작할 때 우리는 미겔과 알레한드라 부부와 같은 상황에 부닥친다. 우리는 시간의 효율성에 지나치게 집착하면서 시간을 음미하는 대신 여가시간에서 우리가 쓴 돈만큼의 가치를 얻어내야 한다고 걱정한다.

우리의 일정표에 있는 활동들을 충분히 즐기기 위해서는 우리가 하고 있는 활동의 가치를 돈과 분리해서 생각해야 한다. 그리고 그 일의 가치를 명시적으로 측량하는 계산법도 잊어야 한다. '돈을 들인 만큼 만족감을 줄 것인가?'라는 생각에서 벗어나 지금 이 순간에 집중하라. 어떤 이유로든 우리가 현재의 여가시간을 즐기지 못하게 되면 여가의 가치는 떨어지고 나중에 그 활동을 또 하고 싶은 마음도 사라진다.[38]

간단히 말하자면 여행의 비용이 얼마인지, 청소 서비스에 돈을 투자할 가치가 있었는지를 아예 생각하지 말라는 것이다. 그 대신 친구나 가족과 함께 보내는 시간이 얼마나 좋은가를 생각하라. 아니면 애인과 함께 담요를 둘둘 만 채로 영화 한 편을 즐겨서 얼마나 좋았는가를 생각하라.

시간에 지치지 않기 위해

지금까지 소개한 전략들은 시간 풍요를 달성하기 위한 중요한 토대이다. 이 전략들을 사용하면 시간을 더 많이 발견하고 그 시간을 더 많이 즐기게 될 것이다.

　물론 쉽지만은 않다. 돈보다 시간을 우선시하기 위해 지속적으로 노력하는 사람인 나도 격렬한 전투를 거쳤다. 나는 길을 건너면서(위험하게도), 식당에서 밥을 먹으면서, 그리고 케냐산의 정상(해발 4,500미터)에서 스마트폰으로 업무를 보거나 업무상 필요한 전화를 받다가 들킨 적이 있다. 가장 친한 친구의 결혼식 날에도 90분 동안 일했다. 그리고 일이 바빠서 가까운 친척 두 명의 장례식에도 참석하지 못했다.

　시간 풍요를 개척하려면 당신은 내가 그런 상황에서 하지 못했던 일을 해내야 한다. 당신 자신에게 떳떳한 선택을 하는 것이다. 당신은 이 장을 끝까지 읽고 나서도, 아니 상당히 빡빡한 시간 풍요 전략을 세워놓고 나서도 지름길로 가기를 원할 것이다. 그게 사람의 본성이다. 우리는 끊임없이 자기를 합리화한다. 우리는 온갖 '창의적인' 방법으로 자신이 저지른 나쁜 행동을 변명한다. '오늘은 특별한 날이니까 해야 할 일을 다 처리하지 않아도 되겠지.' '사실 나는 줄을 서는 것이나 출근하는 것이 싫지 않아. 생각보다 괜찮은데 뭘.' 어떤 사람은 자신이 집에 있는 동안 다른 사람에게 집 청소를 맡기는 것이 어색하다고 나에게 말했다. 그와 배우자는 둘 다 청소를 정말 싫어하고, 돈을 주고 청소를 맡길 정도의 충분한 경제적 여유가 있고, 집을 비운 동안 청소 서비스를 받을 수 있는 여건이었는데도 그랬다. 25세 전문직 종사자로서 시간 압박에 시달리던 어떤 사람은 삶을 편하게 해주는 서비스에 돈을 쓴 적이 한 번도 없었지만 새 청바지 한 벌에 100달러를 아무렇지도 않게 썼다. 또한 한 달에 200달러씩 내고 헬스클럽 회원권을 구입했다고 나에게 털어놓았다. 그는 그 회원권을 사용하지도 않았다.

'이번 한 번만'이라는 자기기만의 한계비용은 아주 낮아서 유혹을 느끼기 쉽다. 특히 이런 식의 합리화는 우리가 시간 압박을 많이 느끼지 않는 느긋한 시간에 이뤄진다.[39] 토요일 아침에 소파에 편안히 앉아 있을 때는 나중에 집 안 청소를 할 시간이 없을 거라는 생각 따위는 무시해버리기가 쉽다. 하지만 우리의 일정표는 다른 이야기를 하고 있다. 저녁 시간에 친구들을 만나 수다를 떨다가 출퇴근 시간이 화제에 오를 때는 꽉 막힌 도로에서 시간을 보내는 일이 그리 고통스럽지 않다고 느껴진다. 그러나 우리가 집을 청소해야 할 때라든가 차를 몰고 출근해야 할 때가 되면 고통이 우리를 습격한다. 이런 고통은 우리의 행복과 건강을 심각하게 훼손한다.

시간 활용에 긍정적인 변화를 일으키고 있는 사람들조차도 너무 일찍 자축하면서 오래된 습관으로 돌아가려는 유혹을 느낀다. '이제 나는 시간과 돈의 거래에 대해 알게 됐으니까, 내가 시간을 어떻게 쓰는지를 계속 추적할 필요는 없을 거야.'

'이번 가족 여행 중에 휴대전화로 이메일 몇 통만 확인해야지. 그런다고 여행을 망칠 리는 없잖아.' 우리는 건강한 식사를 하려고 노력하다가도 며칠이 지나면 우리 자신에게 특별한 음식을 한번 대접할 자격이 있다고 생각한다.[40] 그래서 햄버거를 먹고 밀크셰이크를 마신다. 내친김에 감자튀김도 주문한다. 한 번 변명을 하면 다음에도 변명할 가능성이 커지고, 그러다 보면 나쁜 습관이 되살아난다.

・ ・ ・

이 장에서는 시간 빈곤에서 탈출하고 시간 풍요와 행복한 삶을 누리는 데 필요한 전략을 설명하기 위해 시간 사용 습관을 운동과 건강한 식사에 빗대어 표현했다. 이 비유는 거의 완벽하게 들어맞지만, 조금 어긋나는 부분이 하나 있다.

기쁘게도 시간 풍요를 위한 처방을 잘 따르면 당신 자신도 알고 남들도 알 수 있는 결과가 나온다. 운동을 하면 당신의 몸매가 좋아지고 친구들도 긍정적인 변화를 알아차린다. 시간의 경우에는 변화를 금방 알아차리기가 어렵다. 그래도 변화는 나타난다. 나는 그런 변화를 여러 번 목격했다. 당신은 더 자주 미소 짓고 깔깔 웃게 되며, 너구리처럼 퀭한 눈으로 지내는 날이 줄어들 것이다. 애인과 동료와 자녀와의 다툼도 줄어든다.

그리고 매사에 시간 풍요 결정을 내리는 습관을 들인다면 당신 자신의 눈이나 남들의 눈에 어떻게 보이든 간에 스스로 그 변화를 느낄 거라고 장담한다.[41]

내일을 위한 '시간 이정표' 기록하기

똑똑한 시간 활용을 위한 체크리스트

똑똑하게 시간을 활용하는 습관을 들이기 위한 8가지 전략을 다시 한번 정리해보자.

1. **작은 '왜'라는 질문을 던져라.** 자유시간의 작은 토막들을 무심코 의미 없는 활동으로 허비하고 있다면, 왜 이 활동을 하고 있는지 묻고 대답하라. 그 활동이 정말로 즐거운가? 아니면 다른 어떤 일을 미루려고 하는 것인가?

2. **'게으른 시간'을 계획하라.** 이 책을 읽고 나서 지나친 열정으로 모든 여가시간을 계획으로 채우지는 말라. 아무것도 하지 않는 순간을 없애버리면 안 된다. 연구에 따르면 지나치게 빡빡하게 계획된 여가는 일처럼 느껴지기 때문에 역효과가 날 수 있다. 여가활동과 회의 사이에는 반드시 게으른 시간을 허용하거나 계획하라.

3. **일정에 관한 당신의 사고방식을 파악하라.** 사람들은 일반적으로 시간에 관해 생각할 때 시계를 기준으로 하거나

("오후 1시부터 2시 15분까지"와 같이 매우 구체적으로 시간을 정해둔다) 활동을 기준으로 생각한다("오후에"와 같이 대략적이고 일반적인 범위를 정해둔다). 당신의 일정 사고 유형을 알아두면(실천 과제의 뒷부분 질문지 참조) 시간 풍요를 증진하고 즐거움을 극대화하는 계획 수립이 가능하다.

4. **시간에 의도를 가지고 행동하라.** 새로운 목표를 달성하려면 실행에 도움이 되는 전략을 세워야 한다. 의도를 구체화하라. 당신이 누구와 함께, 무엇을, 어디서, 언제, 어떻게 시간 풍요를 증진하려고 하는지 생각해보고 당신의 의도를 기록으로 남겨라.

5. **보상과 처벌을 도입하라.** 목표를 실행할 때는 당신 자신에게 스스로 보상을 주고 목표를 달성하지 못할 때는 자신을 처벌하라. 고정적인 보상보다 예측불가능한 보상이 동기부여 효과가 크다. 또한 이익보다 손실에 더 민감하게 반응한다는 사실을 기억하라. 가장 중요한 목표를 달성하지 못하면 처벌을 가하겠다고 스스로를 위협하라.

6. **'아니요'를 기본값으로 설정하라.** 스마트 기기가 수시로 알림을 보내거나 방해하지 못하도록 설정함으로써 시간을 똑똑하게 활용하기 쉬운 환경을 만들어라. 그리고 '아날로그' 방식으로도 시간을 똑똑하게 사용하는 기본값을 정할 수 있다. 예컨대 1년 동안 당신이 수락하는 출장의

횟수 상한선을 미리 정해놓아라.

7. **가짜 긴급사태에 끌려다니지 말라.** 급하기만 한 일과 중요한 일의 차이를 인식하라. 급하기만 한 일보다 중요한 일에 집중하라.

8. **순간의 가치에 집중하라.** 여가활동에 투자한 돈만큼의 가치를 얻어내고 있는지를 따지기보다 여가의 순간들을 즐기는 데 초점을 맞춰라.

일정에 관한 사고 유형을 파악하라

사람들이 시간에 관해 생각하는 방법에는 두 가지가 있다. 하나는 시계 시간 유형이고 다른 하나는 활동 시간 유형이다. 둘 중 어느 하나가 우월한 것은 아니지만, 당신이 어떤 유형인지를 알아두면 시간 사용 계획을 수립하는 데 도움이 된다. 당신이 시계 유형인지 활동 유형인지를 알아보기 위해 다음의 설문에 1(전혀 아니다)부터 7(절대적으로 그렇다)까지의 점수로 답해보라.

질문	점수
1. 주어진 시간 동안 하나 이상의 일을 완수할 수 있는 경우 나는 지금 하고 있는 일의 완성도에 만족하고 나서야 다음 일로 넘어간다.	_____
2. 보통 나는 하루 동안(또는 일주일 동안) 할 일들을 시급한 순서대로 정리한다.	_____

3. 나는 한 가지 일을 잘 끝내는 데만 집중하고 얼마나 오래 걸리는지는 신경 쓰지 않는다. _____

4. 나는 먼저 하던 활동을 끝내고 나서야 다음 활동으로 넘어간다. _____

5. 나는 몇 시인지를 보고 정해진 시간이 되면 다음 활동으로 넘어간다. 지금 하는 활동을 다 끝내지 못하더라도 일단 넘어간다. _____

6. 시간 제한이 없는 일을 할 때 나는 시계를 보면서 속도를 조절한다. _____

7. 하나의 업무가 여러 부분으로 나뉠 때 나는 우선 부분에 투입할 시간의 양을 정해놓는다. _____

8. 나는 어떤 업무를 수행하기 위해 계획표를 만들면 그 계획표대로 실천하는 편이다. _____

9. 한 번에 여러 가지 일을 처리해야 할 때 나는 보통 몇 시인지를 기준으로 다음 일로 넘어간다. _____

10. 어떤 일을 완수해야 하는 경우 나는 마감 시한을 기준으로 그 일의 시작 시점을 결정한다. _____

11. 어떤 일을 완수해야 하는 경우 나는 나에게 그럴 만한 시간이 있다고 느낄 때 그 일을 시작한다. _____

시계 시간 항목: 5, 6, 7, 8, 9, 10 _____

활동 시간 항목: 1, 2, 3, 4, 11 _____

시계 시간 항목 점수와 활동 시간 항목 점수가 각각 몇 점인가에 따라 당신이 어떤 성향이고 그 성향에 얼마나 기울어져 있는가를 판단해볼 수 있다. 두 항목의 점수가 엇비슷하다면, 당신이 언제 시계 시간 유형처럼 행동하고 언제 활동 시간 유형처럼 행동하는지를 떠올려보라. 그리고 직장에서와 직장 밖에서 당신의 시간을 더 똑똑하게 꾸릴 여지가 있는지 곰곰이 생각해보라.

작은 '왜'에 대답하라

아래의 실천과제를 활용해 당신이 어떤 활동을 하는지 알아보고 당신의 시간 활용에 관해 자신과 솔직한 대화를 나눠보라. 당신 자신과 시간 활용뿐 아니라 미래에 관해서도 비판적으로 생각해보라. 설령 어떤 활동이 지금 당장은 당신을 행복하게 해줄지라도 지금 그 활동 때문에 나중에 더 큰 스트레스를 받을 것 같다면 당신은 미래의 시간을 당겨쓰고 있는 셈이다. 마지막으로 어떤 활동이 당신에게 의미가 없다는 생각이 들면 그 활동을 '제거 목록'에 넣는 것을 고려하고, 그 활동을 대체할 수 있는 시간 풍요 활동들로 '대체 목록'을 만들어보라.

언제(내가 그 활동을 의식한 시간)

———————————————————————

무엇(어떤 활동인가)

———————————————————————

왜(나는 왜 이 활동을 하고 있는가)

———————————————————————

계속할 것인가?(예/아니요, 만약 '예'라면 얼마나 더 할 것인가?)

———————————————————————

무엇으로 대체할 것인가?(새로운 활동)

———————————————————————

목적의식을 가져라

당신의 하루를 시간 풍요 활동으로 채우기 위해 스스로에게 과제를 부여하라. 하루 동안 시간을 똑똑하게 보내기 위한 계획을 세우면서 그 목적을 계속 상기하는 것이다. 2주마다 일정한 시간을 따로 빼서(시계 시간 유형은 구체적인 시간을 정하고, 활동 시간 유형인 사람들은 시간의 범위만 정해놓는다) 시간 활용을 개선하는데 도움이 될 활동들을 일정표에 삽입하라. 다음번에 점검할 때는 당신이 원했던 일을 할 수 있었는지 여부를 기록하라. 만약 그 일을 못 했다면 왜 못 했는지도 기록하라. 어떤 활동을 계획해놓고 끝까지 해내지 못했다면 그 활동을 하지 못한 원인을 파악하고 다음번에 그 활동들을 끝까지 해내기 위한 방법도 고민하라.

시간 계획하기

_____

계획한 활동의 개수

_____

실행한 활동의 개수

_____

계획해놓고 하지 않은 활동은? 왜 하지 않았는가?

_____

제대로 실천하기 위한 방법

_____

시간 풍요 활동	시간 풍요 활동
활동 1	활동 2
이 활동을 언제까지 끝낼 것인가	이 활동을 언제까지 끝낼 것인가
이 활동을 어떻게 완수할 것인가	이 활동을 어떻게 완수할 것인가
누구와 함께 실행할 것인가	누구와 함께 실행할 것인가
내가 사용한 전략	내가 사용한 전략

시간 풍요 활동	시간 풍요 활동
활동 3	활동 4
이 활동을 언제까지 끝낼 것인가	이 활동을 언제까지 끝낼 것인가
이 활동을 어떻게 완수할 것인가	이 활동을 어떻게 완수할 것인가
누구와 함께 실행할 것인가	누구와 함께 실행할 것인가
내가 사용한 전략	내가 사용한 전략

이렇게 생각하며 살라.
그대는 지금이라도 곧 인생을 하직하지 않으면 안 되는 것이라고.
이렇게 생각하며 살라.
당신에게 남겨져 있는 시간은 생각지 않은 선물이라고.

- 마르쿠스 아우렐리우스

4장

인생의 중요한 결정을
내려야 할 때

당신은 매일 시간 사용에 관한 결정을 100번도 넘게 한다. 당신은 지금 전화기를 내려놓을 수도 있고, 점심식사로 무엇을 먹을지에 대해 집착하지 않을 수도 있고, 회의를 취소할 수도 있고, 강변을 산책할 수도 있다. 당신은 친구에게 전화를 걸 수도 있고, TV를 끌 수도 있고, 운동을 할 수도 있고, 이메일을 닫아버리고 팟캐스트를 들을 수도 있다. 지금까지 이 책에서는 이런 순간들과 행동에 초점을 맞췄다.

하지만 지금 당신의 어떤 행동은 예전에 당신이 내린 다양한 결정의 결과물이다. 오래전에 당신이 장기적인 안목에서 내린 결정이 똑똑한 시간 사용을 방해하고 있을지도 모른다. 직업 선택은 시간 빈곤 활동을 강요하는 일련의 행동을 선택한 것이라고도 볼 수 있다. 어디에 살고 누구와 함께 살지에 관한 결정은 그 계약 기간 동안 당신의 시간 풍요에 영향을 끼친다. 자녀가 생기면 당신은 반드시 정해진 양의 시간을 내놓아야 한다. 자녀 양육에 더 많은 시간을 쓰게 될 텐데 어디서 시간을 발견해야 할까?

시간에 관해 현명한 선택을 하는 습관만큼이나 중요한 것은 인생의 계획과 큰 결정이 시간 풍요에 끼치는 영향을 생각하는 것이다. 우리는 5년 후, 10년 후를 내다보면서 인생의 중요한 결정들이 당신의 시간 선택에 영향을 끼칠 수 있다는 것을 고려해야 한다.

이 장의 목표는 당신의 삶을 완전히 뒤집어놓는 것도 아니고 당신이 과거에 했던 중요한 결정들을 뒤집는 것도 아니다. 얼마 전에 마련한 집 한 채를 시간 풍요를 위해 곧바로 팔아버리라고 말하는 것이 아니다. 이 장에서 인생의 중요한 결정과 장기적인 시간 계획의 관계를 알아보고, 중요한 결정의 순간이 또다시 찾아올 때 그 결정을 현명한 시간 사용의 틀에 넣으면 된다.

직업 선택하기

노동시장에 진입하는 순간부터 우리의 개인적인 시간은 줄어든다. 직업 선택, 특히 첫 번째 직업에 관한 결정을 하고 나면 우리는 스스로를 시간 빈곤으로 몰아넣는 일련의 행동을 하게 된다. 직업 선택은 우리의 삶 전체의 경로를 결정하고 시간 풍요를 좌우한다.[1]

테드는 전일제로 일하는 사람들이 평생 한 번은 마주치는 삶의 중요한 결정을 앞두고 있었다. 진로를 바꿔야 할까? 테드는 대학 졸업 후 5년 동안 영업관리 업무를 수행했다. 그에게는 아내와 네 살짜리 딸이 있었고 주택담보대출을 받았으며 그밖에도 돈이 나갈 일이 많았다. 수입이 줄어들면 생활비를 감당하기가 어려울 터였다. 그러나 그는 자신의 일이 늪 같다는 느낌을 받았다. "빠져나오려고 발버둥칠수록 더 깊이 빠져들었어요." 그는 일자리가 있다는 것에 감사했지만 한편으로는 매출을 늘려야 한다는 압박과 계속되는 스트레스로 매우 괴로웠다. 2년 후면 더 중요한 자리로 올라갈 예정이었다. 진로를 바꿀 경우 수입이 줄어든다는 사실을 알고 있었지만, 그는 행복을 위해 자신이 더 즐겁게 일할 수 있는 회계 분야 같은 곳으로 옮기고 싶었다.

당신은 테드의 고민을 이해할 것이다. 더 큰 행복을 위해 급여가 낮은 자리로 옮기느냐, 현재의 자리에 머무르느냐. 현재의 자리에서 승진을 하려면 많은 시간을 빼앗기고 훨씬 더 큰 스트레스를 받을 것이다.

인생의 시기마다 우리의 우선순위는 달라진다. 그리고 시간 풍요도 시기별로 크게 달라진다. 어쩌면 상당한 액수의 대출이나 모기지를 상환해야 하는 입장이라서 좋아하지 않는 일을 선택해야겠다고 판단할지도 모른다. 시간을 희생하고 행복을 희생하더라도 돈을 더 벌어야 하는 것이다. 이것은 우리가 시간 빈곤 결정을 내리는 이유 중 하나다. 그밖에 여러 이유가 있지만 당신은 시간 빈곤으로 이끈 선택의 결과를 알고 있어야 한다. 그래야 자신의 결정이 삶에 어떤 영향을 끼칠지를 명확하게 판단할 수 있다. 우리의 연구에 따르면 젊은 사람들은 가장 높은 급여를 주는 직업을 택할 가능성이 압도적으로 높았다. 그러나 그들이 더 행복하다는 보장은 없었다.[2]

최근에 나는 동료들과 함께 1,000명이 넘는 대학 졸업생들을 대상으로 추적 연구를 수행했다. 우리는 머리말에서 당신에게 알려준 것과 똑같은 테일러-모건 유형 테스트를 통해 대상자들이 시간과 돈 중에 무엇을 우선시하는지를 알아냈다. 또 그들에게 삶에 대한 만족도와 일상적인 행복도에 관한 질문을 던졌다. 그리고 나서 2년 후 그들의 행복도를 다시 조사했다.

2년 후에 살펴보니 시간을 우선시했던 학생들이 돈을 우선시했던 학생들보다 더 행복한 것을 알 수 있었다. 우리가 연구를 시작한 시점에 학생들이 답한 행복도를 기준으로 비교했는데도 그런 결과를 얻었다. 그러면 돈보다 시간을 가치 있게 생각했던 학생들이 더 행복한 이유는 무엇일까? 졸업 후 이 학생들은 각기 다른 이유로 첫 직장을 결정했다. 직장생활에 뛰어들기로 했든 대학원에 진학하기로 했든 간에 시간을 우선시한 학생들은 자신이 "해야만 하는 일을 하고 있다"고 답한 비율보다 자신이 "원했던 일을 한다"고 답한 비율이 높았다.

게다가 시간을 우선시하는 학생들은 일을 적게 해서 행복하다거나 비록 돈을 덜 벌지만 행복하다고 답하지 않았다. 시간을 귀중하게 여긴다고 답한 사람들의 다수는 주 60시간 일하는 고소득자였다. 그러나 그들은 시간 중심적 관점에 부합하는 직업을 선택했기 때문에 장기적으로 보면 의미 있는 직업도 가지고 친구, 가족, 취미활동을 위한 시간도 낼 수 있을 것이다.[3]

이것은 의미심장한 발견이다. 대다수 사람들은 직업을 선택할 때 연봉과 사회적 지위처럼 수량화하기 쉬운 지표에 지나치게 신경을 쓰는 반면 우리가 그 일을 하면서 보낼 시간의 가치는 따지지 않는다. 또한 퇴근 이후의 시간에 대한 결정권을 우리가 충분히 가질 수 있는지도 고려하지 않는다. 그 이유 중 하나는 아주 많은 재산을 축적해야 삶의 질이 높아진다고 생각하기 때문이다.[4]

부에 관한 착각은 일에 대한 보상으로도 확장된다. 사람들은 급여, 보험, 퇴직금과 같은 현금성 혜택이 직업에 대한 만족도를 결정한다고 믿는다. 돈의 가치를 과대평가하는 것이다.[5]

또한 사람들은 유연근무 또는 짧은 통근시간 같은 시간 풍요 조건들의 가치를 과소평가한다. 우리의 분석에 따르면 급여 인상보다는 사회적 경험이나 유급휴가와 같은 비현금성 혜택이 직업 만족도에 큰 영향을 끼친다. 다른 조건이 모두 같다면 연봉 4만 8,000달러를 받는 사람의 입장에서는 육아휴직, 유연근무제, 병가와 같은 시간 중심적 혜택들이 연봉 3만 8,000달러 인상보다 직업 만족도에 크게 기여한다. 생각해보라. 시간 중심적 혜택의 총합이 직업 만족도에 끼치는 영향은 연봉 79퍼센트 인상의 효과와 동일했다. 이러한 결과는 소득, 연령, 성별, 교육, 업종, 기업 규모, 고용 형태, 기업 순이익 등의 다른 조건에서도 동일하게 나타났다.[6]

내 연구에서 시간을 우선시했던 학생들은 돈을 우선시했던 학생들과 다른 직업을 선택했다. 시간을 우선시하는 학생들은 대학원에 진학하는 비율이 높았고, 반대로 돈을 우선시하는 학생들은 전일제로 일하거나 경영학 학위에 도전하는 비율이 높았다. 그리고 그들이 '어떤' 진로를 선택했는지보다 그들이 '왜' 그런 진로를 선택했는지가 행복에 더 큰 영향을 끼쳤다. 그 학생들의 부모가 가진 재산은 변수가 되지 못했다. 따라서 단순히 경제적 여유가 있어서 시간을 우선시한다는 가설은 기각됐다.

한 가지 유념할 것은 이 연구는 캐나다에서 실시했다는 것이다. 캐나다 대학생들은 미국 대학생들보다 빚을 적게 지고 졸업한다. 젊은 취업자들이 대출의 부담에 짓눌리는 나라에서는 이처럼 선명한 결과가 나오지 않을 수도 있다. 그런 나라에서 사는 사람들에게 시간 풍요 결정을 내리지 말라는 이야기가 아니다. 그런 나라에서는 정부와 기업이 더 많은 일을 해야 한다. 캐나다 말고 다른 나라에서도 사람들이 돈보다 시간을 고려해서 진로를 선택하는 분위기가 되기를 바란다. 적어도 2년 후에 그들 대부분이 더 행복하고 생산성 높고 충실한 피고용인이 될 것이다. 이 내용은 5장에서 다시 이야기하겠다.

직업 선택과 시간 풍요의 관계는 첫 직장이 아닐 때도 유효할 것이다. 중년이 되면 우리는 담보 대출, 자녀 교육비 등 삶에 필요하다고 여겨지는 것들의 비용을 대기 위해 돈에 집착하기가 쉽다. 그럴 때 우리는 틀에 박힌 일을 하면서 제자리를 맴도는 느낌을 받는다. 중년 이후에 도시로 이사해서 급여는 낮지만 유연한 직장을 구하기는 어려울지도 모른다. 하지만 돈을 우선시하는 결정들이 항상 우리의 행복을 높여주지는 않는다는 사실 정도는 알아두자. 그리고 '그래. 하루에 4시간을 출퇴근에 써야 하지만 연봉이 3만 6,000달러 늘어나니까 좋아'라는 생각이 들 때면 시간이 돈보다 가치 있을지도 모른다는 사실을 상기하자.

앞에서 소개한 테드는 스트레스가 심한 직장에 남아 있기로 마음먹었다. 2년 후 그는 소득이 늘어났지만 이혼을 해서 불행한 상태로 혼자 살고 있었다. 직업 선택을 앞두고 있을 때라든가 인생의 분기점을 맞이했을 때, 당신이 시간을 더 확보하는 대신 돈을 더 버는 쪽을 선택한다면 평생 동안 놓치게 될지도 모르는 행복을 따져봐야 한다.

거주지 결정하기

출퇴근은 정말 괴롭다. 그리고 상황은 점점 나빠지고 있다. 미국의 평균 통근시간은 편도 26분으로, 1980년대보다 20퍼센트나 증가했다. 어떤 대도시 통근자들은 한 번 출근할 때 90분 이상을 소모한다.[7] 2장에서 확인해봤듯이 통근시간이 긴 사람들은 1년에 몇 주에 해당하는 시간을 도로에 갇혀 심한 스트레스를 받으며 보낸다. 연구 프로젝트에 참가한 어떤 사람은 이렇게 불평했다. "내가 제일 싫어하는 일 중 하나가 출퇴근입니다. 날마다 출근하고 퇴근하는 시간이 무섭기까지 해요. 매일 아침, 그리고 매일 저녁, 내가 질 것이 뻔한 전쟁터에 나가기 위해 마음을 다잡아야 해요."[8]

출퇴근은 집과 일터 사이의 공간과 시간이다.[9] 일반적으로 통근 여건이 나쁜 것은 직장에 대한 욕구와 집에 대한 욕구가 불일치하기 때문이다. 우리는 경제활동의 중심지에 위치한 좋은 일자리를 원한다. 그리고 보통 큰 집을 원하는데 대개 그런 집들은 좋은 직장에서 멀리 떨어져 있어서 차를 타고 다녀야 한다.[10]

앞에서 이야기한 대로, 우리는 연봉이 높은 일자리를 원하며 연봉과 보너스가 행복에 미치는 영향을 과대평가한다.[11] 또한 사회적 지위에 대한 집착과 물질주의 때문에 직장에서 더 멀리 떨어진 넓은 집에 살고 싶은 욕구를 느낀다.[12] 다시 말해 우리는 가정과 일 사이를 오가느라 잃어버리는 시간의 가치를 과소평가한다.

역설적이게도 우리는 우리가 감당할 수 있는 가격을 기준으로 특정한 형태의 집에 대한 욕구를 가진다. 그런 집을 소유하기 위해 아주 많은 시간을(그리고 행복을) 출퇴근길에 지불하기도 한다. 그리고 우리 대부분은 어디에 살지를 정할 때 그 집에서 지낼 삶의 모습이 아니라 집의 이런저런 특징에 초점을 맞춘다.[13]

직장과 멀리 떨어진 곳에 살면 돈을 더 버는 경우도 종종 있다. 하지만 이 진부한 명제도 금전 중심적인 시각을 보여줄 뿐이다. 사실은 돈을 더 버는 대신 시간을 잃어버리게 된다.

당신이 이런 결정을 내려야 하는 입장이라면 그 결정을 '집의 특징과 시간의 상충관계'라는 틀로 바꿔보라. 예를 들어보자. 당신이 교외로 이사하면 250제곱미터 면적에 방이 다섯 개나 있고 넓은 마당과 차고가 딸린 집을 40만 달러에 구입할 수 있다. 통근시간은 편도 75분이다. 아니면 당신은 130제곱미터 면적의 방 세 개짜리 아파트로 이사할 수도 있다. 이 집에는 진입용 도로가 있지만 차고는 없고, 뒷마당은 없지만 집에서 걸어갈 만한 거리에 공원이 하나 있다. 이 집의 가격은 40만 달러로 첫 번째 집과 동일하다. 통근시간은 자동차 또는 자전거로 10분 정도다.

도시로 이사하면 똑같은 돈을 내지만 방 두 개, 마당, 차고를 포기해야 한다. 하지만 연간 22일(500시간 이상)을 출퇴근이 아닌 다른 일에 사용할 수 있게 된다. 당신이 새 집에서 5년 이상 살 계획이라고 가정하자. 그렇다면 주택 구입을 고민할 때 어느 집에 방이 더 많은가가 아니라 방 두 개, 마당, 차고가 향후 5년 동안 당신이 출퇴근으로 잃게 될 110일과 같은 가치가 있는지를 계산해봐야 한다. 당신은 방 두 개, 마당, 차고를 얻기 위해 60개월 중 3개월(당신이 가진 시간의 5퍼센트)을 포기하겠는가? 아니 지불하겠는가?

흔히 사람들은 긴 출퇴근 시간과 이별할 '황금의 시기'가 오기를 간절히 기다린다. 하지만 이 사례를 보더라도 그렇고 나의 연구 결과를 보더라도 우리는 지금 당장 긴 통근시간과 결별하고 직장과 더 가까운 집을 찾거나 집 근처에서 일할 수는 없는지 진지하게 생각해봐야 한다. 만약 당장 이사할 수 없는 형편이라면 가능할 때만이라도 재택근무를 하라. 하루에 다 합쳐서 1시간 정도를 출퇴근에 쓰는 평균적인 근로자의 경우 일주일에 하루만 재택근무를 하더라도 1년이면 2일을 돌려받는 셈이다.

주거지를 선택할 때 단순히 면적과 마당만 고려할 수 없다는 것쯤은 나도 안다. 주거지는 인생의 중대한 결정이고 학교, 가족, 배우자의 직업, 그리고 우리가 원하는 주변 환경이 모두 이 결정에 중요한 역할을 한다. 나는 직장과 더 가까운 곳에 있는 작은 집을 산다거나, 급여는 낮지만 집과 가까운 곳에 위치한 직장을 선택하는 것이 항상 옳은 결정이라고 주장하려는 것은 아니다.

내 의도는 당신에게 이 어려운 문제를 '가격'과 '성능'의 관점에서 벗어나 다르게 생각할 힘을 주는 것이다. 가격과 성능보다는 시간 중심적 관점에서 당신의 선택을 바라보라. 만약 당신이 주거지를 바꿔 삶의 질을 높일 수 없는 처지라면 2장에서 소개한 전략들을 활용해 통근시간을 더 유쾌하게 만들어보라. 당신이 좋아하는 팟캐스트를 듣거나, 명상을 하거나, 그날 하루의 계획을 세워보라. 아니면 일주일에 하루나 이틀은 돈을 지불하고 차량공유 서비스를 이용하라.

그러면 인생의 다음 장으로 넘어갈 때 어디에 살지, 어디에서 일할지에 관해 조금 다르게 생각하고 행복지수와 시간 풍요를 높이는 다른 결정을 내릴 수 있을지도 모른다.

운 좋은 사람들의 특징

이 책에는 당신이 채택할 수 있는 긍정적인 시간 활용 전략이 다양하게 실려 있다. 당신은 이미 삶에 시간 풍요 활동을 열정적으로 녹여 넣기 시작했는지도 모른다. 매주 목요일 오후 4시에 산책한다. 매주 토요일 오전 11시에 양아버지에게 전화를 건다. 매주 금요일은 공유차량으로 출근하면서 팟캐스트를 듣는다. 만약 당신이 A 유형 성격이라면 이미 시간 풍요를 증진하는 활동으로 일정표를 가득 채워놓았을지도 모른다(2장에서 내가 조언한 대로 언제나 게으른 시간을 남겨놓으면서).

아주 좋다! 계속 실천하라! 그러나(세상 모든 일에는 '그러나'가 있는 법이다) 주 단위, 월 단위, 1년 단위로 시간 풍요 활동들을 계획하려면 다른 전략도 필요하다. 시간 풍요 활동의 효과가 지속되기 위해서는 다양성과 즉흥성도 필요하다는 점을 고려해야 한다.[14]

새로운 활동의 기쁨은 생각보다 빨리 사라진다.[15] 다이어트의 비유로 돌아가보자. 매일 아침 6시에 단백질셰이크 한 잔을 마시고 오후 1시에 시금치 샐러드를 먹는 다이어트를 한다면? 그것도 하루도 빠짐없이? 그런 다이어트는 오래 지속하기가 어렵다.

다양성이 필요한 이유

하루의 모든 시간, 일주일 동안의 모든 시간을 비슷비슷한 활동이 아니라 다양한 활동을 하며 보내면 스트레스를 덜 받고 생산성이 높아져서 더 행복해진다. 반대로 한 가지 일을 반복하거나 너무 오랫동안 한다면(친교 모임처럼 긍정적인 일이라도) 스트레스를 받기 시작한다. 한 통계에 따르면 하루에 3시간 이상을 다른 사람들과 함께 보내는 사람은 그렇지 않은 사람들보다 스트레스가 높고 행복도가 낮다.[16]

한 연구에서 연구자들이 하루 내내 사람들에게 문자메시지를 보내서 지금 무슨 일을 하고 있으며 얼마나 행복한가를 물었다. 그 문자메시지에 자신이 지금 다른 사람과 같이 있다는 답장을 60퍼센트 이상 보낸 사람들은 스트레스 수치가 높고 행복도가 낮았다. 그들이 다른 사람과 함께 있어서 기뻤는지 아닌지는 중요하지 않았다. 외향적인 성격을 가진 사람들도 다른 사람들과 떨어져 휴식하는 시간은 필요하다.[17]

이 연구 결과는 충분히 납득할 만하다. 좋은 것도 너무 많으면 그 효과가 줄어드는 법이다.[18] 그 좋은 것의 가치를 인식하기 위해서는 세심하게 계획한 활동과 떨어져 보내는 시간이 필요하다. 만약 모든 1분 1초를 시간 행복도를 극대화하기 위해 사용한다면 그중 어떤 시간도 의미 추구나 생계유지에 기여하지 못할 것이다.

삶 속에 시간을 풍요롭게 만드는 활동을 집어넣는 것은 좋은 일이다. 다만 활동을 다양하게 채우고, 그것들이 고정된 일과로 변하지 않도록 하라. 3장에서 설명한 대로 즉흥성을 허용하는 것도 좋다. 계획에 너무 집착하면 스스로 행운을 창조할 기회를 놓칠 수도 있다. 하트퍼드셔 대학교 심리학 교수인 리처드 와이즈먼Richard Wiseman은 운 좋은 사람들과 운 나쁜 사람들의 중요한 차이점 중 하나로 열린 사고방식을 꼽는다. 운 좋은 사람들은 고정적인 일과에서 기꺼이 일탈하며 열린 사고방식을 유지한다는 것이다.[19]

한 실험에서 와이즈먼은 참가자들에게 사진이 많이 실린 신문을 한 장씩 넘기면서 사진의 개수를 세보라고 요청했다. 신문의 3면에는 다음과 같은 광고가 실려 있었다. "숫자를 그만 세시오. 이 신문에 실린 사진은 모두 43장입니다." 몇 장을 더 넘기면 또 하나의 커다란 광고가 있었다. "숫자를 그만 세시오. 실험 진행자에게 이 광고를 봤다고 말하고 235달러를 받으세요." 운 좋은 사람들, 그러니까 아무 생각 없이 사진 찾는 데만 열중하지 않고, 광고를 보고 사진 세기를 중단한 사람들은 돈을 받아갈 확률이 높았다. 그들은 더 유연하고 열린 마음으로 과제에 접근했기 때문이다.[20] 와이즈먼은 이를 다음과 같이 설명했다. "운 좋은 사람들은 다른 방법을 시도해봅니다. 운 나쁜 사람들은 끝까지 아무런 시도를 하지 않은 채 모든 길을 갑니다. 그러고 나면 세상은 이미 바뀌어 있지요." 이 연구가 강조하는 것처럼 당신의 삶에 각본에서 벗어날 시간을 남겨둘 때 이익을 얻을 가능성이 높아진다.

당신의 시간을 요구하라

만약 일정표를 너무 빡빡하게 짜놓고 예측 가능한 시간 활용에만 집착한다면 우리의 일과 삶을 변화시키는 데 필요한 우연을 놓칠 수도 있다. 즉흥적인 대화, 예상치 못한 만남, 충동적으로 오후 반차 내기. 이것은 모두 가치 있는 일이지만 날마다 할 수 있는 일은 아니다. 인맥을 만들 수 있는 모든 기회와 모든 요청에 '예'라고 대답할 수는 없다. 모든 요청을 받아들인다면 우리의 하루는 그때그때 생기는 일들로 정신없이 흘러갈 것이고, 당장 우리 앞에 놓인 것(시급하지만 덜 중요한 일)을 우선시하다가 정말로 중요한 것(시급하지 않지만 중요한 일)에 집중하지 못하게 되는 덫에 걸린다. 그래서 우리는 장기적인 시야를 가지고 우리의 시간을 내달라는 요구에 대처하는 전략을 개발해야 한다. 특히 생산적으로 '아니요'라고 말하는 방법을 알아야 한다.

이 딜레마에 대한 모니카의 독특한 해결책은 대화 요청에는 항상 '예'라고 대답하되 실제 행동이 필요한 요청에 '예'라고 대답할 때는 신중을 기하는 것이다. 모니카는 의류 마케팅 대행사를 운영하면서 그래픽 디자이너와 광고기획자 20명 정도를 고용하고 있다. 그녀는 종종 자신이 새로운 계약을 따오고 팀을 관리하려면 24시간 내내 일해야 한다는 압박에 시달린다. 항상 시간이 빠듯하다고 느껴서 시간 관리법에 관한 자기계발서를 여러 권 읽었다. 그런 책들이 알려주는 전략은 단 하나였다. '거절하는 연습을 하라.'

처음에 모니카는 '서비스 요청 이메일을 받아도 이미 판매 목표치를 채운 후라면 무조건 거절 메일을 보내야겠어. 소규모 창업에 관해 이야기를 나누고 싶어 한다면 내가 왜 그런 조언을 해줄 수 없는지에 대해 미리 준비된 답변을 보내야지'라고 결심했다. 그러나 진심으로 그녀와 인연을 맺고 싶어 하는 사람들을 외면하자니 항상 마음 한구석이 불편했다.

거절에 관한 자신만의 기준을 세우게 된 계기는 즉흥연기 강좌를 듣고 나서부터였다. 그 강좌에 참가한 사람들은 다른 참가자가 제시하는 모든 아이디어에 '예'라고 대답하고 무조건 시도를 해봐야 했다.[21] 삶에 즉흥성과 우연성의 순간이 있기를 바랐던 모니카는 이전의 거절 방침을 바꿔 자신에게 뭔가를 요청하는 사람들과 한 번은 대화하기로 마음먹었다. 그리고 대화를 넘어서는 모든 요청에는 '아니요'라고 대답한다는 원칙을 정했다. 나아가 그녀는 대화 요청에 응해서 생기는 '정보를 나눠주는 만남'은 모두 일주일의 한가운데인 수요일 하루로 몰았다. 그러자 매일 9시부터 5시까지의 빡빡한 일정이 덜 따분하게 느껴지는 효과가 생겼다. 그리고 이 만남들은 고객의 프로젝트를 마무리하는 것과 같은, 시급하지 않지만 중요한 일들을 방해하지 않았다.

시간이 흐르면서 모니카의 사업은 번창하고 인맥은 확대됐다. 그녀는 자신의 팀에 무리가 될 만한 일은 되도록 수락하지 않았지만, 대화 요청에 '예'라고 대답한 덕분에 우연한 만남을 가질 수 있었다. 이렇게 대화를 나누다가 한번은 다른 디자인 회사와 제휴를 체결했고, 또 한번은 새롭게 떠오르는 신인 디자이너를 채용하게 됐다. 그녀에게 전화를 걸어온 사람 중 하나는 어느 직원의 배우자에게 일을 의뢰했다. 그 배우자는 바이오테크 분야의 광고기획 전문가였다.

모니카의 설명을 들어보자.

즉흥연기 강좌에서 배운 대로 모든 대화나 아이디어에 '예'라고 대답했더니 제 삶에 더 많은 성공이 찾아왔어요. 가장 좋았던 것은요, 그 성공이 저 혼자만을 위한 것이 아니었다는 점입니다. 저와 함께 일하는 사람들에게도 이로운 일이었어요. 다양한 사람과 대화를 나누면서 우리 직원들이나 직원의 배우자들에게 새로운 일거리를 찾아줬거든요. 저는 시장에서 새로운 일을 해볼 기회를 발견했고, 늘 꿈꿔왔던 완전히 새로운 사업과 그 업무를 담당할 인재를 발굴했습니다. …… 현재 제 원칙은 아이디어나 대화에는 '예'라고 말하고 실행 계획에는 '아니요'라고 말하는 겁니다(그 프로젝트가 너무 좋거나 수익률이 높아서 도저히 거절할 수 없을 때는 예외지만요). 제가 수락할 수 없는 어떤 흥미로운 제안을 받으면 그게 우리 회사의 다른 직원이나 저의 친구들 중 하나에게 도움이 되지는 않을지 생각해봅니다. 그리고 그 기회를 그들에게 넘겨주지요. 이렇게 하니 저는 과도한 압박에서 벗어나고 직원들은 자신의 능력을 시험해볼 좋은 기회를 얻습니다.

모니카의 전략은 행동과학을 응용한 것이다. 업무를 다른 사람에게 전달하거나 위임하면 우리의 일이 줄어들고 시간에 대한 통제력이 커질 뿐 아니라 우리 주위에 있는 사람들에게도 좋은 영향을 준다.[22] 또한 다른 사람들을 도우면 기분이 좋아진다.[23] 후임 동료에게 중요한 기회를 넘겨줄 때 우리는 친사회적 행동에 참여하는 것이다. 즉 남을 도우면 우리 자신을 돕게 되는 것이다. 하지만 당신도 짐작하다시피 이런 전략을 쓰다가 일이 걷잡을 수 없이 확대될 가능성도 있다. 대화 요청에 '예'라고 대답하면 당신의 인맥은 넓어진다. 그러면 당신은 더 많은 대화 요청을 받을 것이고, 어느 시점에는 대화 요청에도 '아니요'라고 답해야 한다. 대화를 잘하는 데도 전략이 필요하다.

시간이 없다는 변명은 금물

너무 바쁘다고 말하면서 요청을 거절하는 것은 자연스러운 일 같기도 하다. 그러나 안타깝게도 시간과 관련된 변명은 인간관계에 부정적으로 작용한다. 나와 동료들의 연구 결과에 따르면 시간이 없다는 변명을 하는 사람들은 그런 변명을 하지 않는 사람들보다 호감도와 신뢰도가 낮은 편이었다.[24] 왜냐하면 시간은 우리 개개인이 통제할 수 있는 것으로 간주되기 때문이다. 우리는 모두 하루에 24시간씩을 똑같이 할당받는다. 세상에서 가장 바쁜 사람이라 할지라도 마찬가지다. 동료의 부탁을 들어주는 일에 당신의 시간을 쓰지 않겠다는 답변은 당신 개인의 선호도에 따른 선택으로 받아들여진다.

사람들은 요청을 거절당할 때 돈이나 에너지와 관련된 변명을 하거나 아예 아무런 변명을 안 하는 사람들에게 훨씬 긍정적으로 반응한다. 따라서 당신이 정말로 어떤 대화나 만남, 상사나 동료의 요청을 꼭 거절해야 하는 상황이라면 가족 행사라든가 갑작스러운 출장처럼 당신의 개인적인 통제 밖에 있는 어떤 이유 때문임을 명확히 하라.

마감 연장을 요청하라

'못 한다(아니요)'고 하지 않고 '하겠다(예)'고 받아들일 거라면 시간을 더 달라고 할 수 있어야 한다. 직장에서 마감 기한은 시간 스트레스의 주된 원인이다. 일정에 대한 통제권을 되찾는 간단하면서도 강력한 방법은 마감 기한을 현실적으로 조정하는 것이다. 얼핏 듣기에는 쉬운 일 같다. 하지만 우리는 무능하고 열정 없는 사람으로 비칠 것이 두려워서 마감 연장을 선뜻 요청하지 못한다.

연구 데이터에 따르면 우리는 마감 연장을 요청할 때 무능한 사람으로 보일 확률을 실제보다 높게 평가한다.[25] 우리가 마감 기한이 지나기 '전에' 업무에 시간이 더 필요하다고 요청할 경우, 대다수 관리자들은 그 요청을 받아들일 때 우리가 더 의욕적으로 일할 거라는 사실을 안다. 동료나 관리자는 흔쾌히 마감 연장을 승인할 것이다. 반대로 우리가 스트레스를 잔뜩 받으면서도 유연하게 조정 가능한 업무에 대해 시간을 더 달라고 요청하지 못할 경우, 우리는 결국 최상이 아닌 결과물을 내놓게 된다. 스스로도 결과에 만족하지 못하고 동료와 관리자들도 실망하게 된다. 우리가 피하려고 했던 바로 그 상황에 빠지는 것이다.

마감 연장을 요청하는 또 하나의 방법은 며칠 휴가를 신청해 스트레스를 해소함으로써 최상의 컨디션으로 일할 수 있도록 하는 것이다. 탈진 상태가 되면 의욕이 낮아지고 업무 성과도 나빠진다.[26] 고용주 입장에서도 당신이 좌절해서 일을 망치거나 그만두는 것보다 며칠간 유급휴가를 신청하는 것이 낫다(그리고 비용도 적게 든다).[27]

이런 갈등에 직면한 적이 있는 완다를 만나보자. 그녀는 종양학과 진료실에서 보조 일을 하다가 무력감을 느낀 적이 있었다. 그녀는 주 4일치 급여를 받고 일했지만 실제로는 업무가 많이 밀려서 주 5일 근무할 때가 많았다. 그녀는 연차를 쓰지 않았고 종종 주말과 휴일에도 일했다. 성인이 된 딸 레아는 완다에게 왜 초과근무시간에 수당을 요구하거나 휴가를 요청하지 않느냐고 물었다. "상사를 귀찮게 하고 싶지 않아서. 그분은 진짜로 바쁘시거든." 완다가 딸에게 대답했다. 사실 완다는 그런 요구를 했다가 상사가 자신의 업무 능력을 의심할까 봐 걱정하고 있었다. 다른 직장을 구하기가 어려운 시기에 해고당하면 안 된다고 생각했다.

몇 달 후 레아는 완다가 거실 탁자 앞에서 완전히 기진맥진한 상태로 눈물을 흘리고 있는 모습을 발견했다. 토요일 아침이었고, 완다는 딸과 함께 외출하기 전에 몇 시간 더 일을 해보려고 했던 것이다.

완다는 더는 버틸 수가 없었다. 그녀는 급여 인상이나 유급휴가를 요구하지 않고 그냥 일을 그만둘 작정이었다. 그녀가 사직서를 쓰고 있는데 레아가 다가와 다른 방법을 써보자고 제안했다. 감정적이지 않은 이메일을 써보자는 것이었다.

완다는 레아의 도움을 받아 이메일을 작성했다. 그녀는 자신이 주당 8~10시간의 초과근무를 하면서 수당도 받지 않고 있다는 사실을 객관적으로 서술했다. 그리고 그 시간에 대한 수당을 받거나, 과도한 추가근무로 지친 몸을 회복하기 위해 5일간의 유급휴가가 필요하다고 썼다.

상사는 금방 답장을 보냈다. 그녀는 완다가 추가근무를 그렇게 많이 하고 있는 줄 몰랐다면서, 앞으로는 매주 추가근무시간에 수당을 청구하라고 했다. 그리고 완다에게 즉시 5일간의 유급휴가를 줬다(스파 이용권도!). 상사는 완다가 휴가를 즐기는 동안 업무를 대신할 사람을 구하겠다고 말했다. 그리고 일주일에 하루만 일을 도와줄 시간제 비서 한 사람을 더 채용하기 위해 시간 약속도 잡았다.

'아니요'라고 말하는 것에 대한 완다의 두려움은 알고 보니 근거 없는 감정이었다. 그런 요구를 하면 상사가 싫어하리라는 걱정은 실제와 달랐다. 시간 풍요에 관한 인터뷰를 위해 내가 만난 사람들 대부분은 직장에서 연봉 인상을 협상하는 것처럼 업무 시간도 협상할 수 있다는 사실을 잊고 있었다.

불행히도 고용주들은 직원에게 마감 기한을 조정할 여지가 있는지, 혹은 유급휴가를 더 신청해도 되는지 여부를 잘 알려 주지 않는다. 그 결과 가장 시간이 부족한 사람인 신입사원들과 여직원들이 시간을 더 달라는 요청을 가장 적게 한다. 하지만 그럴수록 더 요청해야 한다.

몇 년 전부터 협상 전문가들은 급여 인상을 요청하는 가장 좋은 전략이 무엇인지를 연구하고 있다. 피고용인들은 시간을 얻기 위한 협상에도 똑같이 적극적으로 임할 수 있으며 또 그렇게 해야 한다.[28] 당신은 관리자들의 반응이 생각보다 긍정적이어서 놀랄지도 모른다. 실제로 회사 입장에서 직원 한 명을 잃는 비용은 직원에게 짧은 휴가 또는 적당한 급여 인상을 허용하는 비용보다 훨씬 크다. 완다가 퇴사를 원하지 않은 것과 마찬가지로 상사도 완다가 그만두기를 원하지 않았다. 상사가 진정으로 원했던 것은 일은 일대로 제대로 처리되고, 직원인 완다도 자신이 좋아하는 일을 하면서 행복해하는 것이었다.

물론 어떤 회사는 시간 유연성을 허락하지 않거나 그런 요청을 진지하게 받아들이지 않는다. 만약 당신이 구직 중이라면 시간에 관한 회사의 방침을 반드시 물어보라. 채용 담당자들이 그런 문제에 관심이 없거나 당신의 질문을 듣고 어리둥절해한다면(어리둥절해한다면 그 회사는 당신의 시간이 지닌 가치를 생각해보지 않았다는 뜻이다) 입사를 재고하라. 요즘은 직원들의 시간에 관심을 가지고 직원들과 협력해서 문제를 풀어나가려고 하는 회사가 늘어나고 있다. 능력 있는 인재를 얻기 위한 경쟁이 점점 치열해지기 때문에 기업의 입장에서도 그래야만 한다. 노동자들이 시간 풍요를 누리도록 해주는 것이 인재 채용의 수단이 될 수도 있다.

기회비용을 따져보라

'아니요'라는 대답을 잘 못 하겠다면 '예'라고 대답할 때의 기회비용을 다시 한번 생각하라. 당신과 인맥을 쌓고 싶은 누군가의 식사 초대에 '예'라고 대답하면 60분이라는 시간을 내주겠다고 대답하는 셈이다. 여기에 당신이 레스토랑으로 갔다가 돌아오고, 주차할 자리를 찾느라 보내는 시간이 추가된다. 다 합쳐서 2시간이라는 계산이 나온다면 당신 자신에게 물어보라. '내가 이렇게 2시간을 보냄으로써 못 하게 되는 일들은 무엇일까?' 그리고 그 식사 전과 후의 시간은 어떤 영향을 받을까? 약속 시간에 맞춰 업무를 끝마치기 위해 서둘러야 할까? 약속을 잡는 과정에서 스트레스가 증가했나? 그 스트레스가 나중에 업무에도 영향을 끼쳤나?

업무를 위한 출장 역시 당신이 집을 떠나서 보내는 시간만 따질 일이 아니다. 출발 전날에 세탁을 해야 하고(30분), 다림질을 해야 하고(30분), 짐을 챙겨야 하고(20분), 당신이 여행을 떠난 동안의 일에 관해 가족들과 협의해야 한다(60분). 이렇게 해서 당신은 출발하기도 전에 여행에 2~3시간을 쓴다.[29] 출발 당일에 당신은 공항으로 이동하는 일에 1시간 이상을 빼앗기고, 비행기를 타고 목적지까지 이동하느라 40분을 또 쓴다. 목적지에 도착해서는 당신이 예상했던 것보다 회의가 길어져서 밤늦게 비행기를 타고 돌아와야 할지도 모른다. 그 비행기는 연착될 가능성이 있다. 그래서 다음날 당신은 극심한 피로에 시달린다.[30] 그다음날에는 짐을 풀고 당신 자신을 추스르는 일에 더 많은 시간이 들어간다.

앞으로 몇 달 동안의 계획을 수립할 때는 당신의 '예'라는 대답이 포함하고 있는 이런 종류의 부수적인 시간 비용까지 합쳐서 계산해야 한다. 당신이 그 시간 비용 때문에 하지 못할 것 같은 일들 5~10가지를 적어보라. 만약 당신이 업무 관련 출장을 자주 다닌다면 당신은 출장을 마치고 집에 돌아가서 아이들을 신경 써주지 못할지도 모른다. 가족과의 아침식사를 놓치고, 전화 통화를 하지 못하고, 아이의 음악회에 참석하지 못하게 된다. 배우자와 느긋한 저녁시간을 같이 보내지도 못하고, 친한 친구와 분위기 좋은 곳에서 맥주를 마시지도 못할 것이다.

간단한 점심식사, 저녁식사, 짧은 출장 따위의 일들은 일견 사소해 보이지만 오랜 시간이 지나면 당신의 인간관계와 건강을 상당 부분 해칠 수도 있다는 점에 주목하라. 물론 저녁식사가 꼭 필요한 경우도 있고 반드시 필요한 출장도 있다. 하지만 일 년에 단 몇 번이라도 '아니요'라는 대답을 늘리면 긍정적인 변화가 찾아온다.

큰 '왜'라는 질문을 던져라

3장에서 나는 시간을 우선시하기 위해 일상생활에서 실행가능한 전략들을 개발하라고 조언하면서 당신 자신에게 작은 '왜' 질문들을 던져보라고 조언했다. 하루 중 아무 때나 자신에게 '내가 이 일을 왜 하고 있지?'라고 물어보라는 것이었다. 이제는 당신에게 큰 '왜' 질문을 던져보라고 조언하려 한다. 큰 '왜' 질문은 당신이 장기간 추구하는 가치에 초점을 맞춘다. 큰 '왜' 질문은 다음과 같다. '나는 왜 돈보다 시간을 우선시해야 할까?'

이 질문에 답하는 것만으로도 당신은 시간을 더 잘 사용하기 위해 노력해야겠다는 마음이 들 것이다. 대답은 간단하지 않을 것이고 시간이 흐르면 바뀔 수도 있겠지만 주기적으로 그 대답을 생각해볼 필요가 있다.

1장에서 밝힌 대로 나 또한 돈보다 시간을 우선시하는 데 서투르다. 그 이유 중 하나는 노동자 집안이었던 내 출신과 관련이 있는데, 어린 시절 우리 집에서는 재산을 불리는 데 전념하면서 여가는 곧 게으름이라고 가르쳤다. 나중에 어른이 되고 나서 나는 시간의 진정한 가치에 관한 사고방식을 바꿔보려고 노력했다. 시간 회계를 해보고, '더 많은 시간을 가지고, 더 좋은 시간을 확보하라'고 나 자신에게 지시하고, 큰 '왜' 질문에 답해보기도 했다.

큰 '왜' 질문에 대한 나의 답변에는 내 사촌인 마크와 폴이 등장한다. 우리 집안사람들은 수가 많지도 않은데 여기저기 흩어져 산다. 나는 형제자매가 없는 데다 사촌들은 대부분 내가 어렸을 때 결혼해서 아이를 키우고 있었는데 마크와 폴만 예외였다. 마크와 폴은 나보다 몇 살 위인 사촌이었다. 우리는 늘 함께 말썽을 피웠다. 마크와 폴은 나에게 욕설을 가르쳐줬다(교재는 '블링크-182'라는 펑크록밴드의 유명한 앨범인 〈테이크 오프 유어 팬츠 앤드 재킷Take Off Your Pants and Jacket〉과 재방영된 애니메이션 〈사우스 파크South Park〉였다). 마크와 폴은 나에게 온라인 데이트와 프로레슬링도 알려줬다. 우리는 고래고래 소리치며 분노를 표출하고, 그들이 좋아하는 축구팀에 관해 이야기를 나누고, 내 축구시합에 관해서도 이야기했다.

우리가 내 축구시합에 관해 이야기를 나눴던 이유는 마크와 폴이 축구를 할 수 없었기 때문이다. 마크와 폴은 여섯 살 때 뒤시엔 근육퇴행위축이라는 희귀하고 끔찍한 유전병 진단을 받았다. 마크와 폴이 태어난 시절에 북아메리카에는 뒤시엔 근육퇴행위축에 걸린 아이가 둘 이상인 가정은 드물었다. 내가 혼자 〈사우스 파크〉를 보게 됐을 무렵 마크와 폴은 휠체어를 사용하고 있었다. 내가 대학을 졸업할 무렵 두 사람은 스스로 숨을 쉴 수조차 없었다. 내가 박사학위를 받았을 때 마크와 폴은 사지가 마비됐다. 2년 후 두 사람은 연이어 사망했다. 마크와 폴은 나에게 우리가 가진 시간이 유한하다는 사실을 알려주었다. 우리는 보통 시간이 얼마나 유한한지 깨닫지 못한다. 나는 시간이 내가 알지 못하는 사이에 헛되이 흘러가기를 바라지 않는다.

하버드 대학교 교수인 댄 길버트의 책『행복에 걸려 비틀거리다Stumbling on Happiness』에는 윌라 캐더의 다음과 같은 말이 나온다.

우리를 행복하게 해줄 조건을 미리 알거나 예측할 수는 없다. 우리는 운 좋을 때 세상의 끝 어딘가에서 우연히 행복에 걸려

넘어질 수 있을 뿐이다. 그러면 우리는 재산이나 명예를 붙잡는 것처럼 그 시간들을 꽉 붙잡아야 한다.

뭔가가 우리를 행복하게 하거나 목표의식을 준다면 그것을 붙잡아야 한다. 우리는 그것에 우선순위를 부여하고 관심을 기울이고, 우리를 그것과 멀어지게 하는 방해를 차단하기 위해 최선을 다해야 한다. 우리는 모두 살아 있는 존재로서 서서히 사라지고 있다. 끊임없이 방해를 받는 시대에 시간을 초 단위로 신중하게 계획하지 않으면 시간은 쉽게 흘러가고 불행하게 흘러갈 것이다.

그래서 나는 업무를 처리하다가 무의식적으로 휴대전화를 확인하거나, 한참 동안 휴대전화로 이것저것 보고 있는 나 자신을 발견할 때마다 큰 '왜'를 상기한다. 내 사촌들을 떠올리고, 삶이 서서히 사라지고 있다는 사실을 떠올린다.

사실 나는 이것을 수시로 떠올리기 위해 사촌들 이름의 머리글자를 내 손목에 문신으로 새겨놓았다. 당신도 문신을 새기라는 이야기는 아니다. 사무실에 사진을 두거나 책상 위에 쪽지만 붙여 놓아도 된다. 마크와 폴의 머리글자를 내 손목에 새겨둔 덕분에 나는 삶을 계속 살아가고, 항상 나의 시간을 소중하게 여기고, 내 삶의 주체로서 주인 의식과 책임감을 느끼기로 마음먹는다.

가장 좋은 동기부여 장치는 큰 '왜' 질문에 대한 당신의 대답을 알고 긍정적인 시간 선택을 계속 실행하는 것이다. 잠깐 시간을 내서 당신의 큰 '왜'에 관한 사색을 해보라. 사색이 끝나면 당신이 자신도 모르게 곧잘 시간을 낭비하는 장소에 그 대답을 상기시키는 물건을 놓아두라. 사무실도 좋고 거실도 좋다. 무엇이 진정으로 중요한가를 상기할 필요가 있을 때마다 그 물건이 쉽게 눈에 들어와야 한다.

· · ·

시간 풍요를 오랫동안 누리기 위해서는 연습이 필요하다. 당신은 어떤 시기에는 잘 해낼 것이고 어떤 시기에는 그렇지 못할 것이다. 어떤 시기에는 아주 긍정적인 느낌을 받을 것이고 어떤 시기에는 시간에 집중하는 것이 힘겨운 싸움처럼 느껴질 것이다.

　그것은 이미 예상된 일이고, 그래도 괜찮다. 계속 노력하라. 당신은 이제 중요한 것을 알았다.

　가장 좋은 소식은 당신이 해를 거듭할수록 시간을 우선시하게 되리라는 것이다. 우리가 연구를 통해 확인한 바로는 나이 든 사람들은 모건형보다 테일러형에 기울어진다. 나이 든 사람들은 경제적 안정을 달성했으므로 시간을 귀중하게 여기기가 더 쉽다.[31] 다른 이유도 있다. 나이 든 사람들에게는 남은 시간이 얼마 없다. (어떤 연구에 따르면 나이가 들수록 시간이 빨리 가는 것처럼 느끼기 때문에 시간의 상실에 더 민감해진다고도 한다.)[32] 우리가 나이를 먹을수록 시간은 문자 그대로 희소해지고 귀중해진다. 그래서 돈보다 시간을 귀하게 여기는 결정을 내리기가 더 쉬워진다.[33]

당신이 지금 몇 살이든 간에 이 장과 앞 장은 시간을 더 잘 사용함으로써 행복해지는 전략을 알려준다. 하루하루의 일상적인 순간에 적용 가능한 전략이 있는가 하면 장기적인 전략도 있다. 그리고 5장에서는 당신의 상사에게 알려주면 좋을 것들을 소개한다.

미래의 시간, 나만의 전략

이 실천 과제는 당신이 삶의 중요한 결정을 앞두고 있을 때 그 결정이 향후 몇 년간 당신의 시간에 끼칠 영향을 예측하는 데 도움이 된다.

시간 풍요 습관 5가지

다음은 장기간 시간 풍요의 삶을 누리는 데 도움이 된다고 입증된 전략들이다.

- **활동을 다변화하라.** 기회가 생길 때마다 똑같은 활동을 한다면 시간을 똑똑하게 사용하는 선택의 효과는 갈수록 줄어든다. 시간 풍요 활동을 계획할 때 하루 동안, 그리고 일주일 동안 다양한 활동을 하면서 시간을 보내도록 하라.
- **'아니요'라고 말하라.** 당신이 자주 받는 요청 중에서 시간 스트레스를 유발하는 특정한 종류의 요청에는 답변의 기

본값을 설정하라. 당신이 시간을 낼 수 없다고 판단하는 요청에는 '아니요'라고 대답할 수 있도록 연습하라. 대화 요청에는 '예'라고 대답하되 행동을 요청받을 때는 '아니요'라고 대답해보라.

- **마감 연장을 요청하라.** 대부분의 마감은 기한을 조정할 여지가 있다. 시간을 더 써서 작업의 질이 높아질 것이라는 판단이 들면 마감일자를 조금 더 연기해달라고 요청하라. 휴가가 필요하거나 지쳤다는 생각이 든다면 상사에게 솔직히 이야기하라.

- **기회비용을 따져보라.** 우리가 어떤 일(예. 여행, 부수적인 업무 프로젝트)에 '예'라고 대답할 때마다 우리는 다른 일들에 '아니요'라고 대답하는 셈이 된다. 가족과 시간을 보내지 못하고, 아이들의 축구 시합에 가지 못하고, 부모님을 돕지 못하게 된다. '예'라고 말하기 전에 시간 비용만이 아니라 기회비용도 계산한다면 당신이 지금 하려는 결정('출장을 한 번 더 다녀올까?')이 정말로 가치 있는 것인지를 판단하는 데 도움이 된다.

- **큰 '왜'라는 질문을 하라.** 인생의 중요한 결정을 앞두고 있을 때는 당신 자신이 가치 있게 생각하는 것이 무엇인지 돌아보라. 당신의 삶의 목표는 무엇인가? 시간을 우선시하는 것이 당신에게 왜 중요한가? 당신의 큰 '왜'에 대한 답변을 시각적으로 보여주는 물건을 잘 보이는 곳에

놓아두라. 그렇게 하면 뭔가를 결정할 때마다 그 결정이 당신의 전체적인 목표와 목적에 부합하는지, 당신에게 정말로 중요한 가치와 일치하는지를 생각하게 된다.

인생 계획을 기록하라

아래 표의 맨 왼쪽 칸에 당신 삶의 중요한 사건들을 기록하라. 특히 직업 선택, 거주지 선택, 결혼, 동거, 출산, 반려동물 입양, 노부모 돌보기와 같은 돈과 관련된 결정은 반드시 기록하라. 가운데 칸에는 당신이 하려는 결정의 시간 비용을 기록함으로써 그 결정의 시간적 함의를 계산하라. 직업이라면 통근시간과 출장일수를 쓰고, 결혼이라면 얼마나 많은 계획이 필요한지를 기록한다.

시간 비용에 관해 생각해본 다음에는 당신이 그 비용의 일부를 어떻게 상쇄할 수 있을지를 생각하라. 당신은 다른 결정을 내릴 수도 있다. 시간 조달하기, 시간 발견하기, 시간의 틀 바꾸기와 같은 똑똑한 시간 활용 전략을 채택할 수도 있다. 당신이 선택한 전략을 맨 오른쪽 칸에 기록하라.

삶의 중요한 결정	예상되는 시간 비용 (일/주/년)	시간 비용을 상쇄할 전략

거절을 연습하라

거절을 계획하라. 그러려면 시간을 내달라는 요청에 어떻게 대응할지 미리 정해놓아야 한다. 모니카처럼 대화 요청에는 응하고 행동 요청에는 응하지 않는 것도 하나의 방법이다.

당신이 세운 원칙

_____

_____

_____

다음으로 당신에게 시간을 내달라는 요청에 응하고 싶지 않거나 시간을 낼 수 없을 경우에 활용할 변명들을 기록하라. "제가 너무 바빠서요"라든가 "시간이 없어요"와 같이 시간이 들어가는 변명은 좋지 않다는 점을 기억하라. 이런 변명을 하면 당신에 대한 호감도가 떨어지고 신뢰감도 낮아진다.

거절의 이유 1

_____

_____

_____

거절의 이유 2

_____

_____

_____

거절의 이유 3

_____

_____

_____

시간 요청에 관한 전략을 짜라

거절을 미리 계획하는 일도 필요하지만 시간을 요청하기 위한 계획도 필요하다. 당신도 완다처럼 상사에게 유급휴가의 형태로 시간을 달라고 요청할 수 있겠는가? 언제 시간을 더 요청할 것인지(직장 안과 직장 밖에서), 그리고 어떻게 요청할 것인지에 관한 전략을 생각해서 기록하라.

_____

_____

_____

다음으로 당신이 어떤 업무를 완수하기 위해 시간을 더 달라고 하는 이유를 몇 가지 생각해서 써보라. 마감 전에 시간이 더 필요하다고 요청할 때, 합당한 이유가 있다면 사람들은 기꺼이 시간을 더 내준다. 거절할 때와 마찬가지로 "제가 시간이 없어서요"와 같은 이유는 바람직하지 않다.

시간을 더 요청하는 이유 1

_____

_____

_____

시간을 더 요청하는 이유 2

_____

_____

_____

시간을 더 요청하는 이유 3

_____

_____

_____

큰 '왜'에 대한 답을 구하라

아래 공란에 큰 '왜' 질문에 대한 답변을 작성하라. 돈보다 시간을 우선시하는 일이 나에게 중요한 이유는 무엇인가?

_____

_____

_____

당신의 큰 '왜'는 시간이 얼마나 귀중한지를 상기시키는 삶의 어떤 사건일 수도 있고, 시간을 낭비하지 않아야 달성 가능한 장기적인 목표일 수도 있다. 시간을 잘못 쓰고 있다고 느낄 때, 동기부여가 필요할 때, 돈보다 시간이 왜 중요한지 다시 상기해야 할 때 당신의 답변을 다시 읽어보라. 마지막으로 당신의 큰 '왜'를 주기적으로 점검하고 필요하다면 답변을 업데이트하라.

그리고 당신이 일상생활에서 큰 '왜'를 자주 떠올리기 위한 아이디어를 생각해보라. 나는 이것을 잊지 않기 위해 문신을 새겼지만, 당신에게 진짜 중요한 것이 무엇인지를 보여주는 사진 한 장을 사무실에 가져다 놓는 것처럼 간단한 방법도 있다.

시간이야말로 가장 값진 재화입니다.
우리가 시민들에게 시간을 더 줄 방법을 찾아봅시다.

- 캐스 선스타인, 하버드 대학교 로스쿨 교수

5장

시간 빈곤은
당신의 잘못이 아니다

이 책은 당신을 위한 것이다. 그래서 지금까지 당신에게 집중했다. 당신이 시간을 어떻게 사용할지, 무엇을 변화시킬지 그리고 어떻게 하면 그런 변화를 일으킬 수 있는지 이야기했다.

하지만 당신이 타임 푸어라고 느끼는 것은 당신만의 잘못이 아니다. 사회가 구조적으로 시간 빈곤을 만든다. 우리의 조직문화와 기업의 인사관리 방침, 그리고 공공기관들과 그 기관들의 구조가 시간 빈곤이라는 현대적 질병의 큰 원인이다.[1] 당신도 변화할 수 있지만 이 조직들도 변화할 수 있다. 마지막장인 이 장은 기업과 공공기관을 위한 내용이다.

구체적으로 말하자면 이 장에서는 당신에게 넓은 시야를 가지고 조직의 지도자들을 움직여 직원들과 시민들을 위한 시간 친화적 제도를 만들어나가도록 노력하라고 말한다. 이 장은 다른 장들과 구별될 것이다. 개인적인 변화를 이끌어내기보다 변화의 당위성을 설명하기 때문이다. 나는 책에 이 내용이 꼭 들어가야 한다고 생각했다. 조직을 이끄는 사람들과 정부의 도움 없이는 시간 기근이라는 유행병을 근절할 수 없기 때문이다. 당신이 이 페이지의 모서리를 접어서 회사의 인사과장이나 지방자치단체장에게 갖다주기를 진심으로 바란다.

• • •

회사와 정부는 무심코, 그리고 비의도적으로 시간 빈곤을 고착시킨다. 미국의 기업들이 매년 낭비하는 직원들의 시간 가치는 1,000억 달러(118조 원)에 달하며 미국 정부는 매년 국민에게 97억 8,000만 시간의 서류 작업을 부과한다.[2] 미국의 경우 연방정부 학자금 지원 제도FAFSA, 저소득층 의료보장 제도Medicaid, 보충영양 지원 프로그램SNAP처럼 '무료'로 지원하는 프로그램들은 혜택을 받으려는 사람들에게 복잡하고 긴 서류를 작성하게 함으로써 '시간 세금'을 부과한다.[3]

국제기구의 구호 프로그램은 수혜자들이 자신에게 도움이 필요하다는 사실을 입증하기 위해 오랫동안 긴 줄을 서게끔 한다.[4] 어느 비영리기구에서 지원하는 식량을 받으려면 6킬로미터 이상 되는 줄을 서야 하는 경우도 있었다. 일반적으로는

1.5킬로미터 정도 줄을 서면 지원을 받을 수 있었다. 많은 사람이 식량을 필요로 하는 상황이었지만 줄이 길어지자 지원을 받으러 온 사람 수는 줄어들었고, 조금이나마 여유가 있는 사람들은 아예 오지 않았다.[5]

점점 시끄러워지고 복잡해지고 바빠지는 세상에서 공공기관이 시간을 가치 있게 여긴다면 사람들이 시간 풍요를 누릴 수 있다. 기업은 직원들이 휴가를 편하게 사용할 수 있게 해주고, 정부는 국민이 직장과 가까운 곳에 살 수 있도록 보조금을 지급해서 시간을 아껴주면 좋겠다. 첨단기술은 우리가 강박적으로 온라인 뉴스피드를 확인하는 것을 멈추게 하고, 통근을 조율하고, 더 저렴하고 편리하게 일을 다른 사람에게 맡기도록 도와줄 수 있다. 우리 사회의 조직들이 노동자와 시민들의 시간 풍요를 확대하는 것을 가로막을 이유는 없다. 지도자들이 결심만 하면 된다.

회사에 내 시간을 요구하는 법

디지털로 전환되는 업무 방식은 현대 사회의 시간 기근을 만드는 가장 큰 요인일 것이다. 디지털화는 직업 불안정성을 높은 수준으로 끌어올리고 있다. 피고용인들은 이런 변화에 뒤떨어지지 않으려고 큰 비용을 들이고 빚을 늘려가며 업무 능력을 향상시켰다. 빚은 점점 부담되고 유동적인 시장에서 일자리를 잃는 것이 두려워, 우리는 시간을 희생시켜가며 돈을 버는 일에 몰두하게 된다. 디지털 일터를 탄생시킨 첨단장비들은 우리가 가진 시간을 더 작은 부스러기로 쪼개놓았다. 그 시간 부스러기들 하나하나가 우리를 시간 풍요 활동과 멀어지게 만들고 자꾸만 일의 영역으로 돌아오도록 만든다. 인간의 머릿속에 일이 이렇게 큰 그림자를 드리웠던 적은 일찍이 없었다.

또한 일은 시간 낭비의 주범이다. 하버드 대학교 경영대학원 교수인 테리사 애머빌Teresa Amabile과 오스틴 텍사스 대학교 교수인 앤드루 브로드스키Andrew Brodsky는 29개 기관에서 일하는 변호사, 관리자, 군인 등 1,000명 이상의 피고용인들을 대상으로 연구를 진행했다. 연구 대상자의 78퍼센트 이상은 업무 사이사이의 시간 공백이 많아서 "체계적으로 시간을 낭비하고 있다"고 대답했다. 이 낭비된 시간을 급여로 환산하면 매년 비생산적으로 낭비되는 시간의 비용은 1,000억 달러를 상회한다.[6]

또한 직장에서 부과하는 불필요한 행정 업무도 시간 빈곤을 유발한다. 예컨대 의사들은 청구서와 장부 작성에 주당 8.7시간(연간 18일 정도)을 할애한다. 지난 10년 동안 이 시간은 2배로 늘어났다.[7] 전문경영인들은 주당 평균 23시간(연간 48일!)을 회의에 사용한다. 1960년대의 주당 10시간과 비교하면 크게 증가한 것이다.[8] CEO들은 자신의 일정을 스스로 관리할 것 같지만, 그들 역시 회사의 사명에 "아무런 도움이 안 되는" 활동에 종사하느라 업무시간의 57퍼센트를 "낭비하고 있다"고 답했다.[9] 이런 생각을 하는 것은 고소득 전문직들만이 아니다. 평균 수준(연간 5만 달러)의 소득을 올리는 근로자 700명을 대상으로 진행한 조사에서 응답자의 99.9퍼센트는 불필요한 전화, 이메일, 서류 작업처럼 중요하지 않으면서 시간만 낭비되는 일에 자주 매여있다고 답했다.[10]

시간 낭비는 스트레스로 이어진다. 코리라는 회사원은 자신이 최근에 이상한 망상에 사로잡히기 시작했다고 털어놓았다. 그는 상사가 순전히 필요 없는 일거리를 만들어서 직원들을 괴롭히려는 목적으로 매주 회의를 연다고 생각한다. 언젠가 그런 불필요한 회의 자리에서 코리의 동료 헤더는 좌절한 나머지 피가 날 정도로 손톱으로 손바닥을 꾹 눌렀다. 우스꽝스러운 업무 지시를 받은 그녀의 입장에서는 비명을 지르는 것보다 피를 흘리는 것이 나은 대처법이었다. 그녀의 상사는 사내 취업규칙에 관한 50쪽 분량의 보고서를 만들라고 지시했다. 그 보고서는 아무도 읽지 않는 불필요한 종이 뭉치가 될 것이 뻔했다.

직장생활에 어려움을 겪을 때 시간 스트레스는 더 커진다.

포기할 수밖에 없었던 다른 일들이 생각나기 때문이다.[11] 지금 하고 있는 성가신 일 때문에 업무에서 가장 중요한 일(환자 진료하기, 고객 상담하기, 문제 해결하기)을 못 하고 있다는 생각이 든다. '내 시간을 더 나은 일에 쓸 수 있는데 영혼을 파괴하는 일을 굳이 하고 있는 이유가 뭐지?'

기업과 기관의 지도자들에게 보내는 충고는 간단하다. 직원들에게 시간 낭비 활동을 시키지 마시라. 나아가 시간을 낭비하는 활동을 판별해서 시간 풍요 활동으로 대체하라. 아무도 가치 있다고 생각하지 않는 주간회의 대신 의무적으로 산책 시간을 도입하라. 게으른 시간을 친목 도모에 사용하기를 권장하라. 참전군인이었다가 전역한 챈들러 마이어스는 이렇게 말했다. "동료와 점심식사를 함께하는 것처럼 단순한 일도 아주 중요해요. 회사에서 동료와 점심식사 같이하기를 장려하기 시작하자 나도 의욕이 생기고 우리 팀의 사기도 높아졌지요. 그랬더니 우리가 하는 일들도 모두 순조롭게 풀리기 시작했어요. 우리가 모두 기대하는 짧은 친교활동 시간이 있다는 것은 큰 힘이 되었어요."

금전적 인센티브는 금전 중심적 사고를 강화한다

인사관리 방침은 자신의 시간에 대한 직원들의 인식에 결정적인 영향을 준다. 금전적 인센티브(성과금)는 성과를 향상시키기 위한 대표적인 전략이고 어느 정도는 효과가 있다. 그러나 최근에는 금전적 인센티브의 비용이 그 효과보다 클지도 모른다는 사실이 밝혀지고 있다.

내가 동료들과 함께 분석한 막대한 양의 데이터에 따르면, 금전적 인센티브는 직원들의 시간 사용을 변화시키는 힘을 지녔다.[12] 성과에 상응하는 액수의 급여를 받는 직원들은 하루에 친구나 가족과 어울리는 시간을 2퍼센트 적게 가졌다. 반면 그들이 고객이나 동료들과 어울리는 시간은 3퍼센트 더 많았다. 이 차이는 근무한 시간이나 업종과 무관하게 공통적으로 나타났다. 이것은 사소한 차이처럼 보이지만 누적되면 큰 차이가 된다. 금전적 인센티브를 받는 직원들은 날마다 행복을 증진하는 사적인 관계에 하루 30분을 덜 사용하고, 행복을 증진하지 않는 동료나 고객과의 관계에 45분을 더 사용했다. 재빨리 계산해보자. 1년을 기준으로 하면 그들은 친구나 가족과 120시간(5일)을 덜 보내고 고객이나 동료들과는 8일을 더 보내는 셈이다.

금전적 인센티브의 효과는 연봉제를 적용받지 않는 노동자들에게 특히 해롭다.[13] 시급을 받는 노동자들은 시간이 곧 돈이라고 생각하게 되므로 시간을 '돈이 되는' 방식으로 사용하는 것에 신경을 더 많이 쓴다.[14] 어느 변호사는 이를 다음과 같이 설명했다. "일한 시간을 기준으로 돈을 받으니까 시간과 적대적인 관계를 맺게 됩니다. 한 시간 동안 업무가 아닌 뭔가를 하면 나중에 그 한 시간을 보충해야 할 것 같은 느낌을 받아요. 그래서 저는 '시간을 빚진' 느낌을 받지 않으려고 여가를 아예 포기하곤 합니다."

개인 트레이너로 일하는 존은 시간을 돈으로 환산하는 사고방식 때문에 일에 대한 의욕이 사라졌다고 말했다. 그는 자신이 하는 일을 사랑하는데도 그랬다. "제가 전에 일하던 회사에서는 문을 열고 들어오는 사람 하나하나를 숫자로 생각하라고 가르쳤어요. 직속 상사가 이렇게 말했지요. '존, 아주 간단해. 고객이 더 많이 들어올수록, 그리고 같은 고객이 여러 번 들어올수록 우리의 수입이 늘어나는 거야.'" 하지만 존은 사람들(건강한 신체라는 목표를 가지고 도움을 청하러 온 사람들)을 돈으로 바라보기가 싫었다. "사람들을 돈으로 환산해서 생각하려니 마음이 초조해지더군요. 저는 사람들에게 무엇을 강요하고 싶지 않았어요. 그래서 고객들과의 대화를 중단해버렸죠. 그들이 저를 진심으로 고객의 성공을 바라는 사람이 아니라 돈벌이에 혈안이 된 트레이너로 볼까 봐 걱정됐어요."

6개월 후 존은 회사를 그만두고 회원 한 명당 커미션을 주는 조건이 없는 작은 헬스클럽에서 일하기로 했다. 역설적이지만 그의 매출액은 300퍼센트나 증가했다. "이제 저는 문으로 걸어 들어오는 사람들 하나하나에게서 얼마나 많은 돈을 받아낼지를 생각하지 않아도 됩니다. 그래서 제가 잘하는 일에 집중할 수 있어요. 바로 근력 트레이닝을 통해 사람들의 힘을 길러주는 일이지요." 회사가 직원들의 인간관계 향상에 도움을 주면 직원들의 스트레스 감소는 물론이고 회사의 실적 향상으로 이어질 가능성이 있다.

기업에서는 인사관리 계획을 수립할 때 요금 청구와 보상에 집중하는 상태에서 벗어나기 위한 간단한 전략을 하나라도 넣어보자. 사람들이 돈에 지나치게 집중하도록 만드는 일은 우리 사회가 이미 하고 있다. 직원들이 자신들의 시간을 돈으로 생각해야 할 이유가 하나 더 있을 필요는 없다. 직원들의 시간을 시계에서 해방시키는 일은 시간 풍요를 증진하는 첫걸음이 된다.

인사과 책임자들이 채택할 수 있는 다른 전략들을 알아보자.

직원들에게 유급휴가로 보상하라

회사가 직원들에게 시간으로 보상을 지급하면 직원들이 시간을 발견하는 데 도움이 된다. 미국에서는 민간 부문에 종사하는 노동자 4명 중 1명이 유급휴가를 전혀 보장받지 못하고 있다.[15] 그러나 유급휴가와 무급휴가를 모두 보장받는(그리고 사용하는) 노동자들이 그렇지 못한 노동자들보다 활동적이고 창의적이고 생산성도 높다고 알려져 있다.[16] 휴가를 사용하는 노동자들은 일에서 의미와 만족을 더 많이 얻는다.[17] 대다수 노동자들은 휴가를 다녀온 후에 덜 피곤하고, 기운이 나고, 일상적인 경험들을 더 즐겁게 음미한다고 답했다.[18] 짧은 휴가라도 휴가는 최대 2주 동안 효과를 발휘했다.[19]

한 번의 긴 휴가는 여러 번의 짧은 휴가보다 덜 효과적이다. 그래서 기업의 인사과에서는 직원들이 단기 휴가를 사용하도록 권장하고, 사무실로부터 잠깐 벗어나 있는 시간을 보상으로 활용하면 좋다.[20] 14만 8,000명의 피고용인들을 대상으로 한 조사에서는 정기적으로 휴가를 사용한 사람들만이 휴가의 장점을 경험했다고 답했다.[21] 2주가 지나면 휴가 후에 느끼는 더없이 행복한 감정은 사라지고, 우리는 다시 과도한 일정과 무거운 책임과 피로에 시달리기 때문이다.[22]

회사는 직원들에게 짧은 휴가를 제안해야 하며, 모든 수단을 동원해서 직원들의 휴가 사용을 의무화해야 한다. 특히 미국에서는 미사용 휴가가 골칫거리다. 어느 조사에서는 미국 피고용인의 75퍼센트가 유급휴가를 다 소진하지 않는 것으로 나타났다.[23] 매년 총 7억 일이 넘는 휴가가 사용되지 못한 채 남는다. 업무 대신 시간 풍요 활동에 사용할 수 있는 시간이 매년 56억 시간이나 되는 셈이다.[24] 미처 손에 넣지 못한 행복이 이렇게나 많다. 미사용 휴가는 경기에도 부정적으로 작용한다. 연구자들의 추정에 따르면 미사용 휴가 때문에 매년 소비가 2,550억 달러(300조 원) 감소한다. 이 수치가 어느 정도 인지 비교하기 위해 경영컨설턴트들은 미국에서 2019년 한 해 동안 거래된 자동차의 가격 총합이 4,620억 달러(550조 원)라 는 추정치를 예로 들었다.[25]

게다가 노동자들은 휴가를 사용할 때도 휴가 시간의 일부를 업무에 써야 할 것 같은 의무감에 시달린다. 미국의 노동자들 은 대부분 휴가 중에도 일을 해야 하는 상황에 직면한다(여보 세요, 저는 메인주 포틀랜드에 있습니다!).[26] 휴가 중의 업무 처리 는 스트레스를 유발하고 시간을 부스러기로 만든다. 노동자들 은 업무의 세계와 휴식의 세계를 바삐 오가며 감정의 기복을 경험한다.

고용주들이여, 당신의 직원 중 누군가가 휴가를 사용하지 않 는다면 그 사람에게 이렇게 말하라. "어느 날 아침 팀장이 당 신 책상 위에 두툼한 돈다발을 올려놓고 간다면 당신은 그것을 거절하지 않겠지요. 당신에게 보장된 유급휴가를 모두 사용하 지 않는 것은 그 돈다발을 거절하는 것과 같은 행동입니다. 수 천 달러 가치가 있는 시간 선물을 마다하는 거니까요."

기업이 직원들의 휴가 사용을 강제할 수도 있다. 항공업계 의 마케팅 자문회사 '심플리플라잉SimpliFlying'의 CEO인 샤샹크 니검Shashank Nigam은 직원들이 7주에 한 번씩은 무조건 일주일 의 유급휴가를 사용하게 했다. 또 그 기간 동안은 직원들이 일과 연결을 끊도록 권장했다. 어떤 직원이 휴가 기간에 업무용 이메일 프로그램이나 메신저 또는 일과 관련된 플랫폼에 접속하면 니검은 그의 급여를 삭감한다. 즉 심플리플라잉은 의무 휴가 방침을 엄격하게 시행한다. 그 결과는 어땠을까?

휴가를 다녀온 후 직원들의 창의성은 33퍼센트 증가했고 행복도는 25퍼센트 증가했으며 생산성은 13퍼센트 향상됐다. 이러한 시도를 해보고 나서 심플리플라잉은 원래 계획을 약간 수정했다. 의무 휴가는 8주에 한 번으로 줄였고 같은 프로젝트에 참여하는 직원들은 연속으로 휴가를 사용하지 못하게 했다. 사소한 변경사항을 빼고 심플리플라잉은 지금도 동일한 방침을 따르고 있다.[27] 이 사례에서 보듯이 직원들이 충분히 휴식을 취할지라도 회사는 어려워지지 않는다. 회사는 오히려 번창한다.

휴가는 정신건강 문제를 감소시킨다. 성인 근로자 3,380명을 대상으로 수행한 조사에서 유급휴가를 10일 더 사용할 경우 우울증이 29퍼센트 감소하는 효과가 예측됐고, 특히 자녀가 있는 여성의 경우는 우울증의 비율이 38퍼센트나 감소했다.[28]

시간 보상을 제안하라

시간 빈곤과 전투를 벌이는 인사 담당자들에게는 얼마 안 되는 금전적 인센티브 대신 짧은 시간으로 보상해주는 방법도 도움이 된다. 가끔 200달러 선불카드를 지급하는 것보다 심부름을 대행해주는 태스크래빗이나 우버 같은 이동 서비스를 통해 직원들에게 자유시간을 조달해줄 때 직원들의 시간 풍요가 커지는 긍정적인 변화가 나타난다.

물론 그것은 직원들이 그 서비스를 사용할 때의 이야기다! 휴가에 관해 이야기하자면 노동자들 역시 시간 보상의 가치를 인식하지 못하고 있다. 207개 기업(직원 20만 명)을 대상으로 얻은 데이터에 따르면 보상으로 시간 절약 상품권을 제공하는 기업은 80개 미만이었다. 그 80개 기업의 직원들 가운데 단 3.2퍼센트만이 자신의 보상 포인트를 시간 절약 보상과 교환한 반면 67퍼센트는 책과 같은 물질적 보상을 선택했다.[29] 이런 결과가 나타난 이유는 직원들이 시간 보상을 사치로 인식했기 때문으로 짐작된다. 아마도 그들은 시간 보상을 현금이나 선불카드로 구입 가능한 물질적 재화와 비교했을 것이다.

시간 보상을 사치라고 생각하는 반감을 해결하는 방법 중 하나는 직원들의 보상 선택을 '긍정적인 시간' 확보를 위한 결정으로 한정하는 것이다. 스탠퍼드 대학의 연구자들이 수행한 시범연구에서는 의사들에게 시간 보상 서비스 쿠폰을 지급했다. 동료를 돕는다거나, 자발적으로 특별강의를 맡는다거나, 학생에게 멘토링을 해주는 것처럼 공식적으로는 인정받지 못

하는 업무를 수행한 의사들에게 쿠폰을 지급했다.[30]

의사들 중 하나는 이렇게 말했다. "만약 내가 동료 의사의 수업에서 일일 특강을 하고 쿠폰을 받는다면, 그 쿠폰으로 식료품을 주문할 수 있습니다. 시장에 다녀올 시간이 없으니까요. 아니면 쿠폰을 사용해 연구계획서 작성이나 강의용 시각자료 제작을 다른 사람에게 의뢰할 수 있습니다. 이 쿠폰은 제 시간을 확보하는 데 정말로 도움이 됩니다." 한 의사는 이것을 사용해 출산한 아내를 도왔다. 다른 의사는 자신이 잠깐 자리를 비울 때 "업무 공백을 채워줄" 동료에게 자신의 쿠폰을 기부했다.[31] 비자발적으로 쿠폰을 받은 의사들은 일과 삶의 균형이 개선됐고 일을 그만두고 싶은 마음이 줄어들었다고 응답했다.

직원들로 하여금 시간 절약 보상을 선택하도록 하는 또 하나의 방법은 시간 기반 보상에 금전적 가치를 부여하는 것이다.[32] 기업이 직원들의 돈을 우선시하는 사고방식에 호소해서 시간 절약이 '더 현명한' 것처럼 보이게 하면 직원들은 유급휴가를 사용하거나 시간 절약형 보상을 받을 것이다. 실리콘밸리의 인사 책임자 한 명은 이렇게 말했다. "사람들이 급여가 더 낮고 휴가를 더 많이 주는 일자리에 지원하도록 하려면 단지 연봉만이 아니라 건강관리, 자녀돌봄, 교통비 보조금, 휴가, 병가 등을 모두 계산해서 보상의 총액을 제시해야 합니다.

그래야 직원들이 자신이 실제로 받는 급여 액수를 알 수 있잖아요."

비현금성 보상에 금전적 가치를 매기면 직원들의 흥미가 높아지는지 알아보기 위해 나는 동료들과 함께 3,000명의 미국인을 대상으로 8편의 연구를 수행했다. 우리는 구직자들에게 거의 똑같은 2개의 일자리를 제시하고 하나를 선택하도록 했다.

- 연봉 10만 달러 + 2주의 유급휴가
- 연봉 9만 달러 + 3주의 유급휴가

구직자들의 4분의 3은 연봉이 더 높은 일자리를 선택했다. 하지만 휴가를 돈으로 환산해서 계산하면 어떻게 될까?

- 연봉 10만 달러 + 2주의 유급휴가(연봉으로 환산한 가치는 3,846달러)
- 연봉 9만 달러 + 3주의 유급휴가(연봉으로 환산한 가치는 5,192달러)

두 번째 계산법을 보여주자 연봉이 높은 일자리를 선택한 구직자의 수는 50퍼센트로 떨어졌다. 유급휴가 이외의 혜택

(예. 건강보험)을 한 줄로 나열하고 현금 가치를 매겨서 보여줬을 때도 결과는 비슷했다(사회초년생 구직자가 저임금 일자리를 선택할 때는 이 방법이 통하지 않았다. 사회초년생 구직자들은 돈에 훨씬 민감하다).

그러므로 시간을 돈으로 환산해서 제시하는 방법은 인재 채용에 유용한 전략이 된다. 회사가 시간을 돈으로 환산해서 제시했을 때 구직자들은 고용주가 진심으로 직원들을 아끼고 일과 삶의 균형에 신경을 쓰는 사람이라는 인상을 받았다고 답했다. 그리고 회사의 입장에서 시간을 돈으로 환산할 때 얻게 되는 장점이 하나 더 있다. 조직 내 다양성이 증진된다는 것이다. 여성들은 대개 자신도 직급이 높은 자리를 얻을 수 있다고 생각하지만 그런 자리에 꼭 가고 싶어 하지는 않는다.[33] 시간을 돈으로 환산하는 간단한 조치만 취해도 회사가 더 가족친화적으로 보일 수 있다. 또 직원들이 유급휴가를 모두 사용하게 하거나 시간 보상을 제공하도록 하는 회사는 더 많은 여성을 잠재적 구직자로 끌어들일 수 있다.

이 책은 젠더 문제를 강조하지는 않는다. 돈보다 시간을 우선시하면 여성들만이 아니라 남성들에게도 이익이 된다는 것이 나의 주장이다. 하지만 연구 결과에 따르면 시간을 중시하는 인사 관행의 혜택은 여성에게 더 많이 돌아갈 가능성이 높다. 여성이 여전히 육아의 책임을 더 많이 지고 있는 것이 현실이기 때문이다.

시간을 더 요구할 권리를 주자

노동자들은 휴가를 사용하지 않아야 한다는 압박을 받는 것과 마찬가지로 직장에서 시간을 더 달라는 요구를 잘 하지 못한다. 시간을 더 달라고 했다가 무능하고 열정 없는 사람으로 보일 것을 우려하기 때문이다. 나의 연구진이 직원들과 관리자들을 대상으로 수행한 10편의 연구에 따르면 시간 빈곤을 느끼는 직원들은 마감 기한 조정이 가능한 경우에도 마감 연장 요청을 기피하고 있었다. 그들은 주어진 업무를 제대로 처리하기 위해 시간을 며칠 더 달라고 요청하기보다는 최적이 아닌 결과물을 제출하는 쪽을 택했다.[34]

직원들이 마감 연장을 요청하지 못하면 성과가 낮아질 우려가 있다. 나는 경영대학원 학생들에게 보고서를 작성하라고 지시하고 마감일을 유연하게 설정한 뒤 어떤 결과가 나타나는지 알아보는 연구를 진행했다. 시간이 더 필요한 경우 학생들은 강사에게 이메일을 보내 아무런 불이익 없이 기한 연장을 요구할 수 있었다. 그 결과, 기한 연장을 요청했던 학생들이 더 질이 높은 보고서를 제출했으며, 누가 마감 연장을 했는지 알지 못했던 교수는 그 학생들에게 더 높은 점수를 줬다.

기업에서 직급이 낮은 직원들과 여성 직원들은 시간을 더 달라고 요청하기가 더 어렵다. 그런 요청이 어떻게 받아들여질지를 걱정하기 때문이다. 여성 노동자와 젊은 노동자들이 직장 내 입지에 대해 더 불안해하고 관계 맺기에 더 집중한다는 통계도 있다.

이러한 소극성을 줄이는 방법은 시간 요구의 권리를 자연스러운 문화로 만드는 것이다. 일과 삶의 균형을 맞추기 위해 시간을 더 달라고 요구해도 괜찮다는 메시지를 직원들에게 전달해야 한다. 프로젝트 수행에 시간이 더 필요한데 말을 못 하고 격무에 시달리는 직원들에게는 '당신이 혼자가 아니다'라는 메시지를 전해야 한다. 일반적으로 마감 연장 요청이나 휴가 요청은 이메일이나 일대일 대화를 통해 비공개적으로 이뤄진다. 그래서 직원들은 그런 요청이 얼마나 많은지를 알지 못한다. 그들은 다른 직원들도 자신과 비슷한 스트레스를 경험한다는 사실을 모르고 있다.

고용주는 직원들에게 그들만 힘든 것이 아니며 시간을 더 사용하는 것은 정상이라고 말해줄 필요가 있다. 그런 일이 드물지 않다는 사실을 직원들에게 알려주는 것은 '나 혼자만 무능하고 불성실한 사람으로 보일 것'이라는 걱정을 덜어주는 쉽고도 효과적인 방법이다.

대부분 마감 기한이 얼마나 엄격한지를 명확하게 알려주지 않는다. 그래서 직원들은 마감을 연장할 수 있는지를 알지 못한다. 이렇게 모호한 상황에서 직원들은 마감 연장이 불가능할 수도 있다고 생각해서 시간을 더 달라는 요청을 회피하게 된다. (이것 역시 여성 직원과 젊은 직원들에게 더 불리하다.) 관리자들은 업무를 배분할 때 마감이 조정 가능한지 아닌지를 명확하게 알려줘야 한다.

어디에서나 일할 수 있도록 하자

직원들이 언제, 어디서 일할지를 스스로 결정하게 해주는 회사, 다른 도시에서 일하거나 한밤중에 일할 수도 있게 해주는 회사의 직원들은 더 행복하고 더 생산적이며 이직률도 낮다.[35] 나의 동료 프리스위라지 초드리Prithwiraj Choudhury가 수행한 연구에 따르면 원격근무가 허용되는 직원들은 전통적인 재택근무, 즉 원하는 시간에 일하긴 하지만 회사와 가까운 곳에 살기를 요구받는 직원보다 생산성이 4.4퍼센트 더 높았다. 연구진의 추정에 따르면 생산성 4.4퍼센트 향상은 미국 경제에 연평균 13억 달러(1조 5,500억 원)의 경기부양 효과가 나타나는 것과 같다.[36]

직원에게 결정권을 주는 제도에는 또 하나의 간접적인 효과가 있다. 직원들이 급여를 플로리다주와 같이 생활비가 적게 드는 지역으로 가져가서 사용할 수 있으므로 경제적으로 유리하다. 또 직원들이 통근에 사용하는 시간이 줄어든다. 이 연구에 참여한 직원들(총 600명)은 실험 기간 동안 운전하는 거리가 1인당 평균 135킬로미터씩 줄어들었고 배기가스 배출량은 총 4만 4,000톤 감소했다. 짐작건대 직원들은 자신들의 시간을 더 많이 통제할 수 있어서 스트레스를 덜 받고 더 행복해졌을 것이다.

물론 이 연구의 대상자들은 특수한 업무에 종사하기 때문에 자유로운 근무가 가능한 직원들이었다. 그러나 이런 제도에는 단점도 있었다. 일부 직원들은 혼자가 된다는 느낌을 좋아하지 않았고 직장에서 사람들과 교류할 기회를 놓치는 것도 아쉬워 했다. 연구자들은 자유롭게 근무하되 이른바 '스프린트 Sprint'(어려운 프로젝트를 신속하고 효율적으로 해결하기 위해 전력질주하듯 진행하는 프로그램−옮긴이) 기간에는 사무실에서 일하도록 하면 모든 직원이 상사, 동료들과 견고한 신뢰의 토대를 구축할 수 있다고 제안했다. 요즘 기업 현장에서는 학계에서 이미 오래전부터 시행되고 있었던 '안식 휴가sabbatical' 제도도 좋은 반응을 얻고 있다. 초기 연구에 따르면 안식 휴가 제도는 직원들에게도 좋고 회사에도 이로웠다.

직장의 인사 담당자들과 관리자들에게는 사고방식의 전환이 반드시 필요하다. 사고방식의 전환이 불편하게 느껴질 수도 있지만 그 효과는 데이터로 입증되고 있다. 회사가 직원들의 시간 풍요를 늘려줄 때 회사도 더 나은 인재와 충성도 높은 직원을 얻는다. 휴가를 가장 많이 사용하는 직원들(그리고 필요할 때는 마감 연장을 요청하는 직원들)이 가장 행복하고 생산성 높은 직원들이다. 관리자들은 이것을 쉽게 잊어버리지만 이러한 사실은 신빙성 있는 데이터가 입증하고 있다.

· · ·

시간 풍요를 증진하는 업무 방침에 대해 한 가지만 더 덧붙이고 싶다. 가장 중요한 것은 리더십이다. 관리자들이 직접 휴가를 사용하면서 분위기를 조성해야 한다. 관리자들이 "나는 자네의 기획안에 대답하기 위해 원래 우리가 계획했던 것보다 시간을 더 투입해서 생각을 해보고 싶네"라고 말해야 후임 직원들도 편안한 마음으로 자신의 업무에 기한 연장을 요청할 수 있다. 또한 관리자들은 휴가 중에 일을 한다거나 휴가를 사용하지 않는 것과 같은 부정적인 관행에 단호하게 대응해야 한다. 만약 당신이 관리자인데 휴가 중에 업무 관련 이메일을 보낸다면, 당신은 후임 직원들에게 '항상 응답 가능해야 한다'는 강렬한 신호를 보내는 셈이다. 그런 행동은 하지 말라.

당신이 밤늦은 시각, 이른 새벽, 또는 주말에 후임 직원에게 이메일을 보낼 경우에는 업무 외 시간에 연락하는 이유를 밝히고 즉시 응답을 해야 하는지 아닌지도 명확히 하라. 나는 비싼 대가를 치르면서 이것을 배웠다. 그때 나는 여행 중이었는데 새벽 3시에 누군가에게 이메일을 보냈다가 본의 아니게 연구진을 당황케 했다. 한 학생이 곧바로 다른 학생에게 문자메시지를 보내서 "지금 바로 답장을 보내야 할까?"라고 물어봤다. 두 학생은 시급하지도 않은 이메일 때문에 잠을 이루지 못했다. 나는 모범을 보였어야 마땅했다. 이메일 첫머리에 다음과 같이 짤막한 문구를 덧붙일 수 있었다. "지금 나는 여행 중입니다. 업무 시간이 아니라면 이 메일을 무시하세요." 아니, 그 메일을 보내지 않았더라면 더 좋았을 것이다. 이메일의 효용은 그것이 실시간 소통 수단이 아니며 신속한 확인을 요구하지 않는다는 데 있다(그리고 신속한 확인을 요구하지 않아야 한다).

세계적인 유행병, 시간 기근

한 연구에 따르면 시간 절약형 소비로 가장 큰 혜택을 얻는 사람들은 소득이 낮은 사람들이다. 시간 빈곤은 경제적 빈곤층에게 더 심각한 문제다.[37] 빈곤한 사람들은 부유한 사람들에 비해 통근시간이 더 길고, 둘 이상의 일을 하고, 서비스를 기다리는 시간이 더 길다. 이것은 우리를 난처하게 만드는 역설이다. 알다시피 소득이 낮은 사람들은 돈을 주고 시간을 살 여유가 없다고 스스로 생각해서 자유시간에 투자할 가능성이 낮다. 우리는 돈이 넉넉하지 않을 때조차도 시간을 되찾기 위해 우리가 생각하는 것보다 돈을 더 많이 써야 한다.

불행히도 우리의 사회구조는 이런 역설을 강화하며, 시간 빈곤에서 벗어나기 위해 도움을 받아야 하는 사람들을 타임 푸어로 만든다. 일례로 미국은 선진국 중에서 유급 출산휴가가 없는 유일한 나라다. 미국 엄마들은 대개 주정부의 임신장애휴가와 유급휴가 그리고 유료 도우미를 적절히 혼합해서 육아에 필요한 시간과 돈을 확보하려고 낑낑댄다. 또 미국은 돌봄에 대한 혜택이 가장 적고 돌봄에 대한 공적 책임도 가장 적은 나라다.[38]

각국의 정부가 시간 빈곤이라는 국민의 짐을 덜어주기 위해 사용할 수 있는 수단들을 살펴보자.

서류 간소화

우리는 허가증, 자격증, 소득공제, 보조금, 교육비 지원, 건강보험금 등을 받기 위해 갖가지 서류를 작성하고 정부기관을 찾아가서 기다려야 한다. 미국 워싱턴주에서 최근에 시행된 정책에 따르면 저소득층 의료보험 혜택을 받으려는 가정은 서류를 31쪽이나 작성해야 한다. 공무원들도 다 아는 사실이지만 바쁘고 가난한 사람들은 이처럼 복잡한 서류를 준비할 수가 없다. 그 결과 의료부조를 필요로 하는 적격 가구 중에서도 서류를 제출하는 가구의 수가 눈에 띄게 줄어들었다. 미국의 저소득층은 근무시간이 예측 불가능하고 교통수단이 변변치 않으며, 보육시설을 구하기도 어렵고 스트레스를 많이 받기 때문에 관료제라는 울타리를 뛰어넘기가 불가능하다.[39]

하버드 로스쿨의 캐스 선스타인 교수는 다음과 같은 주장을 펼친다. "과도한 서류 작업은 시간만 많이 잡아먹는 것이 아닙니다. 서류를 너무 많이 요구하면 사회 인프라의 개선에 방해가 됩니다. 또한 빈곤이 증가하고 경제성장률이 떨어집니다. 결정적으로 서류가 너무 많으면 사람들이 삶을 변화시킬 수 있는 기회와 혜택에 접근하기가 어려워집니다."[40]

시간 조달 프로그램

나는 근로빈곤층의 시간 빈곤을 완화하면 어떤 좋은 점이 있는지를 알아보기 위해 세계에서 가장 큰 빈민가이자 빈곤이 극심한 곳 중 하나인 케냐 나이로비의 키베라Kibera 지역에서 대규모 연구를 수행했다. 키베라의 빈민가에 사는 여성들은 매주 집안일을 비롯한 각종 무급 노동에 40시간을 사용하고 있었다. 손빨래를 하고 빨래가 다 마를 때까지 지켜보는(옷가지를 누가 훔쳐 가지 않도록) 일에 주당 10시간을 사용했다. 그런데 여성 노동자의 하루 평균 임금이 5달러밖에 안 되는 이곳에도 시간 절약 서비스 시장이 존재한다. 이런 사실은 모든 공공부문 정책 종사자에게 사람들의 시간이 매우 가치 있는 것이며 국가가 국민에게 시간 풍요를 제공할 방법이 있다는 교훈을 전해주리라 생각한다.[41]

키베라 여성들은 때때로 시간을 조달한다. 하루치 임금의 절반에 가까운 돈을 다른 사람에게 주고 빨래를 해달라거나 옷가지를 동네 세탁소에 맡겨달라고 부탁한다. 또 그들은 시장까지 걸어갔다 오는 시간을 확보하기 위해 다른 사람에게 돈을 주고 채소를 사다 달라고 한다. 하루 5달러(미국달러 기준) 미만의 수입으로 살아가는 한부모 워킹맘 글레이디스는 나에게 이렇게 말했다. "대신 시장에 가줄 사람을 고용하면 저는 시간을 벌지요. 그 시간에 휴식을 취하고, 아이들과 같이 있어주고, 제 노점에서 채소를 더 많이 판매할 수 있지요. 제 입장에서는 그만한 돈을 지불할 가치가 있어요."

이런 서비스는 경제적 빈곤에 시달리는 여성들에게 꼭 필요한 것인데도 빈곤층을 위한 시간 조달 서비스를 과소평가하는 경우가 많다. 그 서비스를 통해 혜택을 받을 수 있는 사람들도 그렇고 지원 프로그램을 만드는 정책 담당자들도 시간 조달 서비스의 가치를 제대로 알지 못한다.

나는 하버드 대학교의 공공정책 전문대학원인 케네디스쿨의 공공정책 과정에 있는 40명의 예비 공직자들에게 물었다. 다음의 2가지 제도 중에 어느 쪽이 여성의 복리 증진에 더 효과적일까? 하나는 일하는 여성들의 노동 시간을 절약해주는 제도였고 다른 하나는 일하는 여성에게 현금을 지원해주는 제도였다. 시간 절약 지원책이 더 효과적일 것이라는 답변은 응답자의 약 10퍼센트에 불과했다. 내가 그들에게 3가지 정책 프로그램(현금을 지급하는 프로그램, 반조리식을 제공하는 프로그램, 시간을 절약해주는 프로그램) 중 하나를 선택하라고 명시적으로 제시했을 때도 응답자 중 단 13퍼센트(4명)만이 시간 절약 프로그램을 선택했다. 나머지 87퍼센트는 현금을 선택했다.

다행히 비영리기구들은 가난한 나라의 일하는 여성들에게 노동 시간 절약 서비스가 필요하다는 점을 인식하기 시작했다. 2016년 멀린다 게이츠Melinda Gates는 이 문제에 관한 글을 블로그에 올렸다. 그리고 세계 각국의 여성들이 남성들보다 무급 노동에 더 많은 시간을 쓰고 있다는 내용의 '시간 빈곤: 아무도 이야기하지 않는 격차'라는 동영상을 제작했다. 멀린다 게이츠는 "여성들이 집안일에 쏟아붓는 막대한 시간은 그들의 삶 전체를 왜곡합니다"라고 주장했다. 비영리단체들은 그런 주장을 행동으로 옮겼다. 여성들의 시간 풍요를 증진하고 그것이 교육적인 성과로 이어지도록 한다는 목표 아래 여성들에게 노동 시간절약 서비스가 제공되기 시작했다.[42]

인도의 비영리기구인 '원프로스퍼OneProsper'(나는 이곳과 협력

업무를 하고 있다)는 빗물저장 장치를 제공함으로써 사람들이 물을 구하기 위해 하루에 6~8시간씩 걷지 않아도 되게 해준다. 또 원프로스퍼는 인도 소녀들에게 자전거를 제공해 학교에 더 빨리 도착할 수 있도록 한다. 그러자 학교에 나가는 여성과 소녀들의 수가 증가했다. 13세 소녀 보미는 자전거와 빗물저장 장치를 받고 나서 나에게 이렇게 말했다. "물을 길으러 가지 않아도 되니까 고된 노동이 없어졌어요. 지금 저는 9학년 과정을 공부하고 있어요. 이전에는 걸어서 학교에 가기란 불가능에 가까웠는데, 자전거가 제 삶을 바꿔놓았고 저는 공부를 계속할 수 있게 됐어요. 기부해주신 분들 덕분에 저는 이제 읽기를 배우고 학교에 다녀요. 삶이 완전히 달라졌어요."

휴가의 의무화

역사적으로 대부분의 나라에서 정부의 정책은 물질적 빈곤을 완화하는 데 중점을 뒀다.[43] 지금까지는 국내총생산GDP(한 나라 안에서 생산된 재화와 서비스의 금전적 가치의 총합)과 같은 지표가 사회적 웰빙의 주된 척도로 간주됐다. 정책 담당자들이 부가 축적되면 행복도 커진다는 공통적인 믿음을 가지고 있었기 때문이다. 최근에는 각국 정부들이 국민의 웰빙을 촉진하는 다른 요인들에 눈을 돌리기 시작했다. 다른 요인들이란 국민들이 자신의 삶을 얼마나 낙관적으로 전망하는가, 대기오염

이 얼마나 심한가, 사회의 소득불평등은 어느 정도인가 등이
다.[44]

지금까지 정책 입안자들이 간과했던 하나의 요인은 시간 풍
요(또는 시간 풍요의 결여)다. 연구진이 79개 국가의 데이터베이
스를 활용해 시간 풍요와 행복의 연관성을 분석한 결과, 일보
다 여가를 더 가치 있게 여기는 국민이 많은 나라일수록 행복
도가 높았다. 정부의 형태라든가 국가의 상대적인 부는 국민
의 행복도에 별다른 영향을 주지 못했다.[45]

시간을 우선시하는(돈을 우선시하지 않는) 나라에 사는 사람들
은 금전적인 걱정에 덜 시달리기 때문에 더 행복했다. 2008년
금융위기 이후 미국의 GDP는 4.3퍼센트 감소했다. 지금 이 책
을 집필하는 시점의 GDP 감소 폭은 제2차 세계대전 이후로 최
대를 기록하고 있다. 글로벌 금융위기 이후로는 우울증과 스트
레스가 증가하고 낙관주의와 행복도는 낮아졌다.[46] 반면 미국
인만이 아니라 다른 나라에서도 일 바깥에서 의미를 찾고 돈보
다 시간을 우선시하는 사람들은 행복도가 크게 감소하거나 스
트레스가 급증하지는 않았다.[47]

정책 입안자들은 국민의 시간과 돈을 대하는 사고방식을 바
꿔야 한다. 그리고 시간 풍요와 행복을 증진할 방법에 대해 질
문을 던져야 한다. 생산성을 높이고 소비를 늘리는 정책을 시
행하는 것(사실은 그런 노력이 우리의 시간 풍요와 행복을 억누르고

있을지도 모른다)과 마찬가지로, 이제는 GDP 수치에서 벗어나 웰빙을 측량하고 그 수치를 높이기 위해 행동하면 어떨까?

일보다 여가를 더 가치 있게 여기는 사람들의 비율은 나라마다 다르다. 네덜란드는 40퍼센트인 반면 탄자니아는 1.2퍼센트에 불과하다. 일반화해서 말하면 라틴아메리카와 아프리카처럼 빈곤과 극심한 소득불평등이 만성화한 지역에는 일보다 여가를 가치 있게 생각하는 국민이 적었다.[48]

이러한 결과는 국민에게 시간 중심적 결정을 권장하는 정책이 있을 때 국민이 더 행복해진다는 것을 암시한다. 회사들이 유급휴가를 사용하는 직원에게 인센티브를 주고, 가족돌봄 휴가를 의무화하는 데 적극 나서고, 나아가 근로시간을 단축하면 직원들의 건강과 행복은 크게 향상된다. 「세계 행복 보고서」에서 상위 10위 안에 들었던 스웨덴의 고센버그Gothenburg 시의회에서는 최근 하루 8시간 근무제를 6시간 근무제로 바꿨다. 이 실험에 참여한 직원들은 더 행복해지고 스트레스가 감소했으며 생산성이 높아지고 병가가 줄어들었다.[49]

도시계획 재정비

시간을 가장 많이 잡아먹는 활동은 역시 통근이다. 기업가인 아슬라이네 로드리게스Aslyne Rodriguez는 '엠파워버스EmpowerBus' 라는 회사를 설립해서 서비스가 불충분한 동네에 사는 노동자

239

들에게 대중교통을 지원했다.[50]

고용주와 인력 파견업체들의 자금 지원을 받는 '엠파워버스' 서비스는 저소득층 노동자들에게 통근(저소득층 노동자들은 보통 통근시간이 길다)에 필요한 교통수단을 제공하고, 그들이 절약한 시간을 시간 풍요 활동에 재배치하도록 한다. 저소득층 노동자들을 위한 시간 발견 서비스인 셈이다. 노동자들은 출퇴근 시간을 아껴서 강의(고등학교 수업이나 대학 강의)를 들을 수도 있고, 능력을 계발할 수도 있고, 느긋하게 쉬면서 음악을 들을 수도 있다. 시간 빈곤을 유발하던 활동이 삶을 풍요롭게 하는 활동으로 갑자기 바뀌었다. 현재 엠파워버스는 그 버스를 타는 노동자들에게 식료품 배달 서비스를 제공해 시간을 발견하고 조달하는 영역으로 사업을 확장하고 있다. 그렇게 되면 사람들이 장보기에 사용하던 시간도 자유로워진다. 식료품이 풍부하지 못한 지역에 살아서 하루 중 상당한 시간을 들이지 않으면 건강한 식사를 하기 어려운 저소득층에게는 큰 도움이 된다.

오하이오주에 사는 한 여성은 다음과 같은 이야기를 들려줬다. "저는 차가 없는데 우리 동네에는 인도가 없기 때문에 슈퍼마켓까지 걸어가기는 어려워요. 그런데 약국이 딸린 식료품 매장에 다녀야만 하는 형편이에요. 아이 중 하나가 특이질환을 앓고 있거든요. 엠파워버스가 생기기 전에는 한 달에 15

번 이상 택시를 타고 식료품점에 다녀오곤 했습니다. 택시비만 오가는 데 각각 8달러씩 들었으니 정말 비용이 많이 들었지요." 엠파워버스는 그녀가 이동하는 것을 도와줄 뿐 아니라 식료품을 차에서 내리는 일도 도와준다. 엠파워버스 덕분에 돈도 많이 절약된다. 한 번에 16달러씩 내면서 택시를 30번 탄다고 치면 한 달에 480달러, 1년이면 5,760달러가 든다. 5,760달러(약 680만 원)는 그녀가 1년 동안 지불하는 집세의 3분의 1에 가까운 액수다. 반면 엠파워버스는 무료로 이용할 수 있으며, 이동 시간은 조금 더 걸리지만 시간 비용은 식료품 배달 서비스로 상쇄된다.

각국 정부들이 자신들이 가장 잘하는 일을 해도 좋다. 벌금과 지원금 같은 규제를 통해 어떤 행동은 장려하고 어떤 행동은 의무화함으로써 사람들의 행동을 변화시키는 것이다. 여러 가지 앱을 통해 사람들에게 교통체증이 심하지 않은 경로를 알려주거나 이동 시간을 결정하는 데 도움을 주면 문제의 일부는 해결된다. 이렇게만 된다면 얼마나 좋은 일인가! 2018년 한 해 동안 미국인들은 교통체증 때문에 평균 97시간을 낭비했다. 돈으로 환산하면 총 870억 달러(약 100조 원)에 가까운 비용이 들었다. 운전자 1인당 평균 1,348달러(약 160만 원)에 달한다.[51] 요즘에는 앱을 이용해서 카풀할 사람을 구할 수 있다. 이런 서비스는 시간을 절약하고 통근시간을 개선한다. 낮선 사람들과 이야기를 나누고 인맥을 쌓을 때 우리는 더 행복해지고, 스트레스를 덜 받고, 인맥도 넓힐 수 있다.

하지만 대다수 사람들은 차량공유 앱을 사용하지 않고(차량공유 앱을 한 번이라도 써본 사람의 비율은 36퍼센트밖에 안 된다) 혼자 차를 몰고 출근한다(76퍼센트).[52] 얼마 전에 나는 학생들 중 한 명과 함께 8차례의 현장 실험을 수행했다. 출퇴근이 필요한 노동자들에게 스마트폰 앱으로 출근 카풀을 해보라고 설득했는데, 8차례에 걸친 실험은 모두 처참하게 실패했다. 8만 명의 노동자 중에 우리의 설득이 통해서 카풀 앱을 써본 사람은 22명에 불과했다.[53]

정부는 교통체증 할증료와 주차금지와 같은 규제 정책을 시행함으로써 사람들이 차량공유 등의 서비스를 이용하도록 유도해야 한다. 출퇴근에 소요되는 수많은 시간이 절약되고, 교통체증이 줄어들고, 사람들이 시간을 긍정적으로 사용하게 된다는 이점은 정책 시행의 비용을 충분히 상쇄한다.

시간의 가치 인식하기

또한 정부는 국민의 귀중한 시간을 앗아가는 관료제를 개선하기 위해 정책기획 전담반을 만들어야 한다. 커피를 미리 주문해놓고 나중에 찾으러 가는 시스템이 행정에도 도입돼야 한다. 2016년 필라델피아주의 펜실베이니아 대학병원에서는 서비스 제공 과정의 병목현상을 해소하기 위해 의사, 보건경제학자, 정책기획자들로 이뤄진 팀을 만들었다.

그 팀의 구성원들은 "복잡한 것을 명확한 것으로 바꾸기 위해" 서비스가 제공되는 과정을 여러 개의 핵심 기능으로 나눴다.[54] 팀원 중 하나는 다음과 같이 말한다. "현대화된 세상에서는 일들이 뒤죽박죽되기가 쉽습니다. 단순하게 만들기가 더 어렵지요. 보통 우리는 설문조사에 질문 몇 개를 덧붙이고, 디지털 인터페이스에 버튼을 추가하고, 사람들에게 더 많은 짐을 떠안깁니다. 하지만 말을 덧붙이고 화면과 페이지, 게시판과 업무를 늘리는 것이 해결책인 경우는 드물어요." 뭐든지 복잡하게 만들면 시간을 더 많이 잡아먹는다. 서비스 제공 과정을 개선하면 수많은 사람들의 시간이 자유로워진다.

• • •

자발적인 것이든 강요된 것이든 간에 시간에 관한 선택은 사회 구성원 모두의 건강과 행복 그리고 경제적 기회에 관한 권리에 결정적인 영향을 끼친다. 우리가 도로의 차들 사이에 끼여 보내는 모든 시간은 우리가 가족과 즐겁게 보내거나, 공동체에 기여하거나, 일하거나, 우리 자신을 계발하는 데 사용하지 못하는 시간이다. 통계에 따르면 자유시간이 없는 사람, 또는 시간이 없다고 생각하는 사람은 대체로 건강 상태가 좋지 못하다. 앞에서 살펴봤듯이 시간이 없다는 느낌은 집에서 어린 자녀와 함께 생활하는 부모들부터 생계를 위해 여러 직업을 가진 사람들에 이르기까지 모든 사람을 괴롭힌다. 시간 빈곤은 학생들에게도 영향을 끼친다. 학생들은 점점 무거운 빚에 짓눌리고 있으며 성적을 잘 받아야 한다는 극심한 경쟁에 직면하고 있다. 그래서 빡빡한 공부 일정을 소화하는 동시에 풀타임 아르바이트를 하고 있다.

기업, 조직, 정부는 모든 사람이 시간을 똑똑하게 사용하도록 함께 노력해야 한다. 그 출발점으로서 데이터를 더 많이 수집해야 한다. 개인들의 시간 사용에 관해서는 막대한 데이터가 축적되고 있지만 기업, 지방자치단체, 국가 차원의 데이터는 거의 없다. (나는 지금 이 부분을 연구하고 있다. 5년쯤 후에 여러분에게 알려드리겠다.) 부유한 나라들만이 아니라 전 세계 나라들의 막대한 패널 데이터panel data(동일 집단에 대해 일정 기간 동안 반복적으로 수집한 데이터─옮긴이)에 나타난 시간 사용 양태를 더 잘 파악하게 되면 각국의 지방정부와 중앙정부 내에서 시간 빈곤에 관한 대화가 활발하게 이뤄질 것이다. 그리고 정부 기관들은 시간 빈곤을 개인들은 물론이고 기업, 도시, 국가의 웰빙에 영향을 미치는 공중보건 문제로 이해해야 한다.

집중적인 노력이 투입되지 못하면 시간 빈곤은 세계인의 행복과 계층이동을 가로막는 장벽으로 남을 것이다.

우리가 지금 당장 해야 할 일은 많이 있고, 나도 이 책을 통해 여러 가지 아이디어를 소개했다. 우리가 할 수 있는 일이 하나 더 있다면 기업과 정부에게 문제를 인식시키는 것이다. 이제 당신이 당신 자신의 시간 빈곤을 인식하고 그것에서 탈출하기 위해 작은 노력을 기울이려고 하는 만큼, 정부 기관들에게도 똑같이 하라는 요구를 해야 한다. 창의적인 해법을 찾아내려면 개개인의 행동만으로는 불충분하다. 우리에게는 패러다임의 전환이 필요하다. 작가 앤 헬렌 피터슨Anne Helen Petersen의 표현을 빌려보자. "사회적 차원에서 스트레스와 번아웃을 줄이려면 제도적인 변화가 요구된다. 그것은 피부 관리나 업무를 보면서도 운동을 할 수 있게 만든 러닝머신책상으로 해결할 수 없는 문제다."[55]

아멘.

왜 이렇게 금방 어두워졌지?
오후가 오기도 전에 밤이 왔잖아.
6월이 되기도 전에 12월이 왔잖아. 맙소사,
시간이 정말로 날아가 버렸어. 어떻게 이렇게 빨리 해가 졌을까?

- 닥터 수스, 동화작가

나가며

삶에 리셋이 필요한 순간

미래의 시간은 약속과 위험으로 채워져 있다.

지금까지 시간과 돈, 현대사회에 관한 몇 가지 본질을 이해하기 위해 먼 길을 왔다. 시간 빈곤은 물질적으로 중요한 문제다. 이것은 우리가 아는 사실이다. 우리에게는 데이터가 있다. 우리는 '이스털린의 역설Easterlin Paradox(소득이 일정 수준을 넘어 기본 욕구가 충족되면 소득이 증가해도 행복은 더 이상 증가하지 않는다는 이론- 옮긴이)'이 진실임을 안다. 부의 축적이 항상 행복의 증대로 이어지지는 않는다. 모든 희생을 감내하며 직업적 성공을 추구하는 것은 우리가 '할 일은 너무 많은데 그 일들을 처리할 시간은 부족하다'고 느끼는 원인이지 그 현상에 대한 해법이 아니다. 그리고 이런 식으로 살다 보면 부작용이

따른다. 우울감, 비만, 고독, 이기심 등 부작용의 목록은 끝이 없다.

우리는 이런 진실을 인정하기 시작했고, 개인적인 차원에서나 정책적인 차원에서 시간 빈곤을 극복하기 위한 개입을 고민하고 있다. 어떤 나라들은 주 4일제 근무를 시험적으로 실시하고 있다(유급 육아휴직과 마찬가지로 미국은 이 부분에서도 뒤떨어져 있다).

주 4일제 근무는 좋은 출발점이지만 우리는 더 멀리 나아가야 한다. 그렇지 않으면 미국인 가운데 시간 빈곤을 느끼는 사람들이 현재의 80퍼센트에서 90퍼센트로 증가하고, 나중에는 100퍼센트가 될지도 모른다. 우리는 비단 화이트칼라 종사자들만이 아니라 모든 계층의 노동자들을 돕기 위한 개입을 시도하고, 시간 사용에 변화를 이끌어내기가 어려워 보이는 직업(예. 교사, 보건의료인, 서비스 노동자)에도 정책적 개입을 시도해야 한다.

우리는 기업의 지도자들에게 시간 풍요가 경쟁력에 도움이 된다는 점을 납득시켜야 한다. 유능한 인재를 얻기 위한 전쟁 속에서 기업들은 시간 풍요를 진지하게 받아들여야 한다. 직원들에게 좋은 대우를 해주면 회사가 보답을 받는다는 명제도 처음부터 당연하게 여겨졌던 것은 아니다. 이 명제는 경험과 데이터를 통해 오랜 시간 동안 만들어졌으며 지금도 계속해서 근거를 확립하는 중이다. 이제 우리는 시간 풍요 근무 방침의 이점을 입증함으로써 이런 논의를 확대해나가야 한다. 그런 작업은 이미 시작됐다.

우리는 사회 전체가 '성공은 곧 경제성장'이라는 도식에서 벗어나 다른 방식으로 성공을 측정할 수 있도록 개입해야 한다. 사회가 개개인의 시간을 얼마나 가치 있게 여기는가도 성공의 지표가 될 수 있다. 사회가 성장률 수치에 집착하다 보면 결국엔 상당히 큰 비용을 치르게 된다. 여기서 비용이란 건강보험료 증가와 고령자가 은퇴를 하지 못해서 경제성장이 정체되는 현상, 그리고 사회적 참여의 결핍을 의미한다.

정책 변화는 사회 규범의 변화를 촉진할 수 있다. 만약 미국이 유급휴가를 의무화한다면 경기활성화에도 도움이 될 것이다. 무엇이 중요한가를 둘러싼 담론도 근본적으로 변화할 것이다. 일보다 여가를 가치 있게 생각하는 나라들이 더 행복하고 경제침체와 같은 충격에 뒤따르는 정신적 충격에도 잘 대처한다는 사실이 밝혀진 바 있다. 알다시피 행복은 생산성을 증진한다. 그래서 사회규범을 완전히 뒤집어 돈이 동력이 되는 사회에서 시간을 똑똑하게 사용하는 사회로 전환할 경우 자연히 생산성은 높아지고 건강보험료 지출은 낮아질 것이다. 담론의 변화에는 전염성이 있는데, 사회과학자들의 말에 따르면 그 전염력은 매우 강하다. 우리는 다른 사람들을 보고 우리 자신이 어떻게 행동할지를 결정한다.[1] 사람들이 여가를 온전히 즐기고 긍정적 경험을 하도록 해주는 정책이 있으면 다른 조직에서도 그런 정책을 도입할 것이다.

또한 첨단기술 전문가들은 사회의 모든 영역에서 시간 풍요라는 결과를 이끌어내는 방향으로 기술을 발전시켜야 한다. 자율주행 자동차와 같은 상품들은 출퇴근을 조율하고 대기오염을 증가시키지 않는다는 조건 아래 상대적으로 부유한 사람들에게 시간 풍요를 약속한다. 넓게 보면 자동화 기술이 사람들의 시간을 절약해줄 가능성은 어느 때보다 크다. 또 첨단기술은 우리 사회에서 가장 형편이 어렵고 시간 빈곤이 심한 사람들을 돕는 방향으로 설계될 수도 있다. 내가 인도와 아프리카에서 만났던 빈곤층 여성들을 생각해보자. 사람들이 당연하게 여기는 기본 사양의 세탁기와 로봇 청소기는 이 여성들에게 교육과 자녀 양육에 쓸 수 있는 시간을 수천 시간이나 제공한다. 그렇게 해서 그 여성들이 안정감과 자신감을 얻으면 그들의 사회적 지위가 향상되고 그들이 사는 동네의 전반적인 생활수준도 높아진다.

이것은 우리가 모두 지지해야 할 미래의 모습이다. 나는 지금까지 얻은 데이터를 활용하고 앞으로 더 많은 데이터를 수집해서 우리 모두가 시간 풍요의 미래를 누리도록 노력할 것이다. 나는 앞으로 10년 동안 시간 빈곤(물질적 빈곤만이 아니라)을 감소시키는 노력이 교육 불평등, 비만, 기후변화와 같은 우리 사회의 심각한 문제들을 해결하는 중요한 열쇠라고 생각한다. 나는 진지하게 이야기하는 것이고, 당신도 같은 생각이기를 바란다.

왜냐하면 변화는 '당신'에게서 시작되기 때문이다. 내가 이 책을 개개인을 대상으로 쓴 이유가 그것이다. 시간을 똑똑하게 활용하고, 시간을 잘 활용할 때 당신에게 어떤 변화가 생기는지를 발견하라. 다음으로 시간에 대한 당신의 접근법을 다른 사람들에게 알려주고 그 사람들도 당신의 방법을 따라 하게 만들라.

· · ·

이 글을 쓰고 있는 지금, 나와 동료들은 하버드 대학교 경영대학원 교수인 전설적인 대학자 클레이튼 크리스텐슨Clayton Christensen의 부고를 접하고 슬픔에 잠겨 있다. 그의 '파괴적 혁신' 이론은 지난 20세기 후반의 경영학에서 가장 중요한 이론이었다고 해도 과언이 아니다.

나는 집필을 마무리하기 위해 앉아 있다가 크리스텐슨이 『하버드 비즈니스 리뷰Harvard Business Review』(2010년 7-8월호)에 기고했던 「우리의 삶을 수량화하는 방법은?How Will You Measure

Your Life?」이라는 유명한 글을 다시 찾아봤다. 그 글의 주제와 발상은 당신이 이 책에서 읽은 내용과 일치한다. 삶의 목적을 생각하라. 그 목적을 달성하기 위한 전략을 세워라. 의도를 가지고 행동하라. 돈과 직업적 성공이 당신을 행복하게 해주리라고 기대하지 말라.

2010년에 크리스텐슨이 이 글을 썼을 때 그는 암과 싸워 이긴 직후였다. 비록 그 암은 10년쯤 후 재발해 우리에게서 그를 앗아가지만. 그는 시간에 관한 냉혹한 진실을 정면으로 응시했다. 시간은 유한하다. 한 번 흘러간 시간은 돌아오지 않는다. 이러한 진실을 직시한 덕분에 그는 그 자신의 주장을 실천하면서 보고, 느끼며 살아갔다.

나는 나의 연구 결과를 활용한 기업들이 막대한 이익을 창출했다는 사실을 똑똑히 알고 있다. 내가 상당한 영향력을 가지고 있었다는 사실도 안다. 하지만 암이라는 병을 마주하고 보니 그 사회적 영향력이란 것이 나에게 지극히 무의미하다는 사실이 참으로 흥미롭다.

내가 이 책에서 소개한 전략들은 학문적으로 정밀하게 검증된 것들이다. 솔직히 말하면 나는 시간이라는 주제만 파고드는 괴짜 학자다. 그리고 나는 당신이 믿을 수 없을 만큼 바쁘다는 것도 안다. 당신이 이 책을 읽는 데 시간을 투자한 만큼, 시간 풍요가 당신에게 중요하다는 생각이 들었기를 바란다. 이 책을 읽고 나서 당신이 삶의 목적에 관해 생각해보고 그 목적을 이루기 위해 행동할 여유를 찾았기를 바란다.

또한 시간 풍요를 추구하는 것은 이기적인 행동이 아니라는 것을 당신이 확실히 알았기를 바란다. 실제로는 그 반대다. 당신이 당신 자신은 어떤 사람인지, 지금 하는 일을 왜 하는지를 곰곰이 생각해서 당신의 가치관과 일치하는 방식으로 행동할 수 있도록 시간을 재구성하면 주변 사람들도 함께 행복해진다.

우리는 언젠가 이 장의 첫머리에 소개한 닥터 수스의 훌륭한 서정시를 구슬프게 읊조리게 될지도 모른다. 하지만 세상을 더 행복하게 만들고 개인 차원에서나 공동체 차원에서 시간을 똑똑히 사용해서 의미 있는 삶을 살기 위해 지금 당장 우리가 할 수 있는 일은 너무나 많다.

그런 일들을 하자고 마음먹기만 하면 된다. 시간이 날아가 버리기 전에.

시간에 대한 흥미로운 질문들

동료와 학생들, 저녁식사 손님들, 가족들, 그리고 내가 가끔 이용하는 우버 차량의 운전자들은 늘 나에게 시간과 돈과 행복에 관한 흥미로운 질문을 던진다. 이 부록에는 내가 가장 자주 듣는 질문 몇 가지를 수록했다. 질문에 대한 답변은 간결하게 하고, 더 자세히 알고 싶은 사람을 위해서는 참고자료를 제공한다.

'시간이냐 돈이냐'가 정말로 개인적인 차원의 결정인가요?

우리가 부유하든 가난하든, 아이가 있는 기혼자든 아니면 미혼자든 청년이든 노년이든 간에 우리는 돈보다 시간을 가치 있게 여길 때 더 큰 행복을 얻는다. 그런데도 사람들은 나에게 의미심장한 질문을 던진다. 우리가 어떤 결정을 하고 얼마나 행복한가는 우리의 사회적 처지에 달려 있지 않나요? 독자들은 그들의 배우자와 자녀, 직장과의 관계에서 시간-돈의 선택을 어떻게 하고 어떻게 행복을 만들어가야 하는지를 자주 물어본다. 그리고 그들의 말이 옳다. 우리의 사회적 처지는 우리의 시간과 돈에 관한 결정을 좌우한다.

우리가 부모가 되면 날마다 사용할 수 있는 시간의 양은 우리의 자녀(때에 따라 반려동물도)가 결정한다. 돈과 시간에 관한 선택도 마찬가지다. 은퇴를 하면 사용 가능한 자유시간의 양과 그 자유시간을 사용하는 방식이 달라진다. 우리가 시간을 조달하거나(예. 청소도우미) 시간을 발견하기 위해(예. 휴가) 활용할 수 있는 전략들을 수용하는 정도는 기업과 국가마다 다르다. 사회는 우리에게 각기 다른 기대를 부과한다. 그 기대는 우리가 속한 인구 집단의 특징과 사회적 계층에 따라 달라진다. 여성들은 가사노동을 더 많이 해야 한다. 그래서 그들은 한꺼번에 여러 가지 목표를 추구해야 하고, 지위가 높은 자리를 덜 원하며 그런 자리를 얻기도 남성보다 어렵다. 저소득층에 속한 사람들은 종종 가족에게 더 많이 봉사해야 하며 근무시간이 고정되지 않은 일을 해야 한다. 그래서 가난한 사람은 자신이 사랑하는 사람들을 돌볼 것이냐, 근근이 현상 유지를 할 것이냐 중에 하나를 선택할 수밖에 없다.

시간 빈곤의 원인과 결과가 사회적 계층과 젠더에 따

라 어떻게 달라지는가에 관해서는 다음의 연구를 참조하라. Hartmut Rosa, *Social Acceleration: A New Theory of Modernity*(New York: Columbia University Press, 2013). 그리고 우리가 시간-돈에 관한 결정을 내릴 때는 배우자와 협력해야 한다. 이것은 어려운 일일 수도 있다. 시간-돈에 관해 어떤 선택을 할지 탐색하는 방법은 다음을 참조하라. H. R. Bowles and K. L. McGinn, "Gender in Job Negotiations: A Two-Level Game," *Negotiation Journal 24*, no. 4(2008): 393-410.

이 책에서는 우리가 개인으로서 하는 결정에 초점을 맞추긴 했지만, 시간과 돈에 관한 결정은 진공상태에서 하는 것이 아니다. 시간과 돈이라는 가치의 속성과 사람의 행동을 이해하고 개입하기 위해서는 더 많은 연구가 필요하다.

거주지가 시간의 행복 가치를 결정하나요?

일에 집착하지 않는 지역에 살면서 시간을 가치 있게 여기면 더 행복해지는가? 내가 자주 받는 질문이다. 당신도 이미 짐작하고 있겠지만, 대답은 '예'이다. 나의 연구진은 업무 규범과 업무에 관한 신념이 사람들이 시간을 사용하고 여가를 즐기는 방식과 어떤 관련이 있는지를 탐구했다. 장시간 일하는 지역에 사는 사람들은 친교활동이나 봉사활동과 같은 여가활동에 참여할 때 행복을 덜 느꼈다. 업무에 관한 신념도 중요한 것으로 나타났다. 좋은 사람이 되려면 열심히 일해야 한다는 믿음이 보편화된 지역에 사는 사람들은 이웃들이 몇 시간 일하느냐와 무관하게 여가를 적게 즐겼다.

이런 결과를 종합해보면 우리의 이웃들이 행동하는 방식과 일의 가치에 관한 사회적 통념은 우리의 일과 여가시간 그리고 행복의 관계에 중요한 역할을 한다. 우리가 시간을 우선시하는 결정의 기쁨을 온전히 누리려면 사회 전체가 시간을 귀중하게 여기도록 촉구해야 한다.

그냥 행동지침을 알려주면 안 되나요?

나는 시간 풍요와 행복을 얻기 위한 공식을 맞춤형으로 만들어 달라는 부탁을 자주 받는다. 그런 말을 들을 때마다 실망한다. 모두에게 들어맞는 해답은 존재하지 않는다. 우리의 가치관과 필요, 우선순위는 각기 다르다. 그리고 시간 선택에 대한 반응도 각기 다르다.

개인적인 예를 하나 들어보자. 최근 나의 남편은 이 책의 전제로 사용된 연구 결과를 보더니 전일제 일을 그만두기로 결심했다. 지금 그는 프리랜서로 일하고 있으며 언제 어디서 일할지를 스스로 결정한다. 그는 이런 식으로 일정을 조절하니 스트레스가 "팍" 줄었다고 이야기한다. 사장이 된 것 같아서 기분이 정말 좋다고도 한다. 그러나 어떤 사람에게는 천국인 것이 다른 사람에게는 지옥일 수도 있다. 어떤 사람들은 유연성이 '없는' 직업을 가지기 위해 돈도 기꺼이 내려고 한다. 다음을 참조하라. A. Mas and A. Pallais, "Valuing Alternative Work Arrangements." *American Economic Review 107*, no. 12(2017): 3722−3759. 또 어떤 사람들은 굉장히 바빠서 집 안 청소를 남에게 맡기고 싶어 하면서도 아이들에게 힘든 노동의 가치를 가르치기 위해 도우미를 고용하지 않는다. 이런 결정도 괜찮다.

요약하자면 시간 풍요로 가는 길은 모든 사람에게 동일하지 않다. 내가 할 수 있는 가장 좋은 충고는 이 책에 소개된 방법 중에 당신에게 가장 잘 맞는 방법을 채택하라는 것이다. 그러고 나서 시행착오를 통해 배워나가면 된다. 일상적인 결정을 할 때나 중대한 결정을 할 때 시간 조달하기, 시간 발견하기, 시간의 틀 바꾸기와 같은 전략을 잘 활용하라. 재미를 위해 가장 강한 저항감이 드는 접근법도 시도해보라.

만약 당신이 집 안 청소나 세탁을 다른 사람에게 맡긴다는 발상 자체가 정말 싫다면, 딱 한 번만 시도해보고 여전히 꺼려지는지 확인하라. 그리고 그 이유를 곰곰이 생각해보라. 가끔 당신에게 익숙한 영역을 과감하게 벗어난다면 정말 많은 것을 배울 것이다. 이것은 돈, 시간 그리고 삶에 폭넓게 적용되는 진리다.

똑똑한 시간 사용 전략을 실행하고 나서 어떤 방법이 마음에 들었고 어떤 방법이 마음에 들지 않았는지를 나에게 알려달라. 어떤 방법이 효과적이었나? 어떤 방법이 시간 낭비였나? 당신의 가족은 어떻게 생각했는가? 우리가 힘을 합쳐 실험을 하면서 시간 빈곤의 해결책을 함께 만들어나가면 좋겠다. 실험 정신과 재미를 잊지 않기 위해 다음의 〈시간 풍요 체크리스트〉를 냉장고에 붙여두기를 권한다.

〈시간 풍요 체크리스트〉

당신이 시간 스트레스를 느끼고 있다면 다음과 같은 방법을 써보라.

✓ **시간을 추적하라.** 당신의 시간이 어디로 흘러가는지 확인하라.

✓ **당신이 무엇을 즐기는지 생각해보라.** 당신을 행복하게 만드는 일, 당신에게 의미를 주는 일, 생산적인 일에 더 집중하라.

✓ **그런 활동을 더 많이 하기 위해 자투리 자유시간을 찾아내라.** 당신이 더 많이 느끼고 싶은 감정들(예. 기쁨, 의미, 생산성)의

순위를 매겨보라.

√ **즐겁지 않거나 당신에게 스트레스를 주는 활동을 생각하라.** 당
신에게 불행이나 스트레스를 주는 일, 또는 생산적이지 않
은 일은 무엇인지 확인하라.

√ **즐겁지 않은 경험에 사용하는 시간의 양을 줄여라.** 시간 조달
하기(예. 도우미 구하기), 시간 발견하기(예. 회의 취소하기),
시간의 틀 바꾸기(예. 긍정적인 면을 바라보기)를 통해 부정적
인 경험을 최소화하라.

√ **자유시간을 미리 계획하라.** 당신이 자유시간에 하고 싶은 활
동을 계획표에 적어라. 만약 독서에 더 많은 시간을 들이고
싶다면, 정확히 언제 할지를 정해서 기록하라.

√ **여가를 즐겨라.** 이 모든 노력을 해본 후에는 업무용 이메일
창을 닫고 시간을 마음껏 즐겨라. 당신에게는 그럴 자격이
있다.

주

여기에 제시된 문헌들에 관해 더 자세한 설명이 필요하거나, 이 문헌들과 이 책에 인용된 연구들의 관계를 알고 싶다면 awhillans.com을 참조하라.

들어가며 우리는 왜 매번 시간관리에 실패할까

1. 시간 기근의 부정적인 결과를 지적한 다음 리뷰를 참조하라. L. Giurge and A. V. Whillans, "Beyond Material Poverty: Why Time Poverty Matters for Individuals, Organisations, and Nations" (working paper, Harvard Business School, no. 20–051, 2020).

2. 나의 연구에는 테일러-모건 테스트로 판별한 '시간 유형'과 웰빙, 노동 시간, 봉사활동, 일상적인 시간 사용 결정의 관계가 수록되어 있다. A. V. Whillans, A. C. Weidman, and E. W. Dunn, "Valuing Time over Money Is Associated with Greater Happiness," *Social Psychological and Personality Science* 7, no.3 (2016): 213–222.

3. Whillans et al., "Valuing Time over Money Is Associated with Greater Happiness." See also J. F. Helliwell and R. D. Putnam, "The Social Context of Well-Being," *Philosophical Transactions of the Royal Society of London, Series B: Biological Sciences 359* (2004): 1435–1446.

4. A. V. Whillans and E. W. Dunn, "Valuing Time over Money Is

261

Associated with Greater Social Connection." *Journal of Social and Personal Relationships 36*, no. 8 (2019): 2549-2565.

5. G. M. Sandstrom and E. W. Dunn, "Social Interactions and Well-Being: The Surprising Power of Weak Ties," *Personality and Social Psychology Bulletin 40*, no. 7 (2014): 910-922.

6. A. V. Whillans, J. Pow, and M. I. Norton, "Buying Time Promotes Relationship Satisfaction" (working paper, Harvard Business School, no. 18-072, January 2020).

7. A. Whillans, L. Macchia, and E. Dunn, "Valuing Time over Money Predicts Happiness after a Major Life Transition: A Preregistered Longitudinal Study of Graduating Students," *Science Advances 5*, no. 9 (2019): eaax2615. 리뷰 논문으로 다음을 참조하라. E. W. Dunn, A. V. Whillans, M. I. Norton, and L. B. Aknin, "Prosocial Spending and Buying Time: Money As a Tool for Increasing Well-Being," *Advances in Experimental Social Psychology 61* (2019): 67 – 126.

8. A. V. Whillans, A. Lee-Yoon, and E. W. Dunn, "When Guilt Undermines Consumer Willingness to Buy Time" (working paper, Harvard Business School, no. 18-057, January 2018, revised January 2020).

9. Giurge and Whillans, "Beyond Material Poverty." See also I. Hirway, *Mainstreaming Unpaid Work: Time-Use Data in Developing Policies* (Oxford: Oxford University Press, 2017).

10. J. M. Darley and C. D. Batson, "'From Jerusalem to Jericho': A Study of Situational and Dispositional Variables in Helping Behavior," *Journal of Personality and Social Psychology 27*, no. 1 (1973): 100.

11. Whillans et al., "Valuing Time over Money Is Associated with Greater Happiness." See also A. C. Hafenbrack, L. D. Cameron, G. M. Spreitzer, C. Zhang, L. J. Noval, and S. Shaffakat, "Helping People by Being in the Pre sent: Mindfulness Increases Prosocial Behavior," *Organizational Behavior and Human Decision Processes* (2019).

12. A. V. Whillans and E. W. Dunn, "Thinking About Time As Money

Decreases Environmental Behavior," *Organizational Behavior and Human Decision Processes 127* (2015): 44–52.

13. A. V. Whillans, "Time for Happiness: Why the Pursuit of Money Isn't Bringing You Joy—And What Will," hbr.org, January 29, 2019, https://www.hbs.edu/faculty/Pages/item.aspx?num=55600.

1장 타임 푸어가 되는 6가지 이유

1. A. V. Whillans, "Time for Happiness: Why the Pursuit of Money Isn't Bringing You Joy—And What Will," hbr.org, January 29, 2019, https://www.hbs.edu/faculty/Pages/item.aspx?num=55600.

2. D. S. Hamermesh and J. Lee, "Stressed Out on Four Continents: Time Crunch or Yuppie Kvetch?" *Review of Economics and Statistics 89*, no. 2 (2007): 374–383. See also D. S. Hamermesh, "Not Enough Time?" *American Economist 59*, no. 2 (2014): 119–127.

3. K. Parker and W. Wang, *Modern Parenthood: Roles of Moms and Dads Converge As They Balance Work and Family* (Washington, DC: Pew Research Center, March 14, 2013), https://www.pewsocialtrends.org/wp-content/uploads/sites/3/2013/03/FINAL_modern_parenthood_03-2013.pdf.

4. Pew Research Center, "Raising Kids and Running a House hold: How Working Parents Share the Load," November 4, 2015, https://www.pewsocialtrends.org/2015/11/04/raising-kids-and-running-a-household-how-working-parents-share-the-load/.

5. T. Kasser and K. M. Sheldon, "Time Affluence as a Path Toward Personal Happiness and Ethical Business Practice: Empirical Evidence from Four Studies," *Journal of Business Ethics 84*, no. 2 (2009): 243–255. See also Whillans, "Time for Happiness."

6. C. Mogilner, A. Whillans, and M. I. Norton, "Time, Money, and Subjective Well-Being," in *Handbook of Well-Being, Noba Scholar Handbook Series: Subjective Well-Being*, eds. E. Diener, S. Oishi, and L.

Tay (Salt Lake City, UT: DEF Publishers, 2018).

7. S. Roxburgh, "'There Just Aren't Enough Hours in the Day': The Mental Health Consequences of Time Pressure," *Journal of Health and Social Behavior 45*, no. 2 (2004): 115–131; J. Jabs and C. M. Devine, "Time Scarcity and Food Choices: An Overview," *Appetite 47*, no. 2 (2006): 196–204; D. Venn and L. Strazdins, "Your Money or Your Time? How Both Types of Scarcity Matter to Physical Activity and Healthy Eating," *Social Science and Medicine 172* (2017): 98–106; J. De Graaf, ed., *Take Back Your Time: Fighting Overwork and Time Poverty in America* (San Francisco: Berrett-Koehler, 2003).

8. 갤럽은 2013년 한 해 동안 미국에서 스트레스 때문에 발생한 비용을 약 1,900억 달러로 추산했다. Gallup, "Report: State of the American Workplace," Semptember 22, 2013, https://www.gallup.com/services/176708/state-american-workplace.aspx. 미국의 건강보험 시스템이 스트레스 만연 현상 때문에 지출한 비용은 매년 발생하는 건강보험료 지출액 전체의 5퍼센트 내지 8퍼센트로 추정된다. J. Goh, K. Pfeffer, and S. A. Zenios, "The Relationship Between Stressors and Mortality and Health Costs in the United States," *Management Science 62*, no.2 (2015): 608–628.

9. W. F. Stewart, J. A. Ricci, E. Chee, S. R. Hahn, and D. Morganstein, "Cost of Lost Productive Work Time Among US Workers with Depression," *JAMA 289*, no. 23 (2003): 3135–3144.

10. P. E. Greenberg, A. A. Fournier, T. Sisitsky, C. T. Pike, and R. C. Kessler, "The Economic Burden of Adults with Major Depressive Disorder in the US," *Journal of Clinical Psychiatry 76*, no. 2 (2015): 155–162.

11. L. A. Perlow, "The Time Famine: Toward a Sociology of Work Time," *Administrative Science Quarterly 44*, no. 1 (1999): 57–81.

12. M. Aguiar and E. Hurst, "Measuring Trends in Leisure: The Allocation of Time Over Five Decades," *Quarterly Journal of Economics 122*, no. 3 (2007): 969–1006.

13. OECD의 조사에 따르면 1950년에 미국의 전일제 노동자들은 주당 평균 37.8시간 일했다. 반면 2017년 미국의 전일제 노동자들은 주당 평균 34.2 시간 일했다. J. C. Messenger, S. Lee, and D. McCann, *Working Time around the World: Trends in Working Hours, Laws, and Policies in a Global Comparative Perspective* (Oxfordshire, UK: Routledge, 2007).

14. 2015년 퓨리서치센터의 조사에서 미국인 10명 중 7명은 온라인 서비스 또는 공유경제 서비스를 사용한다고 답했다. A. Smith, "How Americans Define the Sharing Economy," Pew Research Center, May 20, 2016, https://www.pewresearch.org/fact-tank/2016/05/20/how-americans-define-the-sharing-economy/.

15. 미국에서 성인들이 스마트폰을 사용하는 시간은 하루 평균 3시간 20분이다. 5년 전과 비교하면 2배로 늘어난 수치다. R. Marvin, "Tech Addiction by the Numbers: How Much Time We Spend Online," *PC Magazine*, June 11, 2018, https://www.pcmag.com/article/361587/tech-addiction-by-the-numbers-how-much-time-we-spend-online.

16. 미국인들은 약 12분마다 스마트폰을 확인한다. SWNS, "Americans Check Their Phones 80 Times a Day: Study," *New York Post*, November 8, 2017, https://nypost.com/2017/11/08/americans-check-their-phones-80-times-a-day-study/.

17. A. Bellezza, N. Paharia, and A. Keinan, "Conspicuous Consumption of Time: When Busyness and Lack of Leisure Time Become a Status Symbol," *Journal of Consumer Research 44*, no. 1 (2016): 118-138.

18. L. E. Park, D. E. Ward, and K. Naragon-Gainey, "It's All About the Money (For Some): Consequences of Financially Contingent Self-Worth," *Personality and Social Psychology Bulletin 43*, no. 5 (2017): 601-622.

19. M. Mazmanian, W. J. Orlikowski, and J. Yates, "The Autonomy Paradox: The Implications of Mobile Email Devices for Knowledge Professionals," *Organization Science 24*, no. 5 (2013): 1337-1357.

20. R. J. Dwyer, K. Kushlev, and E. W. Dunn, "Smartphone Use Undermines Enjoyment of Face-to-Face Social Interactions," *Journal*

of *Experimental Social Psychology* 78 (2018): 233–239; K. Kushlev and E. W. Dunn, "Smartphones Distract Parents from Cultivating Feelings of Connection When Spending Time with Their Children," *Journal of Social and Personal Relationships 36*, no. 6 (2019): 1619–1639; and K. Kushlev, R. Dwyer, and E. W. Dunn, "The Social Price of Constant Connectivity: Smartphones Impose Subtle Costs on Well–Being," *Current Directions in Psychological Science* (2019).

21. '시간 부스러기'라는 용어는 브리짓 슐트의 『타임 푸어 *Overwhelmed: How to Work, Love, and Play When No One Has the Time*』라는 책을 통해 널리 알려졌다(이 책의 국내 번역본에서는 '시간 조각'이라는 용어를 사용했다–옮긴이). 다음을 함께 참조하라. S. E. Lindley, "Making Time," in *Proceedings of the 18th ACM Conference on Computer Supported Cooperative Work and Social Computing* (ACM, February 2015): 1442–1452.

22. J. M. Hudson, J. Christensen, W. A. Kellogg, and T. Erickson, "I'd Be Overwhelmed, but It's Just One More Thing to Do: Availability and Interruption in Research Management," in *Proceedings of the SIGCHI Conference on Human Factors in Computing Systems*, eds. R. Grinter et al. (New York: Association for Computing Machinery, 2006), 97–104; B. O'Conaill and D. Frohlich, "Timespace in the Workplace: Dealing with Interruptions," in *Conference Companion on Human Factors in Computing Systems*, ed. C. Plaisant (New York: Association for Computing Machinery, 1994).

23. TV 프로그램 시청과 같은 오락적인 활동을 하고 있을 때 광고 영상과 같은 중간 방해를 받으면 그 오락적 경험이 더 즐거워진다는 연구 결과도 있다. 다음 두 편의 연구를 참조하라. L. D. Nelson and T. Meyvis, "Interrupted Consumption: Adaptation and the Disruption of Hedonic Experience," Journal of Marketing Research 45, no. 6 (2008): 654–664; L. D. Nelson, T. Meyvis, and J. Galak, "Enhancing the Television–Viewing Experience Through Commercial Intrerruptions," Journal of Consumer Research 36, no. 2(2009): 160–172. 하지만 이런 연구들은 보통 능동적인 주의력을 요구하지 않는 수동적 방해(예. TV 광고)에 해당하며, 현재 하고 있는 여가활동(예. TV 시청)의 생산성 저하 비용은 고려하지 않는다.

24. 민간 컨설팅 회사에서 미국의 근로자 600명을 대상으로 수행한 조사 결과를 참고했다. David Keller, "Survey: 81% of US Employees Check Their Work Mail Outside Work Hours," *TechTalk*, May 20, 2013, https://techtalk.gfi.com/survey-81-of-us-employees-check-their-work-mail-outside-work-hours/.

25. 멀티태스킹이 스트레스가 되는 이유는 '주의력 잔여물attention residue' 때문이다. 우리가 현재 하는 활동에서 다른 활동으로 주의를 돌렸다가 다시 원래 활동으로 돌아오려면 시간이 필요하다. S. Leroy, "Why Is It So Hard to Do My Work? The Challenge of Attention Residue When Switching Between Work Tasks," *Organizational Behavior and Human Decision Processes* 109, no.2 (2009). 168-181. '주의력 잔여물'의 발생 여부는 활동을 전환할 때 우리가 어떤 업무들 사이를 왔다 갔다 하느냐, 그리고 우리가 그 업무들을 어떻게 생각하느냐에 달려 있다. S. Leroy and A. M. Schmidt, "The Effect of Regulatory Focus on Attention Residue and Performance During Interruptions," *Organizational Behavior and Human Decision Processes 45*, no. 5 (2016): 218-235.

26. G. N. Tonietto, S. A. Malkoc, and S. N Nowlis, "When an Hour Feels Shorter: Future Boundary Tasks Alter Consumption by Contracting Time", *Journal of Consumer Research 45*, no. 5 (2019): 1085-1102

27. E. W. Dunn, A. V. Whillans, M. I. Norton, and L. and Buying Time: Money As a Tool for Increasing Well-Being," *Social Psychology 61* (2020): 67-126.

28. G. E. Donnelly, T. Zheng, E. Haisley, and M. I. Source of Millionaires' Wealth (Moderately) Predicts Their Happiness," *Personality and Social Psychology Bulletin 44*, no. 5 (2018): 684-699.

29. K. Kushlev, E. W. Dunn, and R. E. Lucas, "Higher Income Is Associated with Less Daily Sadness but Not More Daily Happiness," *Social Psychological and Personality Science 6*, no. 5 (2015): 483-489; and N. W. Hudson, R. E. Lucas, M. B. Donnellan, and K. Kushlev, "Income Reliably Predicts Daily Sadness, but Not Happiness: A Replication and Extension of Kushlev, Dunn, & Lucas (2015)," *Social*

Psychological and Personality Science 7, no. 8 (2016): 828−836.

30. A. T. Jebb, L. Tay, E. Diener, and S. Oishi, "Happiness, Income Satiation and Turning Points around the World," *Nature Human Behaviour 2*, no. 1(2018): 33.

31. J. W. Zhang, R. T. Howell, and C. J. Howell, "Living in Wealthy Neighborhoods Increases Material Desires and Maladaptive Consumption," *Journal of Consumer Culture 16*, no. 1 (2016): 297−316; and H. Kim, M. J. Callan, A. I. Gheorghiu, and W. J. Matthews, "Social Comparison, Personal Relative Deprivation, and Materialism,"*British Journal of Social Psychology 56*, no. 2(2017): 373−392.

32. P. M. Ruberton, J. Gladstone, and S. Lyubomirsky, "How Your Bank Balance Buys Happiness: The Importance of 'Cash on Hand' to Life Satisfaction," *Emotion 16*, no. 5(2016): 575.

33. L. B. Aknin, M. I. Norton, and E. W. Dunn, "From Wealth to Well− Being? Money Matters, but Less Than People Think," *Journal of Positive Psychology 4*, no. 6(2009): 523−527.

34. D. Kahneman, A. B. Krueger, D. Schkade, N. Schwarz, and A. A. Stone, "Would You Be Happier If You Were Richer? A Focusing Illusion," *Science 312*, no. 5782(2006): 1908−1910.

35. Hamermesh and Lee, "Stressed Out on Four Continents: Time Crunch or Yuppie Kvetch?"

36. S. E. DeVoe and J. Pfeffer, "Time Is Tight: How Higher Economic Value of Time Increases Feelings of Time Pressure," *Journal of Applied Psychology 96*, no. 4(2011): 665.

37. 위의 책

38. A. Furnham, M. Bond, P. Heaven, D. Hilton, T. Lobel, J. Masters, and H. Van Daalen, "A Comparison of Protestant Work Ethic Beliefs in Thirteen Nations," *Journal of Social Psychology 133*, no. 2 (1993): 185− 197. 미국에서는 청교도적 노동윤리가 과거부터 현재까지 매우 강한 힘을 발휘하므로 바쁨이 지위의 상징으로 비춰진다. 예컨대 미국에서는 바쁘다고

말하는 사람이 사회적 지위가 높은 것으로 인정받으며, 그런 사람이 시간이 많다고 말하는 사람보다 부유하고 더 중요한 사람인 것으로 간주된다. 다음 문헌을 참조하라. Bellezza et al., "Conspicuous Consumption of Time: When Busyness and Lack of leisure Time Becomes a Status Symbol." 이런 현상은 미국에만 나타나며 유럽에는 해당되지 않는다.

39. J. D. Hur and L. F. Nordgren, "Paying for Performance: Performance Incentives Increase Desire for the Reward Object," *Journal of Personality and Social Psychology 111*, no. 3(2016): 301.

40. I. Dar-Nimrod, C. D. Rawn, D. R. Lehman, and B. Schwartz, "The Maximization Paradox: The Costs of Seeking Alternatives," *Personality and Individual Differences 46*, no. 495-6(2009): 631-635; and S. I. Rick, C. E. Cryder, and G. Loewenstein, "Tightwards and Spendthrifts," *Journal of Consmer Research 34*, no 6(2008): 767-782.

41. 어린 자녀를 키우며 일하는 부모들은 시간 스트레스에 시달린다. H. Buddlemeyer, D. S. Hammermesh, and M. Wooden, "The Stress Cost of Children on Moms and Dads," *European Economic Review 109* (2018): 148-161; L. Craig and J. E. Brown, "Feeling Rushed: Gendered Time Quality, Work Hours, Nonstandard Work Schedules, and Spousal Crossover, *Journal of Marriage and Family 79*, no. 1(2017): 225-242. 아이를 키우며 일하는 바쁜 부모들조차도 시간보다 돈을 더 갖는 쪽을 선호했다. A. V. Whillans, A. C. Weidman, and E. W. Dunn, "Valuing Time over Money Is Associated with Greater Happiness," *Social Psychological and Personality Science 7*, no. 3(2016): 213-222, study 4.

42. A. V. Whillans, E. W. Dunn, P. Smeets, R. Bekkers, and M. I. Norton, "Buying Time Promotes Happiness," *Proceedings of the National Academy of Sciences 114*, no. 32 (2017): 8523-8527, study 9.

43. Data: Open Science Framework, "Time Use and Happiness of Millionaires," June 16, 2016, https://osf.io/vndmt/. See also P. Smeets, A. Whillans, R. Bekkers, and M. I. Norton, "Time Use and Happiness of Millionaires: Evidence from the Netherlands," *Social Psychological and Personality Science 11*, no. 3.(2020): 295 - 307.

44. D. Soman, "The Mental Accounting of Sunk Time Costs: Why Time Is Not Like Money," *Journal of Behavioral Decision Making 14*, no. 3 (2001): 169−185.

45. 『애틀랜틱The Atlantic』의 기자 데릭 톰프슨이 2019년 2월에 쓴 기사에서 인용했다. "Workism Is Making Americans Miserable," https://www. theatlantic.com/ideals/archive/2019/02/religion−workism−making− americans−miserable/583441/.

46. J. M. Horowitz and N. Graf, "Most U.S. Teens See Anxiety and Depression as a Major Problem Among Their Peers," Pew Research Center, February 20, 2019, https://www.pewsocialtrends. org/2019/02/20/most−u−s−teens−see−anxiety−and−depression−as− a−major−problem−among−their−peers/.

47. 리뷰 논문으로 다음을 참조하라. A. Keinan, S. Bellezza, and N. Paharia, "The Symbolic Value of Time," *Current Opinion in Psychology 26* (2019): 58−61.

48. F. Solt, "The Standardized World Income In equality Database," *Social Science Quarterly 97*, no. 5 (2016): 1267 − 1281.

49. P. K. Piff, M. W. Kraus, and D. Keltner, "Unpacking the In equality Paradox: The Psychological Roots of In equality and Social Class," *Advances in Experimental Social Psychology 57* (2018): 53 − 124.

50. Whillans et al., "Valuing Time over Money Predicts Happiness after a Major Life Transition: A Preregistered Longitudinal Study of Graduating Students."

51. A. Whillans, "Exchanging Cents for Seconds: The Happiness Benefits of Choosing Time over Money" (doctoral dissertation, University of British Columbia, 2017), study 5, section 2.9.

52. J. C. Lee, D. L. Hall, and W. Wood, "Experiential or Material Purchases? Social Class Determines Purchase Happiness," *Psychological Science 29*, no. 7 (2018): 1031−1039; and A. Whillans, A. Lee−Yoon, and E. W. Dunn, "When Guilt Undermines Consumer Willingness to

Buy Time" (working paper, Harvard Business School, no. 18−057, January 2018, revised January 2020), study 2.

53. L. Park, Y. Hun Jung, J. Shultz−lee, D. Ward, P. Piff, and A. V. Whillans, "Psychological Pathways Linking Income Inequality in Adolescence to Well−Being in Adulthood" (working paper).

54. Bellezza et al. "Conspicuous Consumption of Time: When Busyness and Lack of Leisure Time Become a Status Symbol"; C. K. Hsee, A. X. Yang, and L. Wang, "Idleness Aversion and the Need for Justifiable Busyness," *Psychological Science 21*, no. 7 (2010), 926−930; and C. K. Hsee, J. Zhang, C. F. Cai, and S. Zhang, "Overearning," *Psychological Science 24*, no. 6 (2013): 852−859. 리뷰 논문으로 다음을 참조하라. A. X. Yang and C. K. Hsee, "Idleness Versus Busyness," *Current opinion in Psychology 26* (2019): 15−18.

55. Bellezza et al., "Conspicuous Consumption of Time: When Busyness and Lack of Leisure Time Become a Status Symbol."

56. T. D. Wilson, D. A. Reinhard, E. C. Westgate, D. T. Gilbert, N. Ellerbeck, C. Hahn, and A. Shaked, "Just Think: The Challenges of the Disengaged Mind," *Science 345*, no. 6192 (2014): 75−77.

57. N. Whitehead, " People Would Rather Be Electrically Shocked Than Left Alone with Their Thoughts," *Science,* July 3, 2014, https://www.sciencemag.org/news/2014/07/people−would−rather−be−electrically−shocked−left−alone−their−thoughts.

58. M. Haller, M. Handler, and G. Kaup, "Leisure Time in Modern Societies: A New Source of Boredom and Stress?" *Social Indicators Research 111*, no. 2 (2013): 403−434.

59. 리뷰 논문으로 다음을 참조하라. J. D. Creswell, "Mindfulness Interventions," *Annual Review of Psychology 68* (2017): 491−516.

60. G. Zauberman and J. G. Lynch Jr., "Resource Slack and Propensity to Discount Delayed Investments of Time Versus Money," *Journal of Experimental Psychology: General 134*, no. 1 (2005): 23.

61. H. E. Hershfield, "The Self over Time," *Current Opinion in Psychology* 26 (2019): 72–75.

62. R. Buehler, D. Griffin, and M. Ross, "Exploring the 'Planning Fallacy': Why People Underestimate Their Task Completion Times," *Journal of Personality and Social Psychology 67*, no. 3 (1994): 366; and R. Buehler and D. Griffin, "Planning, Personality, and Prediction: The Role of Future Focus in Optimistic Time Predictions," *Organizational Behavior and Human Decision Processes 92*, no. 1–2 (2003): 80–90.

63. K. Wilcox, J. Laran, A. T. Stephen, and P. P. Zubcsek, "How Being Busy Can Increase Motivation and Reduce Task Completion Time," *Journal of Personality and Social Psychology 110*, no. 3 (2016): 371.

64. M. Zhu, Y. Yang, and C. K. Hsee, "The Mere Urgency Effect," *Journal of Consumer Research 45*, no. 3 (2018): 673–690.

65. Wilcox et al., "How Being Busy Can Increase Motivation and Reduce Task Completion Time."

2장   잠든 '휴면 시간'을 깨우다

1. 시간에 대한 중요한 결정은 삶의 질에 근본적이고 장기적인 변화를 일으킬 수 있다. 관련 연구로 다음을 참조하라. G. Marum, J. Clench-Aas, R. B. Nes, and R. K. Raanaas, "The Relationship Between Negative Life Events, Psychological Distress and Life Satisfaction: A Population-Based Study," *Quality of Life Research 23*, no. 2 (2014): 601–611.

2. A. V. Whillans, A. C. Weidman, and E. W. Dunn, "Valuing Time over Money Is Associated with Greater Happiness," *Social Psychological and Personality Science 7*, no. 3 (2016): 213–222.

3. S. M. Tully and E. Sharma, "Context-Dependent Drivers of Discretionary Debt Decisions: Explaining Willingness to Borrow for Experiential Purchases," *Journal of Consumer Research 44*, no. 5 (2017): 960–973; S. M. Tully, H. E. Hershfield, and T. Meyvis, "Seeking Lasting Enjoyment with Limited Money: Financial Constraints Increase

Preference for Material Goods over Experiences," *Journal of Consumer Research 42*, no. 1 (2015): 59–75; and L. E. Park, D. E. Ward, and K. Naragon–Gainey, "It's All About the Money (For Some): Consequences of Financially Contingent Self–Worth," *Personality and Social Psychology Bulletin 43*, no. 5 (2017): 601–622.

4. S. C. Matz, J. J. Gladstone, and D. Stillwell, "Money Buys Happiness When Spending Fits Our Personality," *Psychological Science 27*, no. 5 (2016): 715–725; and J. C. Lee, D. L. Hall, and W. Wood, "Experiential or Material Purchases? Social Class Determines Purchase Happiness," *Psychological Science 29*, no. 7 (2018): 1031–1039.

5. E. W. Dunn, A. V. Whillans, M. I. Norton, and L. B. Aknin, "Prosocial Spending and Buying Time: Money As a Tool for Increasing Well–Being," *Advances in Experimental Social Psychology 61* (2020): 67–126.

6. L. I. Catalino and B. L. Fredrickson, "A Tuesday in the Life of a Flourisher: The Role of Positive Emotional Reactivity in Optimal Mental Health," *Emotion 11*, no. 4 (2011): 938.

7. C. Young and C. Lim, "Time As a Network Good: Evidence from Unemployment and the Standard Workweek," *Sociological Science 1* (2014): 10.

8. M. P. White and P. Dolan, "Accounting for the Richness of Daily Activities," *Psychological Science 20*, no. 8 (2009): 1000–1008.

9. S. K. Nelson, K. Kushlev, and S. Lyubomirsky, "The Pains and Pleasures of Parenting: When, Why, and How Is Parenthood Associated with More or Less Well–Being?" *Psychological Bulletin 140*, no. 3 (2014): 846.

10. T. Burchardt, "Time, Income and Substantive Freedom: A Capability Approach," *Time and Society 19*, no. 3 (2010): 318–344.

11. R. E. Goodin, J. M. Rice, M. Bittman, and P. Saunders, "The Time–Pressure Illusion: Discretionary vs. Free Time," *Social Indicators Research 73*, no. 1 (2005): 43–70; and R. E. Goodin, J. M. Rice, A.

Parpo, and L. Eriksson, *Discretionary Time: A New Measure of Freedom* (Cambridge: Cambridge University Press, 2008).

12. 일상의 단순한 행동이 어떻게 삶의 질에 장기적 변화를 일으킬 수 있는가에 관한 리뷰 논문으로 다음을 참조하라. S. Lyubomirsky and K. Layous, "How Do Simple Positive Activities Increase Well-Being?" *Current Directions in Psychological Science 22*, no. 1 (2013): 57–62; K. Layous and S. Lyubomirsky, "The How, Who, What, When, and Why of Happiness: Mechanisms Underlying the Success of Positiive Interventions," in *Light and Dark Side of Positive Emotion*, ed. J. Gruber and J. Moskowitz (Oxford: Oxofrd University Press, in press).

13. D. Kahneman and A. B. Krueger, "Developments in the Measurement of Subjective Well-Being," *Journal of Economic Perspectives 20*, no. 1 (2006): 3–24; A. B. Krueger, D. Kahneman, D. Schkade, N. Schwarz, and A. A. Stone, "National Time Accounting: The Currency of Life," in *Measuring the Subjective Well-Being of Nations: National Accounts of Time Use and Well-Being*, ed. A. B. Krueger (Chicago: University of Chicago Press, 2009), 9–86; and A. A. Stone and C. Mackie, National Academies of Sciences, Engineering, and Medicine, "The Subjective Well-Being Module of the American Time Use Survey: Assessment for Its Continuation," in *Subjective Well-Being: Measuring Happiness, Suffering, and Other Dimensions of Experience* (Washington, DC: National Academies Press, 2013).

14. A. Mani, S. Mullainathan, E. Shafir, and J. Zhao, "Poverty Impedes Cognitive Function," *Science 341*, no. 6149 (2013): 976–980; S. Mullainathan and E. Shafir, S*carcity: Why Having Too Little Means So Much* (New York: Macmillan, 2013); G. V. Pepper and D. Nettle, "Strengths, Altered Investment, Risk Management, and Other Elaborations on the Behavioural Constellation of Deprivation," *Behavioral and Brain Sciences 40* (2017); and A. K. Shah, S. Mullainathan, and E. Shafir, "Some Consequences of Having Too Little," *Science 338*, no. 6107 (2012): 682–685.

15. C. Roux, K. Goldsmith, and A. Bonezzi, "On the Psychology of Scarcity: When Reminders of Resource Scarcity Promote Selfish (and Generous) Behavior," *Journal of Consumer Research 42*, no. 4 (2015): 615−631; and Tully et al., "Seeking Lasting Enjoyment with Limited Money: Financial Constraints Increase Preference for Material Goods over Experiences."

16. E. L. Kelly and P. Moen, "Rethinking the Clockwork of Work: Why Schedule Control May Pay Off at Work and at Home," *Advances in Developing Human Resources 9*, no. 4 (2007): 487−506; E. L. Kelly, P. Moen, and E. Tranby, "Changing Workplaces to Reduce Work−Family Conflict: Schedule Control in a White−Collar Organization," *American Sociological Review 76*, no. 2 (2011): 265−290; P. Moen, E. L. Kelly, E. Tranby, and Q. Huang, "Changing Work, Changing Health: Can Real Work−Time Flexibility Promote Health Behaviors and Well−Bing?" *Journal of Health and Social Behavior 52*, no. 4 (2011): 404−429; and P. Moen, E. L. Kelly, and R. Hill, "Does Enhancing Work−Time Control and Flexibility Reduce Turnover? A Naturally Occurring Experiment," *Social Prob lems 58*, no. 1 (2011): 69−98.

17. 리뷰 논문으로 다음을 참조하라. E. E. Kossek, L. B. Hammer, E. L. Kelly, and P. Moen, "Designing Work, Family & Health Organizational Change Initiatives," *Organizational Dynamics 43*, no. 1 (2014): 53.

18. P. Smeets, A. Whillans, R. Bekkers, and M. I. Norton, "Time Use and Happiness of Millionaires: Evidence from the Netherladns," *Social Psychological and Personality Science 11*, no. 3. (2020): 295 − 307.

19. N. Lathia, G. M. Sandstrom, C. Mascolo, and P. J. Rentfrow, "Happier People Live More Active Lives: Using Smartphones to Link Happiness and Physical Activity," *PLOS ONE 12*, no. 1 (2017).

20. Smeets et al., "Time Use and happiness of Millionaires: Evidence from the Netherlands"; 리뷰 논문으로 다음을 참조하라. Mogilner et al., "Time, Money, and Subjective Well−Being."

21. 이 자료는 문의 시 공유 가능하다.

22. B. Schwartz, A. Ward, J. Monterosso, S. Lyubomirsky, K. White, and D. R. Lehman, "Maximizing Versus Satisficing: Happiness Is a Matter of Choice," *Journal of Personality and Social Psychology 83*, no. 5 (2002): 1178.

23. J. Holt-Lunstad, T. B. Smith, M. Baker, T. Harris, and D. Stephenson, "Loneliness and Social Isolation As Risk Factors for Mortality: A Meta-Analytic Review," *Perspectives on Psychological Science 10*, no. 2 (2015): 227-237.

24. G. M. Sandstrom and E. W. Dunn, "Social Interactions and Well-Being: The Surprising Power of Weak Ties," *Personality and Social Psychology Bulletin 40*, no. 7 (2014): 910-922; G. M. Sandstrom and E. W. Dunn, "Is Efficiency Overrated? Minimal Social Interactions Lead to Belonging and Positive Affect," *Social Psychological and Personality Science 5*, no. 4 (2014): 437-442; N. Epley and J. Schroeder, "Mistakenly Seeking Solitude," *Journal of Experimental Psychology: General 143*, no. 5 (2014): 1980; and E. J. Boothby, G. Cooney, G. M. Sandstrom, and M. S. Clark, "The Liking Gap in Conversations: Do People Like Us More Than We Think?" *Psychological Science 29*, no. 11 (2018): 1742-1756.

25. C. Mogilner, Z. Chance, and M. I. Norton, "Giving Time Gives You Time," *Psychological Science 23*, no. 10 (2012): 1233-1238; and Z. Chance and M. I. Norton, "I Give Therefore I Have: Charitable Giving and Subjective Welath," paper presented at Association for Consumer Research Annual North American Conference, Jacksonville, FL, October 1, 2010. 시간이나 돈 같은 귀중한 자원을 남에게 나눠줄 때 우리는 우리가 이 두 가지 자원을 충분히 가지고 있다고 자신에게 신호를 보낸다. 이런 이론을 자기 지각 이론self-perception theory이라고 한다. D. J. Bem, "Self-Perception Theory," *Advances in Experimental Social Psychology 6* (1972): 1-62.

26. M. Rudd, K. D. Vohs, and J. Aaker, "Awe Expands People's Perception of Time, Alters Decision Making, and Enhances Well-Being," *Psychological Science 23*, no. 10 (2012): 1130-1136.

27. D. Keltner and J. Haidt, "Approaching Awe, a Moral, Spiritual, and Aesthetic Emotion," *Cognition and Emotion 17* (2003): 297 – 314; P. K. Piff, P. Dietze, M. Feinberg, D. M. Stancato, and D. Keltner, "Awe, the Small Self, and Prosocial Behavior," *Journal of Personality and Social Psychology 108*, no. 6 (2015): 883; J. W. Zhang, P. K. Piff, R. Iyer, S. Koleva, and D. Keltner, "An Occasion for Unselfing: Beautiful Nature Leads to Prosociality," *Journal of Environmental Psychology 37* (2014): 61–72.

28. M. E. Porter and N. Nohria, "How CEOs Manage Time," *Harvard Business Review*, July – August 2018.

29. Dunn et al., "Prosocial Spending and Buying Time: Money As a Tool for Increasing Well-Being."

30. S. Frederick, N. Novemsky, J. Wang, R. Dhar, and S. Nowlis, "Opportunity Cost Neglect," *Journal of Consumer Research 36*, no. 4 (2009): 553–561; and M. Gagne and A. Whillans, "Overcoming Barriers to Buying Happier Time," *Undergraduate Journal of Psychology 75* (2016). Data available upon request.

31. A. V. Whillans, "Time for Happiness: Why the Pursuit of Money Isn't Bringing You Joy—And What Will," Special issues on HBR Big Idea: Time Poor and Unhappy, hbr.org, January 29, 2019, https://www.hbs.edu/faculty/Pages/item.aspx?num=55600.

32. Whillans, "Time for Happiness."

33. Whillans, "Time for Happiness."

34. 참가자들은 『뉴욕 타임스New York Times』의 도움을 받아 온라인으로 수집한 데이터를 바탕으로 모집했다. 『뉴욕 타임스』는 다음 기사를 작성하기 위해 자체적으로 수집한 데이터를 우리가 참가자들의 모든 개인정보를 비공개 한다는 조건으로 활용을 허락했다. C. Richards, "Maybe You Shouldn't Outsource Everything After All," May 7, 2018, https://www.nytimes.com/2018/05/07/your-money/outsource-happiness.html.

35. A. V. Whillans and C. West, "Alleviating Time Poverty Among the

Working Poor" (working paper, Harvard Business School, 2020), https://www . aeaweb . org / conference / 2020 / preliminary / paper / 3rf3SEb2.

36. A. V. Whillans and E. W. Dunn, "When Guilt Undermines Consumer Willingness to Buy Time" (working paper, Harvard Business School, no. 18–057, January 2018, revised January 2020), study 2.

37. A. Lee–Yoon, G. Donnelly, and A. V. Whillans, "Overcoming Resource Scarcity: Consumers' Responses to Gifts Intending to Save Time and Money" (working paper, Harvard Business School, no. 20–072, 2020).

38. C. Richards, "Maybe You Shouldn't Outsource Everything After All," May 7, 2018, https://www.nytimes.com/2018/05/07/your–money/outsource–happiness.html.

39. A. V. Whillans, J. Pow, and M. I. Norton, "Buying Time Promotes Relationship Satisfaction" (working paper, Harvard Business School, no. 18–072, January 2020); and M. S. Clark and J. Mils, "The Difference Between Communal and Exchange Relationships: What It Is and Is Not," *Personality and Social Psychology Bulletin 19*, no. 6 (1993): 684–691.

40. Lee–Yoon et al., "Overcoming Resource Scarcity: Consumers' Responses to Gifts Intending to Save Time and Money."

41. J. Galak, J. Givi, and E. F. Williams, "Why Certain Gifts Are Great to Give but Not to Get: A Framework for Understanding Errors in Gift Giving," *Psychological Current Directions in Psychological Science 25*, no. 6 (2016): 380–385.

42. P. E. Jose, B. T. Lim, and F. B. Bryant, "Does Savoring Increase Happiness? A Daily Diary Study," *Journal of Positive Psychology 7*, no. 3 (2012): 176–187; and J. Quoidbach, E. V. Berry, M. Hansenne, and M. Mikolajczak, "Positive Emotion Regulation and Well–Being: Comparing the Impact of Eight Savoring and Dampening Strategies," *Personality and Individual Differences 49*, no. 5 (2010): 368–373.

43. C. West, C. Mogilner, and S. DeVoe, "Taking Vacation Increases Meaning at Work," *ACR North American Advances* (2017). 리뷰 논문으로 다음을 참조하라. C. Mogilner, H. E. Hershfield, and J. Aaker, "Rethinking Time: Implications for Well-Being," *Consumer Psychology Review 1*, no. 1 (2018): 41-53.

44. J. Etkin, I. Evangelidis, and J. Aaker, "Pressed for Time? Goal Conflict Shapes How Time Is Perceived, Spent, and Valued," *Journal of Marketing Research 52*, no. 3 (2015): 394-406.

45. A. J. Crum, P. Salovey, and S. Achor, "Rethinking Stress: The Role of Mindsets in Determining the Stress Response," *Journal of Personality and Social Psychology 104*, no. 4 (2013): 716; and O. H. Zahrt and A. J. Crum, "Perceived Physical Activity and Mortality: Evidence from Three Nationally Representative US Samples," *Health Psychology 36*, no. 11 (2017): 1017.

46. Crum et al., "Rethinking Stress: The Role of Mindsets in Determining the Stress Response."

47. J. Jachimowicz, J. Lee, B. R. Staats, J. Menges, and F. Gino, "Between Home and Work: Commuting As an Opportunity for Role Transitions" (working paper, Harvard Business School NOM Unit, no. 16-077, 2019).

48. L. L. Carstensen, "Selectivity Theory: Social Activity in Life-Span Context," *Annual Review of Gerontology and Geriatrics 11*, no. 1 (1991): 195-217; L. L. Carstensen, "Social and Emotional Patterns in Adulthood: Support for Socioemotional Selectivity Theory," *Psychology and Aging 7*, no. 3 (1992): 331; and L. L. Carstensen, "Evidence for a Life-Span Theory of Socioemotional Selectivity," *Current Directions in Psychological Science 4*, no. 5 (1995): 151-156.

49. A. Bhattacharjee and C. Mogilner, "Happiness from Ordinary and Extraordinary Experiences," *Journal of Consumer Research 41*, no. 1 (2013): 1-17.

50. J. L. Kurtz, "Looking to the Future to Appreciate the Present: The Benefits of Perceived Temporal Scarcity," *Psychological Science 19*,

no. 12 (2008): 1238–1241; and K. Layous, J. Kurtz, J. Chancellor, and
S. Lyubomirsky, "Reframing the Ordinary: Imagining Time As Scarce
Increases Well-Being," *Journal of Positive Psychology 13*, no. 3 (2018):
301–308.

51. J. Quoidbach and E. W. Dunn, "Give It Up: A Strategy for Combating
Hedonic Adaptation," *Social Psychological and Personality Science 4*,
no. 5 (2013): 563–568.

52. 이 부분의 근거가 된 데이터는 문의 시 공유 가능하다.

53. R. A. Emmons and C. M. Shelton, "Gratitude and the Science of
Positive Psychology," *Handbook of Positive Psychology 18* (2002): 459–
471; and J. W. Pennebaker, "Writing About Emotional Experiences As a
Therapeutic Process," *Psychological Science 8*, no. 3 (1997): 162–166.

54. M. Li and S. DeVoe, "Putting Off Balance for Later: A Temporal
Construal Approach to Time Allocation" (working paper, UCLA School of
Management, 2020).

55. E. T. Higgins, "Value from Regulatory Fit," *Current Directions in
Psychological Science 14*, no. 4 (2005): 209–213; and J. Cesario, H.
Grant, and E. T. Higgins, "Regulatory Fit and Persuasion: Transfer from
'Feeling Right,'" *Journal of Personality and Social Psychology 86*, no. 3
(2004): 388.

56. Whillans et al., "Valuing Time over Money Is Associated with Greater
Happiness."

57. Adapted from D. Soman, "The Mental Accounting of Sunk Time Costs:
Why Time Is Not Like Money," *Journal of Behavioral Decision Making
14*, no. 3 (2001): 169–185.

58. H. Collins and A. V. Whillans, "Accounting for Time," hbr.org, January
30, 2019, https://hbr.org/2019/01/accounting-for-time.

59. S. Moore and J. P. Shepherd, "The Cost of Fear: Shadow Pricing
the Intangible Costs of Crime," *Applied Economics 38*, no. 3 (2006):
293–300; N. Powdthavee, "Putting a Price Tag on Friends, Relatives,

and Neighbours: Using Surveys of Life Satisfaction to Value Social Relationships," *Journal of Socio-Economics 37*, no. 4 (2008): 1459－1480; and N. Powdthavee and B. Van Den Berg, "Putting Different Price Tags on the Same Health Condition: Re-Evaluating the Well-Being Valuation Approach," *Journal of Health Economics 30*, no. 5 (2011): 1032－1043.

60. 행복 수익의 증가량은 가계소득이 1만 달러 늘어날 때 행복도가 10점 만점 척도에서 0.5점 증가한다는 나의 선행 연구를 근거로 산출했다. 미국에 거주하는 미국인 근로자들의 전국 단위 표본에서 이러한 행복 수익 증가가 관찰됐다(N=1265). 또 사람들의 행복도가 0.5점 정도 높아진다는 데이터는 시간을 돈으로 살 때 직접적인 행복도 증가의 효과를 보여주는 다른 연구에서 가져왔다. 두 연구의 결과는 다음을 참조하라. A. V. Whillans, E. W. Dunn, P. Smeets, R. Bekkers, and M. I. Norton, "Buying Time Promotes Happiness," *Proceedings of the National Academy of Sciences 114*, no. 32 (2017): 8523－8527, study 9.

61. 연소득 5만 달러라는 예를 선택한 이유는 미국 인구조사국 통계에 따르면 이것이 미국의 중위 가계소득보다 약간 적은 금액이기 때문이다. 미국 인구조사국에 따르면 2018년 미국의 중위 가계소득은 6만 1,372달러였다. https://www.census.gov/library/stories/2018/09/hightest-median-household-income-on-record.html.

62. L. Giurge and A. V. Whillans, "Beyond Material Poverty: Why Time Poverty Matters for Individuals, Organisations, and Nations" (working paper, Harvard Business School, no. 20－051, 2020).

63. Study 4 of Whillans et al., "Valuing Time over Money Is Associated with Greater Happiness."

64. I. Dar-Nimrod, C. D. Rawn, D. R. Lehman, and B. Schwartz, "The Maximization Paradox: The Costs of Seeking Alternatives," *Personality 46*, no. 5－6 (2009): 631－635.

65. 이 부분의 근거가 된 데이터는 문의 시 공유 가능하다.

66. Whillans, "Time for Happiness: Why the Pursuit of Money Isn't Bringing You Joy—And What Will."

67. 10명 중 9명은 온라인 쇼핑을 할 때 최저가를 찾는다. 최저가 검색에 소요되는 시간은 약 32분이다: H. Leggartt, "Survey Reveals How Long Shoppers Spend Comparing Prices Online," BizReport, November 3, 2014, http://www.bizreport.com/2014/11/survey-reveals-how-long-shoppers-spend-comparing-prices-online.html.

68. Collins and Whillans, "Accounting for Time."

69. N. Powdthavee, "Putting a Price Tag on Friends, Relatives, and Neighbours: Using Surveys of Life Satisfaction to Value Social Relationships," Journal of Socio-Economics 37, no. 4 (2008): 1459 – 1480.

3장 시간을 내 편으로 만드는 법

1. A. Whillans, "Exchanging Cents for Seconds: The Happiness Benefits of Choosing Time over Money" (doctoral dissertation, University of British Columbia, 2017).

2. E. W. Dunn, A. V. Whillans, M. I. Norton, and L. B. Aknin, "Prosocial Spending and Buying Time: Money As a Tool for Increasing Well-Being," Advances in Experimental Social Psychology 61 (2020): 67 – 126.

3. S. E. Lea and P. Webley, "Money As Tool, Money As Drug: The Biological Psychology of a Strong Incentive," Behavioral and Brain Sciences 29, no. 2 (2006): 161–209.

4. K. D. Vohs, "Money Priming Can Change People's Thoughts, Feelings, Motivations, and Behaviors: An Update on 10 Years of Experiments," Journal of Experimental Psychology: General 144, no. 4 (2015): e86.

5. R. D. Horan, E. Bulte, and J. F. Shogren, "How Trade Saved Humanity from Biological Exclusion: An Economic Theory of Neanderthal Extinction," Journal of Economic Behavior and Organization 58, no. 1 (2005): 1–29.

6. Lea and Webley, "Money As Tool, Money As Drug: The Biological Psychology of a Strong Incentive."

7. 2016년 인도 정부는 부패 척결을 위해 500루피와 1,000루피 지폐를 폐지했다. 인도의 경제활동은 현금으로 이뤄지는데, 화폐개혁 당시에는 거래의 상당 부분이 500루피 이상의 지폐로 이뤄졌다. 따라서 500루피와 1,000루피 지폐를 사용하지 못하게 되자 시민들이 화를 냈던 것도 어느 정도 이해된다. "India Scraps 500 and 1,000 Rupee Bank Notes Overnight," BBC, November 9, 2016, https://www.bbc.com/news/business-37906742.

8. Y. L. Zhou, YT. Wang, L. Rao, L. Q. Yang, and S. Li, "Money Talks: Neural Substrate of Modulation of Fairness by Monetary Incentives," *Frontiers in Behavioral Neuroscience 8* (2014): 150; C. C. Wu, Y. F. Liu, Y. J. Chen, and C. J. Wang, "Consumer Responses to Price Discrimination: Discriminating Bases, Inequality Status, and Information Disclosure Timing Influences," *Journal of Business Research 65*, no. 1 (2012): 106–116; and T. Kim, T. Zhang, and M. I. Norton, "Pettiness in Social Exchange," *Journal of Experimental Psychology: General 148*, no. 2 (2019): 361.

9. A. Gasiorowska, L. N. Chaplin, T. Zaleskiexicz, S. Wygrab, and K. D. Vohs, "Money Cues Increase Agency and Decrease Prosociality Among Children: Early Signs of Market-Mode Behavios," *Psychological Science 27*, no. 3 (2016): 331–334. 누군가 우리에게 돈을 상기시키면 우리는 다른 사람을 돕는 대신 일을 하게 된다는 예측이 가능하지만 이 실험의 일부는 결과가 그대로 나오지 않기도 했다. E. M. Caruso, O. Shapira, and J. F. Landy, "Show Me the Money: A Systematic Exploration of Manupulations, Moderators, and Mechanisms of Priming Effects," *Psychological Science 28*, no. 8 (2017): 1148–1159.

10. H. E. Hershfield, C. Mogilner, and U. Barnea, "People Who Choose Time over Money Are Happier," *Social Psychological and Personality 7*, no. 7 (2016): 697–706.

11. T. Kasser, "Materialistic Values and Goals," *Annual Review of Psychology 67* (2016): 489–514.

12. P. M. Gollwitzer, "Implementation Intentions: Strong Effects of Simple Plans," *American Psychologist 54*, no. 7 (1999): 493.

13. K. L. Milkman, J. Beshears, J. J. Choi, D. Laibson, and B. C. Madrian, "Using Implementation Intentions Prompts to Enhance Influenza Vaccination Rates," *Proceedings of the National Academy of Sciences 108*, no. 26 (2011): 10415–10420; K. L. Milkman, J. Beshears, J. J. Choi, D. Laibson, and B. C. Madrian, "Planning Prompts As a Means of Increasing Preventive Screening Rates," *Preventive Medicine 56*, no. 1 (2013): 92–93; D. W. Nickerson and T. Rogers, "Do You Have a Voting Plan? Implementation Intentions, Voter Turnout, and Organic Plan Making," *Psychological Science 21*, no. 2 (2010): 194–199; T. Rogers, K. L. Milkman, L. John, and M. I. Norton, "Making the Best–Laid Plans Better: How Plan Making Increases Follow–Through," *Behavioral Science and Policy* (2013); and T. Rogers, K. L. Milkman, L. K. John, and M. I. Norton, "Beyond Good Intentions: Prompting People to Make Plans Improves Follow–Through on Important Tasks," *Behavioral Science and Policy 1*, no. 2 (2015): 33–41.

14. K. E. Lee, K. J. Williams, L. D. Sargent, N. S. Williams, and K. A. Johnson, "40–Second Green Roof Views Sustain Attention: The Role of Micro–Breaks in Attention Restoration," *Journal of Environmental Psychology 42* (2015): 182–189; and K. A. MacLean, E. Ferrer, S. R. Aichele, D. A. Bridwell, A. P. Zanesco, T. L. Jacobs, B. G. King, et al., "Intensive Meditation Training Improves Perceptual Discrimination and Sustained Attention," *Psychological Science 21*, no. 6 (2010): 829–839.

15. N. Fitz, K. Kushlev, R. Jagannathan, T. Lewis, D. Paliwal, and D. Ariely, "Batching Smartphone Notifications Can Improve Well–Being," *Computers in Human Behavior 101* (2019): 84–94.

16. A. V. Whillans and F. S. Chen, "Facebook Undermines the Social Belonging of First Year Students," *Personality and Individual Differences 133* (2018): 13–16; and K. Burnell, M. J. George, J. W. Vollet, S. E. Ehrenreich, and M. K. Underwood, "Passive Social Networking Site Use and Well–Being: The Mediating Roles of Social Comparison and the Fear of Missing Out," *Cyberpsychology: Journal of*

Psychosocial Research on Cyberspace 13, no. 3 (2019).

17. S. M. Schueller, "Personality Fit and Positive Interventions: Extraverted and Introverted Individuals Benefit from Different Happiness Increasing Strategies," *Psychology 3*, no. 12 (2012): 1166.

18. G. Tonietto and S. A. Malkoc, "The Calendar Mindset: Scheduling Takes the Fun Out and Puts the Work In," *Journal of Marketing Research 53*, no. 6 (2016): 922–936.

19. G. N. Tonietto, S. A. Malkoc, and S. M. Nowlis, "When an Hour Feels Shorter: Future Boundary Tasks Alter Consumption by Contracting Time," *Journal of Consumer Research 45*, no. 5 (2019): 1085–1102.

20. 위의 책

21. G. M. Sandstrom and E. W. Dunn, "Is Efficiency Overrated? Minimal Social Interactions Lead to Belonging and Positive Affect," *Social Psychological and Personality Science 54*, no. 4 (2014): 437–442.

22. M. S. Granovetter, "The Strength of Weak Ties," in Social Networks, ed. S. Leinhart (New York: Academic Press, 1977), 347–367; and M. Granovetter, "The Strength of Weak Ties: A Network Theory Revisited," *Sociological Theory 1* (1983): 201–233.

23. A. L. Sellier and T. Avnet, "So, What If the Clock Strikes? Scheduling Style, Control, and Well-Being," *Journal of Personality and Social Psychology 107*, no. 5 (2014): 791.

24. T. Avnet and A. L. Sellier, "Clock Time vs. Event Time: Temporal Culture or Self-Regulation?" *Journal of Experimental Social Psychology 47*, no. 3 (2011): 665–667.

25. 리뷰 논문으로 다음을 참조하라. L. Sellier and T. Avnet, "Scheduling Styles," *Current Opinion in Psychology 26* (2019): 76–79.

26. T. Rogers and K. L. Milkman, "Reminders Through Association," *Psychological Science 27*, no. 7 (2016): 973–986.

27. C. Blank, L. M. Giurge, L. Newman, and A. Whillans, "Getting Your Team to Do More Than Meet Deadlines," hbr.org, November 15, 2019,

https://hbr.org/2019/11/getting-your-team-to-do-more-than-meet-deadlines.

28. A. Thibault Landry and A. Whillans, "The Power of Workplace Rewards: Using Self-Determination Theory to Understand Why Reward Satisfaction Matters for Workers Around the World," *Compensation and Benefits Review 50*, no. 3 (2018): 123-148.

29. M. Kosfeld and S. Neckermann, "Getting More Work for Nothing? Symbolic Awards and Worker Per for mance," *American Economic Journal: Microeconomics 3*, no. 3 (2011): 86-99.

30. L. Shen, A. Fishbach, and C. K. Hsee, "The Motivating-Uncertainty Effect: Uncertainty Increases Resource Investment in the Process of Reward Pursuit," *Journal of Consumer Research 41*, no. 5 (2014): 1301-1315.

31. G. Grolleau, M. G. Kocher, and A. Sutan, "Cheating and Loss Aversion: Do People Cheat More to Avoid a Loss?" *Management Science 62*, no. 12 (2016): 3428-3438.

32. L. Pierce, A. Rees-Jones, and C. Blank, "The Negative Consequences of Loss-Framed Per for mance Incentives" (working paper, National Bureau of Economic Research, no. 26619, 2020).

33. 사람들이 시간을 되찾도록 도와주는 최신 앱에 관한 요약 기사를 원한다면, 내가 쓴 다음 기사를 참조하라. "Our Smartphone Addiction Is Killing Us: Can Apps That Limit Screen Time Offer a Lifeline?" *Conversation*, April 30, 2019, https://theconversation.com/our-smartphone-addiction-is-killing-us-can-apps-that-limit-screen-time-offer-a-lifetime-116220.

34. M. Zhu, Y. Yang, and C. K. Hsee, "The Mere Urgency Effect," *Journal of Consumer Research 45*, no. 3 (2018): 673-690.

35. C. Blank, L. M. Giurge, L. Newman, and A. Whillans, "Getting Your Team to Do More Than Meet Deadlines," hbr.org, November 15, 2019, https://hbr.org/2019/11/getting-your-team-to-do-more-than-meet-deadlines.

36. S. E. Devoe and J. House, "Time, Money, and Happiness: How Does Putting a Price on Time Affect Our Ability to Smell the Roses?" *Journal of Experimental Social Psychology 48*, no. 2 (2012): 466–474; J. House, S. E. Devoe, and C. B. Zhong, "Too Impatient to Smell the Roses: Exposure to Fast Food Impedes Happiness," *Social Psychological and Personality Science 5*, no. 5 (2014): 534–541. 실험 결과의 재현 여부에 관해서는 다소 논란이 있다. 이 연구는 시간에 금전적 가치를 매기는 것이 여가의 즐거움을 훼손한다는 가설을 입증하지는 못했다. S. Connors, M. Khamitov, S. Moroz, L. Campbell, and C. Henderson, "Time, Money, and Happiness: Does Putting a Price on Time Affect Our Ability to Smell the Roses?" *Journal of Experimental Social Psychology 67* (2016): 60–64. 그러나 아주 적은 금액을 벌기 위해 여가시간을 포기하는 온라인 노동자들을 대상으로 시간과 돈의 상충관계를 연구하는 것은 이상적인 방법은 아닐 것이다. S. E. Devoe and J. House, "Replications with MTurkers Who Are Naive Versus Experienced with Acedimic Studies: A Comment on Connors, Khamitov, Moroz, Campbell, and Henderson (2015)," *Journal of Experimental Social Psychology 100*, no. 67 (2015)," 현재의 문헌을 종합한 최근 리뷰로는 다음을 참조하라. S. E. DeVoe, "The Psychological Consequence of Thinking About Time in Terms of Money," *Current Opinion in Psychology 26* (2019): 103–105.

37. J. Etkin, "The Hidden Cost of Personal Quantification," *Journal of Consumer Research 42*, no. 6 (2016): 967–984.

38. L. E. Aknin, E. W. Dunn, and M. I I. Norton, "Happiness Runs in a Circular Motion: Evidence for a Positive Feedback Loop Between Prosocial Spending and Happiness," *Journal of Happiness Studies 13*, no. 2 (2012); 347–355. M. A. Cohn and B. L. Fredrickson, "In Search of Durable Positive Psychology Interventions: Predictors and Consequences of Long-Term Positive Behavior Change," *Journal of Psychology 5*, no. 5 (2010): 355–366. B. L. Fredrickson, "The Broaden-and-Build Theory of Positive Emotions," *Philosophical Transactions of the Royal Society of London, Series B: Biological Sciences 359*, no. 1449 (2004): 1367–1377.

39. G. Loewenstein, "Hot−Cold Empathy Gaps and Medical Decision Making," *Health Psychology 24*, no. 4S (2005): S49. G. Loewenstein, "Emotions in Economic Theory and Economic Behavior," *American Economic Review 90*, no. 2 (2000): 426−432; and G. Loewenstein and D. Schkade, "Wouldn't It Be Nice? Predicting Future Feelings," *Well-Being: The Foundations of Hedonic Psychology* (1999): 85−105.

40. S. M. McCrea, "Self−Handicapping, Excuse Making, and Counterfactual Thinking: Consequences for Self−Esteem and Future Motivation," *Journal of Personality and Social Psychology 95*, no. 2 (2008): 274.

41. P. A. Siegel, J. Scillitoe, and R. Parks−Yancy, "Reducing the Tendency to Self−Handicap: The Effect of Self−Affirmation," *Journal of Experimental Social Psychology 41*, no. 6 (2005): 589−597.

4장 인생의 중요한 결정을 내려야 할 때

1. A. Whillans, L. Macchia, and E. Dunn, "Valuing Time over Money Predicts Happiness after a Major Life Transition: A Preregistered Longitudinal Study of Graduating Students," *Science Advances 5*, no. 9 (2019): eaax2615.

2. K. Woolley and A. Fishbach, "The Experience Matters More Than You Think: People Value Intrinsic Incentives More Inside Than Outside an Activity," *Journal of Personality and Social Psychology 109*, no. 6 (2015): 968.

3. Whillans et al., "Valuing Time over Money Predicts Happiness after a Major Life Transition: A Preregistered Longitudinal Study of Graduating Students."

4. Woolley and Fishbach, "The Experience Matters More Than You Think: People Value Intrinsic Incentives More Inside Than Outside an Activity"; and A. A. Scholer, D. B. Miele, K. Murayama, and K. Fujita, "New Directions in Self−Regulation: The Role of Metamotivational Beliefs," *Current Directions in Psychological Science 27*, no. 6 (2018): 437−442.

5. A. V. Whillans, R. Dwyer, J. Yoon, and A. Schweyer, "From Dollars to Sense: Placing a Monetary Value on Non-Cash Compensation Encourages Employees to Value Time over Money" (working paper, Harvard Business School, no. 18-059, 2019).

6. Whillans, Dwyer, Yoon, and Schweyer, "From Dollars to Sense."

7. 미국인들은 출근과 퇴근에 각각 26분을 사용한다. C. Ingraham, "The Astonishing Human Potential Wasted on Commutes," *Washington Post*, February 25, 2016, https://www.washingtonpost.com/news/wonk/wp/2016/02/25/how-much-of-your-life-your-wasting-on-your-commute/.

8. 여기서 인용된 인터뷰는 '스라이브글로벌Thrive Global' 사가 수행한 조사 프로젝트를 참고했다. 인터뷰 전문은 다음을 참조하라. The Money Mix, "Is Your Commute Making You Miserable?" *Thrive Global*, July 16, 2019, https://thriveglobal.com/storied/is-your-commute-making-you-miserable/.

9. 통근은 가정생활과 직장생활 사이에 있기 때문에, 연구자들은 종종 통근을 역할 전환의 공간으로 정의한다. J. Jachimowicz, J. Lee, B. R. Staats, J. Menges and F. Gino, "Between Home and Work: Commuting as an Opportunity for Role Transitions (working paper, Harvard Business School NOM Unit, no. 16-077, 2019).

10. L. Karsten, "Housing As a Way of Life: Towards an Understanding of Middle-Class Families' Preference for an Urban Residential Location," *Housing Studies 22*, no. 1 (2007) 83-98; and M. Van der Klis and L. Karsten, "The Commuter Family As a Geographical Adaptive Strategy for the Work - Fa Family Balance," *Community, Work and Family 12*, no. 3 (2009): 339-354.

11. H. Jarvis, "Moving to London Time: House Househo hold Co-Ordination and the Infrastructure of Everyday Life," *Time and Society 14*, no. 1 (2005): 133-154.

12. T. Schwanen and T. De Jong, "Exploring the Juggling of Responsibilities with Space-Time Accessibility Analy sis," *Urban Geography 29*, no. 6

92008): 556−580.

13. T. Schwanen, "Managing Uncertain Arrival Times Through Socio-Material Associations," *Environment and Planning B: Planning and Design 35*, no. 6 (2008): 997−1011, https://www.vtpi.org/ihasc.pdf.

14. J. Etkin and C. Mogilner, "Does Variety Among Activities Increase Happiness?" *Journal of Consumer Research 43*, no. 2 (2016): 210−229; and K. M. Sheldon, J. Boehm, and S. Lyubomirsky, "Variety Is the Spice of Happiness: The Hedonic Adaptation Prevention Model," in *Oxford Handbook of Happiness*, ed. I. Boniwell, S. A. David, and A. C. Ayers (Oxford: Oxford University Press, 2013), 901−914.

15. L. J. Levine and M. A. Safer, "Sources of Bias in Memory for Emotions," *Current Directions in Psychological Science 11*, no. 5 (2002): 169−173; and T. D. Wilson and D. T. Gilbert, "Affective Forecasting," *Advances in Experimental Social Psychology 35*, no. 35 (2003): 345−411.

16. K. Kushlev, S. J. Heintzelman, S. Oishi, and E. Diener, "The Declining Marginal Utility of Social Time for Subjective Well-Being," *Journal of Research in Personality 74* (2018): 124−140.

17. Kushlev, Heintzelman, Oishi, and Diener, "The Declining Marginal Utility of Social Time for Subjective Well-Being."

18. A. M. Grant and B. Schwartz, "Too Much of a Good Thing: The Challenge and Opportunity of the Inverted U," *Perspectives on Psychological Science 6*, no. 1 (2011): 61−76.

19. R. Wiseman, *The Luck Factor* (New York: Random House, 2004).

20. R. Wiseman and C. Watt, "Measuring Superstitious Belief: Why Lucky Charms Matter," *Personality and Individual Differences 37* (2004): 1533−1541.

21. 미국 유수의 경영대학원에 즉흥연기 강의가 있다. 즉흥연기는 사람들이 새로운 아이디어에 마음을 열도록 도와준다. 강의 설명은 다음을 참조하라. Stanford Graduate School of Business, "Humor: Serious Business," and, https://humor-seriousbusiness.stanford.edu/.

22. M. Akinola, A. E. Martin, and K. W. Phillips, "To Delegate or Not to Delegate: Gender Differences in Affective Associations and Behavioral Responses to Del e gation," *Academy of Management Journal 61*, no. 4 (2018): 1467−1491; and L. Anik and M. I. Norton, "Matchmaking Promotes Happiness," *Social Psychological and Personality Science 5*, no. 6 (2014): 644−652.

23. E. W. Dunn, L. B. Aknin, and M. I. Norton, "Prosocial Spending and Happiness: Using Money to Benefit Others Pays Off," *Current Directions in Psychological Science 23*, no. 1 (2014): 41−47; and L. B. Aknin, A. V. Whillans, M. I. Norton, and E. W. Dunn, "Happiness and Prosocial Behavior: An Evaluation of the Evidence," *World Happiness Report* (2019).

24. G. Donnelly, A. V. Whillans, A. Wilson, and M. I. Norton, "Communicating Resource Scarcity" (working paper, Harvard Business School, no. 19−066, 2019).

25. J. Yoon, G. Donnelly, and A. V. Whillans, "It Doesn't Hurt to Ask (For More Time): Employees Often Overestimate the Interpersonal Costs of Extension Requests" (working paper, Harvard Business School, no. 19−064, 2019).

26. C. Fritz and S. Sonnentag, "Recovery, Well−Being, and Performance−Related Outcomes: The Role of Workload and Vacation Experiences," *Journal of Applied Psychology 91*, no. 4 (2006): 936.

27. S. Sonnentag, "Burnout Research: Adding an Off−Work and Day−Level Perspective," *Work and Stress 19*, no. 3, 2 (2005): 271−275; C. Fritz, S. Sonnentag, P. E. Spector, and J. A. McInroe, "The Weekend Matters: Relationships Between Stress Recovery and Affective Experiences," *Journal of Organizational Behavior 31*, no. 8 (2010): 1137−1162; and C. S. Dewa, D. Loong, S. Bonato, N. X X. Thanh, and P. Jacobs, "How Does Burnout Affect Physician Productivity? A Systematic Literature Review," *BMC Health Ser vices Research 14*, no. 1 (2014): 325.

28. 피고용인들이 더 높은 연봉을 요구해야 함을 입증하고 그 협상의 방법을

알려주는 문헌에 대한 리뷰로는 다음을 참조하라. D. M. Kolb and J. L. Porter, Negotiating at Work: Turn Small Wins into Big Gains (New York: John Wiley & Sons, 2015), and D. Malhotra, "15 Rules for Negotiating a Job Offer," *Harvard Business Review*, April 2014.

29. M. T. Jensen, "Exploring Business Travel with Work－Family Conflict and the Emotional Exhaustion Component of Burnout As Outcome Variables: The Job Demands－ Resources Perspective," *European Journal of Work and Organizational Psychology 23*, no. 4 (2014): 497－510.

30. M. Westman and D. Etzion, "The Impact of Short Overseas Business Trips on Job Stress and Burnout," *Applied Psychology 51*, no. 4 (2002): 582－592.

31. A. V. Whillans, A. C. Weidman, and E. W. Dunn, "Valuing Time over Money Is Associated with Greater Happiness," *Social Psychological and Personality Science 7*, no. 3 (2016): 213－222.

32. M. Wittmann and S. Lehnhoff, "Age Effects in Perception of Time," *Psychological Reports 97*, no. 3 (2005): 921－935.

33. M. Wittmann and M. P. Paulus, "Temporal Horizons in Decision Making," *Journal of Neuroscience, Psychol ogy, and Economics 2*, no. 1 (2009): 1; and S. M. Janssen, M. Naka, and W. J. Friedman, "Why Does Life Appear to Speed Up As People Get Older?" *Time and Society 22*, no. 2 (2013): 274－290.

5장 시간 빈곤은 당신의 잘못이 아니다

1. L. Giurge and A. V. Whillans, "Beyond Material Poverty: Why Time Poverty Matters for Individuals, Organisations, and Nations" (working paper, Harvard Business School, no. 20－051, 2020).

2. 미국 노동자들이 이처럼 엄청난 서류를 준비하느라 낭비하는 시간의 가치를 추산하여 1년에 약 100억 달러라고 한다. C. R. Sunstein, "Sludge and Ordeals," *Duke Law Journal 68* (2019): 1843.

3. 미국 정부 규제의 실행을 감독하는 기구인 정보규제국OIRA에 따르면 서류 작업에 들어가는 시간은 약 120억 시간 늘어난 것으로 추산된다. https://www.reginfo.gov/public/do/PRAReport?operation=11.

4. A. Finkelstein and M. J. Notowidigdo, "Take-Up and Targeting: Experimental Evidence from SNAP," *Quarterly Journal of Economics 134*, no. 3 (2019): 1505-1556.

5. V. Alatas, R. Purnamasari, M. Wai-Poi, A. Banerjee, B. A. Olken, and R. Hanna, "Self-Targeting: Evidence from a Field Experiment in Indonesia," *Journal of Political Economy 124*, no. 2 (2016): 371-427.

6. A. Brodsky and T. M. Amabile, "The Downside of Downtime: The Prevalence and Work Pacing Consequences of Idle Time at Work," *Journal of Applied Psychology 103*, no. 5 (2018): 496.

7. D. U. Himmelstein et al., "A Comparison of Hospital Administrative Costs in Eight Nations: US Costs Exceed All Others by Far," *Health Affairs 33*, no. 9 (2014): 1586 - 1594.

8. 기업의 임원들과 전문경영인들은 주당 평균 23시간을 회의에 사용한다(회의에 갇혀 지낸다). 1960년대의 평균 10시간과 비교하면 회의 시간이 크게 늘었다. S. G. Rogelberg, C. Scott, and J. Kello, "The Scinece and Fiction of Meetings," *MIT Sloan Management Review 48*, n. 2 (2007): 18-21; and S. G. Rogelberg, L. R. Shanock, and C. W. Scott, "Wasted Time and Money in Meetings: Increasing Reutrn on Investment," *Small Group Research 43*, no. 2 (2012): 236-245.

9. M. E. Porter and N. Nohria, "How CEOs Manage Time," *Harvard Business Review*, July-August 2018.

10. J. Yoon, A. V. Whillans, and E. O'Brien, "Superordinate Framing Increases Task Motivation" (working paper, Harvard Business School, 2019), study 1.

11. J. Pfeffer and D. R. Carney, "The Economic Evaluation of Time Can Cause Stress," *Academy of Management Discoveries 4*, no. 1 (2018): 74-93.

12. J. Hur, A. Lee-Yoon, and A. V. Whillans, "Who Is More Useful? The Impact of Performance Incentives on Work and Personal Relationships" (working paper, Harvard Business School, 2018).

13. J. Pfeffer and S. E. DeVoe, "The Economic Evaluation of Time: Organizational Causes and Individual Consequences," *Research in Organizational Behavior 32* (2012): 47–62.

14. 리뷰는 다음을 참조하라. S. E. DeVoe, "The Psychological Consequence of Thinking About Time in Terms of Money," *Current Opinion in Psychology 26* (2019): 103–105; A. Li, K. Rong, J. Gao, F. Tan, and Y. Peng, "Putting a Price on Time': Conception, Consequences and Its Psychological Mechanism," *Advances in Psychological Scince 23*, no. 10 (2015): 1679–1687; and A. Lee-Yoon and A. V. Whillans, "Making Seconds Count: When Valuing Time Promotes Subjective Well-Being," *Current Opinion in Psychology 26* (2019): 54–57.

15. 미국의 피고용인 4명 중 1명은 유급휴가를 받지 못한다. 미국은 정부가 자국 노동자들의 유급휴가를 보장하지 않는 유일한 나라다. 이러한 사실은 경제정책연구소Center for Economic and Policy Research가 수행한 조사에서 인용했다. 보고서 전문은 다음을 참조하라. https://cepr.net/documents/publications/nun-summary.pdf.

16. C. Fritz and S. Sonnentag, "Recovery, Well-Being, and Performance-Related Outcomes: The Role of Workload and Vacation Experiences," *Journal of Applied Psychology 91*, no. 4 (2006): 936; and J. de Bloom, S. Ritter, J. Kühnel, J. Reinders, and S. Geurts, "Vacation from Work: A 'Ticket to Creativity'?: The Effects of Recreational Travel on Cognitive Flexibility and Originality," *Tourism Management 44* (2014): 164–171.

17. C. West, C. Mogilner, and S. E. DeVoe, "Taking Vacation Increases Meaning at Work," proceedings of ACR 2017, *Advances in Consumer Research 45* (2017): 63–67.

18. J. De Bloom, M. Kompier, S. Geurts, C. de Weerth, T. Taris, and S. Sonnentag, "Do We Recover from Vacation? Meta-Analysis of Vacation Effects on Health and Well-Being," *Journal of Occupational Health 51* (2008): 13–25.

19. J. Kühnel, S. Sonnentag, and M. Westman, "Does Work Engagement Increase after a Short Respite? The Role of Job Involvement As a Double-Edged Sword," *Journal of Occupational and Organizational Psychology 82*, no. 3 (2009): 575-594.

20. J. Kühnel and S. Sonnentag, "How Long Do You Benefit from Vacation? A Closer Look at the Fade-Out of Vacation Effects," *Journal of Organizational Behavior 32*, no. 1 (2011): 125-143; and J. De Bloom, S. A. Geurts, T. W. Taris, S. Sonnentag, C. de Weerth, and M. A. Kompier, "Effects of Vacation from Work on Health and Well-Being: Lots of Fun, Quickly Gone," *Work and Stress 24*, no. 2 (2010): 196-216.

21. J. McCarthy, "Taking Regular Vacations Can Help Boost Americans' Well-Being," Gallup, December 30, 2014, https://news.gallup.com/poll/180335/taking-regular-vacations-may-help-boost-americans.aspx.

22. S. Sonnentag, "The Recovery Paradox: Portraying the Complex Interplay Between Job Stressors, Lack of Recovery, and Poor Well-Being," *Research in Organizational Behavior 38* (2018): 169-185.

23. H. Collins and A. V. Whillans, "Accounting for Time," hbr.org, January 30, 2019, https://hbr.org/2019/01/accounting-for-time.

24. 물론 그것은 사용되지 않았다. 2억 3,600만 일의 휴일이 완전히 몰수된 셈이다. 그 결과 700억 달러 정도의 수익 손실이 발생했다. 다음의 보고서를 참조하라. U. S. Travel Association, "Paid Time Off Trends in the U.S.," nd, https://www.ustravel.org/sites/default/files/media_root/document/NPVD19_FactSheet.pdf.

25. JD파워JD Power and Associates의 최근 추정치에 따르면 2019년 미국에서 판매된 자동차 가격의 합은 약 4,620억 달러다. "US Auto Sales Down in 2019 but Still Top 17 Million for Fifth Consecutive Year," CNBC, January 6, 2020, https://www.cnbc.com/2020/01/06/us-auto-sales-down-in-2019-but-still-top-7-million.html.

26. 미국의 성인 중 전일제 종사자 2,000명 이상을 대상으로 수행한 조사에서

응답자의 70퍼센트는 휴가를 떠날 때도 일과 연결을 끊지 않는다고 답했다. 다음을 참조하라. B. Heitmann, "Your Workplace Guide to Summer Vacation," blog post, July 11, 2018, https://blog.linkedin.com/2018/july/11/your-workplace-guide-to-summer-vacation.

27. N. Pasricha and S. Nigam, "What One Company Learned from Forcing Employees to Use Their Vacation Time," hbr.org, August 11, 2017, https://hbr.org/2017/08/what-one-company-learned-from-forcing-employees-to-use-their-vacation-time.

28. D. Kim, "Does Paid Vacation Leave Protect Against Depression Among Working Americans? A National Longitudinal Fixed Effects Analy sis," *Scandinavian Journal of Work, Environment and Health 45*, no. 1 (2018): 22–32.

29. A. V. Whillans, E. W. Dunn, and M. I. Norton, "Overcoming Barriers to Time-Saving: Reminders of Future Busyness Encourage Consumers to Buy Time," *Social Influence 13*, no. 2 (2018): 117–124.

30. M. Fassiotto, C. Simard, C. Sandborg, H. Valantine, and J. Raymond, "An Integrated Career Coaching and Time-Banking System Promoting Flexibility, Wellness, and Success: A Pi lot Program at Stanford University School of Medicine," *Academic Medicine: Journal of the Association of American Medical Colleges 93*, no. 6 (2018): 881–887.

31. 의사들의 말은 다음 기사에서 인용했다. H. MacCormick, "Stanford's 'Time Banking' Program Helps Emergency Room Physicians Avoid Burnout," Scope, August 21, 2015, https://scopeblog.stanford.edu/2015/08/21/standfords-time-banking-program-helps-emergency-room-physicians-avoid-burnout/; and B. Schulte, "Time in the Bank: A Standford Plan to Save Doctors from Burnout," August 20, 2015, https://www.wahsingtonpost.com/news/inspired-life/wp/2015/08/20/the-innovative-standford-program-thats-saving-emergency-room-doctors-from-burnout/.

32. A. V. Whillans, R. Dwyer, J. Yoon, and A. Schweyer, "From Dollars to Sense: Placing a Monetary Value on Non-Cash Compensation

Encourages Employees to Value Time over Money" (working paper, Harvard Business School, no. 18–059, 2019).

33. F. Gino, C. A. Wilmuth, and A. W. Brooks, "Compared to Men, Women View Professional Advancement As Equally Attainable, but Less Desirable," *Proceedings of the National Academy of Sciences 112*, no. 40 (2015): 12354–12359.

34. J. Yoon, G. Donnelly, and A. V. Whillans, "It Doesn't Hurt to Ask (For More Time): Employees Often Overestimate the Interpersonal Costs of Extension Requests" (working paper, Harvard Business School, no. 19–064, 2019).

35. 유급휴가를 모두 사용하는 사람들이 승진할 확률이 더 높았다. 다음을 참조하라. "Time Off and Vacation Usage," U.S. Travel Association, nd, https://www.ustravel.org/toolkit/time-and-vacation-usage. 이 연구를 요약한 글은 다음과 같다. S. Achor, "Are the People Who Take Vacations the Ones Who Get Promoted?" hbr.org, June 12, 2015, https://hbr.org/2015/06/are-the-people-who-take-vacations-the-ones-who-get-promoted.

36. P. Choudhury, C. Foroughi, and B. Larson, "Work-from-Anywhere: The Productivity Effects of Geographic Flexibility" (working paper, Harvard Business School, Technology and Operations Mgt. Unit, no. 19–054, 2019).

37. I. Hirway, *Mainstreaming Unpaid Work: Time-Use Data in Developing Policies* (Oxford: Oxford University Press, 2017).

38. 미국의 정부 정책들은 보육시설에 관한 결정에 영향을 끼치며 여성들에게 상대적으로 많은 짐을 떠넘긴다. 이 점에 대해 더 자세히 알고 싶으면 브리짓 슐트의 연구를 참조하라. "New America Care Report Finds Child Care Doesn't Work for Anyone," blog post, January 23, 2017, https://www.brigidschulte.com/2017/new-america-care-report-finds-child-care-doesnt-work-for-anyone/.

39. 진료 관련 서류 작업에 사용하는 시간에 관한 데이터는 다음 기사에 요약되어 있다. M. Sanger-Katz, "Hate Paperwork? Medicaid Recipients Will

Be Drowning in It," *New York Times, January 18*, 2018.

40. Sunstein, "Sludge and Ordeals."

41. A. V. Whillans and C. West, "Alleviating Time Poverty Among the Working Poor" (working paper, Harvard Business School, 2020), https://www.aeaweb.org/conference/2020/preliminary/paper/3rf3SEb2.

42. M. Gates, "Time Poverty: The Gender Gap No One's Talking About," video, February 22, 2016, https://www.youtube.com/watch?v=y7SLIYh3MGw.

43. R. A. Easterlin, "Does Economic Growth Improve the Human Lot? Some Empirical Evidence," in *Nations and House holds in Economic Growth: Essays in Honour of Moses Abramovitz*, ed. P. A. David and M. W. Reder (New York: Academic Press, 1974); R. Costanza, M. Hart, J. Talberth, and S. Posner, "Beyond GDP: The Need for New Measures of Progress," *Pardee Papers*, no. 4 (2009); E. Diener, S. Oishi, and R. E. Lucas, "National Accounts of Subjective Well−Being," *American Psychologist 70*, no. 3 (2015): 234; and J. F. Helliwell, "Well−Being, Social Capital and Public Policy: What's New?" *Economic Journal 116*, no. 510 (2006): C34 − C45.

44. L. Macchia and A. V. Whillans, "Leisure Beliefs and the Subjective Well−Being of Nations," *Journal of Positive Psychology* (2019), doi/full/10.1080/17439760.2019.168941.

45. Macchia and Whillans, "Leisure Beliefs and the Subjective Well−Being of Nations."

46. S. Lee, W. J. Guo, A. Tsang, A. D. Mak, J. Wu, K. L. Ng, and K. Kwok, "Evidence for the 2008 Economic Crisis Exacerbating Depression in Hong Kong," *Journal of Affective Disorders 126*, no. 1−2 (2010): 125−133.

47. Macchia and Whillans, "Leisure Beliefs and the Subjective Well−Being of Nations."

48. 위의 책

49. L. Alderman, "In Sweden, Experiment Turns Shorter Workdays into Bigger Gains," *New York Times*, May 20, 2016.

50. https://www.empowerbus.com/.

51. 여러 연구에 따르면 미국인들은 교통체증 때문에 1년에 평균 97시간을 잃어 버린다. 교통정보 분석 업체인 인릭스INRIX의 계산에 따르면 2018년 한 해 동안에만 870억 달러 가까운 비용이 발생했다. 운전자 1명당 평균 1,348달러의 비용을 지불한 셈이다. 인릭스는 500마일이 넘는 도로의 약 3억 개 표본에서 500테라바이트의 데이터를 분석해 이러한 결과를 얻어냈다. 이 보고서의 기반이 된 데이터에는 하루 동안 도로의 어느 지점에서 교통체증이 발생했는지도 포함된다(INRIX 기반 교통 서비스를 활용). 추가 정보를 얻고 싶으면 다음을 참조하라. "INRIX: Congestion Costs Each American 97 Hours, $1348 a Year," INRIX, press release, Febraury 11, 2019, https://inrix.com/press-release/scorecard-2018-us/.

52. A. Smith, "Shared, Collaborative and on Demand: The New Digital Economy," Pew Research Center, press release, March 19, 2016.

53. A. S. Kristal and A. V. Whillans, "What We Can Learn from Five Naturalistic Field Experiments That Failed to Shift Commuter Behaviour," *Nature Human Behaviour 4* (2020): 169-176.

54. Quotations in K. Clayton, "Be an Elegant Simplifier," *Behavioral Scientist*, February 7, 2019, https://behavioralscientist.org/be-an-elegant-simplifier/.

55. A. H. Petersen, "How Millennials Became the Burnout Generation," *BuzzFeed News*, January 5, 2019. https://www.buzzfeednews.com/article/annehelenpetersen/millennials-burnout-generation-debt-work.

나가며 삶에 '리셋'이 필요한 순간

1. Robert H. Frank, *Under the Influence: Putting Peer Pressure to Work* (Prince ton, NJ: Princeton University Press, 2020).

옮긴이 안진이

서울대학교 미술대학 서양화과 대학원에서 미술 이론을 전공했고, 현재 전문 번역가로 활동하고 있다. 옮긴 책으로는『하버드 철학자들의 인생 수업』『지혜롭게 나이 든다는 것』『크레이빙 마인드』『영혼의 순례자 반 고흐』『헤르만 헤르츠버거의 건축 수업』『고잉 솔로: 싱글턴이 온다』『컬러의 힘』『마음가면』등이 있다.

시간을 찾아드립니다

초판 1쇄 발행 2022년 2월 22일
초판 2쇄 발행 2022년 3월 15일

지은이 애슐리 윌런스
옮긴이 안진이
펴낸이 최동혁

기획본부장 강훈
영업본부장 최후신
책임편집 오은지
기획편집 강현지 조예원
마케팅팀 김영훈 박정호 김유현 양우희 양희조 심우정
디자인팀 유지혜 김진희 김예진
물류제작 김두홍
재무회계 권은미
인사전략 조현희
본문 디자인 이경란

펴낸곳 (주)세계사컨텐츠그룹
주소 06071 서울시 강남구 도산대로 542 우산빌딩 8, 9층
이메일 plan@segyesa.co.kr
홈페이지 www.segyesa.co.kr
출판등록 1988년 12월 7일(제406-2004-003호)
인쇄 제본 예림

ISBN 978-89-338-7174-4 03190